RETR⊙BUCH

Was ist ein DoldeMedien RETROBUCH?

Die Zeiten waren ganz anders – und doch wieder nicht. Die Reihe RETROBUCH erweckt Werke, die vor Jahrzehnten zum Thema Caravaning und Freizeit geschrieben wurden, zu neuem Leben: unterhaltende Lektüre, witzige Betrachtungen und historische Zeugnisse. So war die mobile Welt, als unsere Eltern auszogen, sich campend die Freiheit zu erschließen.

IMPRESSUM

Copyright: © 2004 by DoldeMedien Verlag GmbH, Postwiesenstr. 5A, 70327 Stuttgart

Reprint der Originalausgabe von 1935
Heinrich Hauser · Fahrten und Abenteuer im Wohnwagen
mit etwa 60 Bildern des Verfassers
erschienen im Carl Reißner-Verlag · Dresden

Titelillustration „Die Woche" Berlin, 9. Juni 1943
Bildbearbeitung DoldeMedien Verlag GmbH

Herstellung: BOD Books on Demand GmbH, Norderstedt

Nachdruck, auch auszugsweise, nur mit ausdrücklicher Genehmigung
des Verlags und mit Quellenangabe gestattet. Alle Angaben ohne Gewähr.
PRINTED IN GERMANY · ISBN 3-928803-29-8

Heinrich Hauser

Fahrten und Abenteuer im Wohnwagen

*Herausgegeben, kommentiert und
mit einem Nachwort versehen von
Robert Hilgers*

*Oben: Von den Höhen der Eifel schauen wir ins Moseltal.
Unten: In kühnen Serpentinen vom Titi-See ins Tal von Freiburg*

Inhaltsverzeichnis

Erstes Kapitel - Eine Wiege und was daraus wurde 7
Zweites Kapitel – Stürmische Ausreise 23
Drittes Kapitel – Berlin in Sicht – wir suchen einen Nothafen 30
Viertes Kapitel – Vom Osterhasen, vom Schmied, vom Pferdekopf 36
Fünftes Kapitel – Durch die Niederlausitz 42
Sechstes Kapitel – Durch eine etwas weitläufig gebaute Großstadt 46
Siebentes Kapitel – Bei den wilden Bajuwaren 52
Achtes Kapitel – Von Bayreuth bis Regensburg, von Zigeunern
und von der Hitlerjugend 60
Neuntes Kapitel – Die Arche macht eine Pilgerfahrt 71
Zehntes Kapitel – Von neuen Pflanzen, nächtlichen Tieren und
vom höflichen Gendarm 81
Elftes Kapitel – Gleitflug zum Bodensee 87
Zwölftes Kapitel – Von Alpträumern, vom Zeppelin, vom Maybach 95
Dreizehntes Kapitel – Schwarzwaldzigeuner 102
Vierzehntes Kapitel – Kameradschaft der Landstraße –
Traumfahrt zum Rhein 110
Fünfzehntes Kapitel – Der liebe Gott braucht blaue Luftballons 118
Sechzehntes Kapitel – Spukhafte Gewitternacht 123
Siebzehntes Kapitel – Durch den Pfälzerwald zur Mosel
– durch die Eifel zum Rhein 128
Achtzehntes Kapitel – Viel Unglück und viel Glück am Laacher See 136
Neunzehntes Kapitel – Schiffbruch im Taunus und ein Engel vom Himmel ...144
Zwanzigstes Kapitel – Nachtfahrt durchs Ruhrrevier 152
Einundzwanzigstes Kapitel – Nasses Westfalen 161
Zweiundzwanzigstes Kapitel – In der Heide 169
Dreiundzwanzigstes Kapitel – Im Moor 177
Vierundzwanzigstes Kapitel – Der Waldbrand 186
Fünfundzwanzigstes Kapitel – Zwischen Deich und See 193
Sechsundzwanzigstes Kapitel – Von Fliegerkindern, vom Darß,
von Geländefahrt und Seeräubern 201
Siebenundzwanzigstes Kapitel – Von Wildschweinen und
Kranichen, von der Insel der Berliner und vom alten Tierarzt 208
Achtundzwanzigstes Kapitel – Die Arche will Wurzeln schlagen 215
Neunundzwanzigstes Kapitel – Der Rückzug 216
Nachwort 220

Erstes Kapitel

Eine Wiege und was daraus wurde

Im Herbst und im Winter des vergangenen Jahres wohnte ich in einem kleinen Haus an der Unterelbe. Es stand einsam inmitten von Viehweiden und Hecken, es hatte einen Garten, in dem große Trauerweiden und dunkle, dichte Eiben wuchsen; darin war es fast unsichtbar versteckt. In der flachen, vom harten, starken Wind der Nordsee überwehten Landschaft sah man es wie einen runden, waldbedeckten Hügel; nur wenn Sturm die Zweige schüttelte, konnte man für Augenblicke ein blinkendes Fensterauge oder ein Stückchen roter Ziegelmauer sehen. Oben aber, von der Dachterrasse aus, schaute ich über die wogenden Wipfel, über die dunklen Hecken, die das Land durchstreiften, über feuchtgrüne Wiesen mit ihrem schwarz-weißen Vieh, den Strom, wie er gewaltig breit und machtvoll dem Meer entgegenzog. Das Bild des Stromes prägte sich mir tief ein, weil es das Schauspiel eines nie endenden Kampfes war. Wenn Ebbe lief, so war es, als wollte das Meer durch den Mund des Stromes das Land aufsaugen; die Wasser beschleunigten ihren Lauf so stark, daß aus der Tiefe Wellen aufstiegen, glatte, lange Rücken wie Delphine. Die Farbe des Wassers wandelte sich, Sände tauchten auf, von Brandung umwallt. Boote, die den Strom durchquerten, wurden in weit ausholendem Bogen stromab getrieben. Dampfer, die von See her über den Horizont tauchten, wuchsen langsam, kämpften hart gegen die Strömung an mit schäumender Bugwelle. Dampfer, die meerwärts strebten, glitten vorbei wie schwebend, mit zauberhafter Schnelligkeit.

Das war die Ebbe. Wenn aber die Flut kam, dann ritten Regimente weißer Wellen stromauf, und lange Wasserzungen schleckten den schwarzen, wie einen Schild gewölbten, naßschimmernden Strand. Dann rauschten die Hekkwellen der Dampfer weit den Strand herauf, dann hoben sich die Schiffsbrücken, dann tauchten die Sände, und stolz ritten die Schiffe mit fliegenden Rauchfahnen auf der geschwellten, breiten Brust.

So kämpfte unaufhörlich das Meer mit dem Strom, das Wasser mit dem Land, so erkämpften die Schiffe ihre Bahn, und über allem kämpfte die Sonne mit den Wolken, wechselten Licht und Schatten, wischten Regenböen alle Farben aus, ließen Sonnenstrahlenbündel sie in nassem Glanz erstrahlen.

So war das Haus, so war die Landschaft, und es war ein gutes Haus und gerade die rechte Landschaft für einen Mann, der in ständigem Kampf mit sich und seiner Arbeit lebte.

Denn eine Herzenssehnsucht folgte jedem Schiff, das die Elbe hinunterkam, über das Meer.

Das war besonders an den Nebeltagen, wenn Schiffe als Schatten vorbeiglitten, lautlos; wenn die tiefen Bässe der Dampfpfeifen einander warnten, bebend, mit metallnen Zungen, langsam anschwellend, atemholend, kraftvoll und tief – bis dann die grauen Schatten der Rümpfe herauswuchsen aus der Nebelwand und wiederum in sie versanken, lautlos, geheimnisvoll. Das war besonders in den Nächten, wenn die roten und die grünen Lichter still stromab zogen, wenn die geschwungene Kette der hellen Bullaugen sich im schwarzen Wasser spiegelte, wenn das Mahlen der Schrauben herüberklang, so unerbittlich vorwärtstreibend in die Ferne. Das war besonders, wenn die Leuchtfeuer einander winkten mit ihren ruhelos schweifenden Augen, seewärts deutend mit bleichen, weißen Fingern aus Licht.

Ja, das war die Sehnsucht in die Ferne, die Sehnsucht, der ich als Fahrensmann gefolgt war, sieben Jahre lang.

Aber da war nun der feste Ankerplatz, das Haus und der Garten darum. Und in dem Haus war Toms, der tapfere kleine Kamerad auf mancher Fahrt und außerdem mein Weib vor Gott und den Menschen. Und in dem Haus war Helen, meine kleine Tochter, fünf Jahre alt, schlank aufgeschossen wie eine kleine Birke und ebenso blond. Und in dem Haus wurde noch jemand erwartet; es wurde ein Sohn erwartet.

So kam es, daß ich um das Haus kreiste wie ein Schiff bei wechselnden Tiden um seinen Ankergrund. Das Schiff wollte in See gehen, aber es konnte seinen Anker nicht aus dem Grund reißen. Reisen und dabei gleichzeitig zu Hause bleiben, das war das scheinbar unmögliche Verlangen, das mich umhertrieb.

An einem stillen, frostklaren Novembermorgen wanderte ich am Deich entlang zum Dorf der Korbmacher. Es ist bei uns an der Unterelbe so, daß auf dem linken Ufer, von Deichen umringt und geschützt, die prachtvollen Obst- und Gemüsekulturen wachsen; auf dem rechten Ufer aber wachsen vor dem Deich die Wälder der Weiden, aus der Ferne anzusehen wie hohe, wogende Getreidefelder, und hinterm Deich, an ihn gelehnt, liegen die niedrigen roten Häuserchen der Korbmacher. Dort werden die Körbe gemacht, die Leitern und die Faß reifen, die die Bauern auf dem linken Ufer brauchen.

Auf allen Höfen lagen hohe Haufen dürrer, abgeschälter Weidenrinde, an den Mauern lehnten hochgetürmt die Säulen der ineinandergesteckten Körbe, die Türme der frischgebundenen Faß reifen, weiß und glänzend wie Seide. In offnen Schuppen hockten die Korbmacher; mit rauen, rissigen Händen flechtend, schneidend, biegend, flink und ruhig zugleich, mit wenig Werkzeug und viel alter Handwerkskunst. Oft hatte ich ihnen zugesehen, und manches hatte ich ihnen abgesehen. So erstand ich denn diesmal ein starkes Bündel der besten Weidenruten, 2 bis 3 m lang, am Unterende 3 bis 4 cm stark, nahm es über die Schulter und zog damit ab. Auch ich hatte einen Korb zu machen. – In den frostwelken Büscheln der Ebereschen zeterten die Häher, und die Elstern flogen schimpfend und keckernd zu den nächsten Pappeln auf.

Wenn eine Frau ein Kind erwartet, so muß sie vieles vorbereiten; bei all der Näherei kann ihr der Mann nicht helfen, aber er kann auch etwas tun, er kann zum Beispiel eine Wiege bauen.

Ich baute eine Wiege wie ein Schiff, mit Kiel und Spanten, dickbäuchig wie eine holländische Kuff. Sie sah aus, wie ein sehr großes Ei; die Öffnung oben war gerade so groß, daß man das Kind bequem hineinlegen konnte und überwölbt von einem Zeltgestänge, im Innern aber war Platz für eine ganze Babyschar. Sie konnte schaukeln, aber sie konnte nicht kippen, sie war auf allen Seiten rund; innen war ein Stück Segeltuch ausgespannt als federnde Unterlage für die Matratze.

Das war eine schöne Arbeit für die Abende, die jetzt länger und länger wurden, man konnte gut dabei grübeln und allerlei sich ausdenken. Es fiel mir auf, wie außerordentlich fest das Gestell aus den verhältnismäßig schwachen Ruten wurde, wie gut versteift, dabei elastisch und leicht an Gewicht. Man hätte aus dem gleichen Werkstoff noch viel größere Körper bauen können, vorausgesetzt, daß sie mit Längs- und Querspanten etwa dem Gerüst eines Zeppelins glichen.

Unwillkürlich malte ich mir aus, wie es wäre, wenn man sich ein ganzes Haus aus Weidenruten baute. Das würde ungefähr aussehen wie die großen Planwagen der Kaufleute des Mittelalters oder wie die „Prärieschoner" der ersten Siedler in Amerika. Das waren ja auch fahrbare Häuser gewesen, Häuser, in denen man reiste.

Ich ließ die Hände sinken und starrte Toms offenen Mundes so geistesabwesend an, daß sie erschrak. Die Idee war in mich gefahren wie ein Blitz: „Toms, wir werden ein Haus bauen. Wie diese Wiege werden wir es bauen, nur größer. Und wir werden dieses Haus auf Räder setzen."

*

Die Wiege des Gedankens, einen Wohnwagen zu bauen, ist also buchstäblich eine Wiege gewesen. Ich habe den Gedankenweg erzählt, um zu zeigen, daß unsere Arche Noah nicht der Laune entsprang, ein paar Wochen Zigeuner zu spielen, daß wir sie nicht im Schaufenster sahen und plötzlich begehrten, sondern wir erfanden sie uns als die Lösung von zweierlei Verlangen, das sich ganz zu widersprechen schien: Reisen und dabei zu Hause bleiben.

Und obwohl die Erfindung uralt ist, obwohl ganze Völkerstämme sie noch heute anwenden, gab sie uns die volle Frische des Erfinderglücks. Wir schwelgten in ungeheuren, wundervollen Möglichkeiten, die sich uns eröffneten, wir träumten diese Nacht und viele Nächte: von schönen Landstraßen, über die wir langsam glitten, von großen Wäldern, von stillen Pfaden voller Einsamkeit, von Abendnebel, Fluß und See, von Sonnenuntergang und Sternennacht, von fernen Gebirgen, von hohen, ernsthaften Wacholderbüschen in der Heide. Wir würden unsere Heimat kennen lernen wie nie zuvor und vielleicht auch fremde Länder, und immer würden wir dabei die Kinder bei uns haben, unsere vier Wände und das Feuer unseres eigenen Herdes.

Wenige Wochen später wurde das Kind geboren, und es war ein Sohn – anders hatte es ja auch nicht sein können.

Der Weg zur Kirche war weit, so bat ich denn den jungen Pastor, zu uns herauszukommen.

„Richten Sie bitte den Altar her."

Ich fühlte, daß ich errötete: Ich hatte nicht die geringste Vorstellung, wie man einen Altar herrichtet und sagte es. Der junge Geistliche lächelte: „Das macht gar nichts; bauen Sie sich den Altar so, wie Sie glauben, daß ein Altar sein sollte."

Das war im Januar; ich holte das Auto hervor unter seiner Segeltuchplane und fuhr in die Heide. Sonne durchbrach die schwere ziehende Wolkendecke – Raureif stob von den Ebereschen, die Telegraphenstangen summten unter den frostgespannten Drähten, Spinnweben schimmerten silbrig im Heidekraut, und Schmelztropfen hingen glitzernd in den dunklen Nadeln der Wacholderbüsche, die wie Soldaten Posten standen auf den Sandhügeln. Die Heide ist ernsthaft und feierlich, in ihr kann man schon auf den rechten Gedanken kommen für eine ernste Feier, wie es die Taufe eines Kindes ist. Ich suchte mir einen Wacholderbusch – hoch wie ein Gardesoldat und schlank wie eine Pappel, bog ihn nieder und setzte die Messerklinge an das zähe Holz. Die weißen Fasern sprangen wie gespannte Saiten, es zeigte sich der rötliche Kern, und tiefer und tiefer sank der Busch, bis er sich endlich löste von seinem Wurzelstock. Ein paar Mal klopfte ich die Schnittfläche auf den Boden, die welken Nadeln aus dem Buschinneren tanzten heraus. Ich schnitt noch einen zweiten ebenso großen Busch und eine Menge Zweige mit Büscheln kleiner blauer Beeren. Das alles staute ich in den Wagen, und nun hatte ich schon meinen Altar, einen Tisch, zwei hohe Kerzen darauf und rechts und links die mächtigen Wacholderbüsche; der Boden der Stube war bedeckt mit einem Teppich klein geschnittener Wacholderzweige.

Das alles scheint nicht im geringsten zur Arche Noah zu gehören, als aber der junge Pastor kam, als er mit bebendem Finger das Kreuz auf die Stirn des Sohnes zeichnete, da weihte ich in Gedanken das Kind einem Leben in der Natur, einem Leben des Jägers und des Seemannes und sah, wie seine Augen voller Staunen vom Licht der Kerzen zu den hohen waldduftenden Wacholderbüschen glitten.

Ein neugeborenes Kind gibt der Arbeit eines Mannes immer einen starken Auftrieb. Er spürt eine neue Verantwortung, das verdoppelt seine Kraft und seine Aktivität. Es wurde Zeit, den Plänen Gestalt zu geben. Im Geist sah ich die Arche vor mir; drei Räume mußte sie haben: einen für die Eltern mit zwei Kojen, der außerdem Eßzimmer und Arbeitszimmer war, einen für die Kinder mit zwei kleinen Kojen und eine Küche. Es war aber unmöglich, diese Räume richtig aufzuzeichnen und zu berechnen, bevor ich nicht das Fahrgestell hatte, auf dem die Arche aufzubauen war. Dies Fahrgestell konnte nur das eines Autos sein, denn von einem Auto sollte die Arche gezogen werden. Ein schnellfahrendes Fahrzeug mußte sie sein, ganz anders als die für Trecker oder Pferde gebauten Wagen der Schausteller oder der Zigeuner.

In den ersten Februartagen fuhr ich nach Hamburg zum Autoschlachthof. Eine widerwärtige Bezeichnung, an und für sich genommen, aber es liegt darin die Anerkennung, daß ein Auto etwas Lebendiges sei. Dies Gefühl hatte ich sehr deutlich, als ich auf dem großen Hof zwischen kahlen und geteerten Brandmauern umherwanderte. Da standen sie und lagen sie zu Hunderten, die Autoleichen, teils aufgebockt, teils noch auf ihren Reifen, aus denen längst die Luft entwichen war, trübselig anzuschauen, verbeult, zerstoßen, ergraut der Nickel, die Felgen voller Rost, die löchrigen Verdecke mit dünnem Schnee bedeckt. Es ist ein nachdenklicher Anblick, wie die Natur das Werk der Menschen verzehrt, sobald der Mensch sich nicht mehr kümmert, wie Rost mühelos Stahl frißt, der als Maschinenteil allen Beanspruchungen standgehalten hat, wie Schlingpflanzen die Speichen der Räder als Stütze gebrauchen, wie Ratten in den Roßhaarpolstern nisten und wie umgekehrt die tote Maschine den Boden vergiftet mit dem langsam aus ihrem Bauch abfließenden Öl.

Es war schwer, hier etwas Brauchbares zu finden. Das Chassis mußte stark gebaut sein, die Räder kräftig und in gutem Zustand, vor allen Dingen die Reifen, und schließlich mußte es ein ungewöhnlich großer Wagen sein. Endlich fand ich einen. Es war ein altmodischer, aber wundervoll stabil gebauter Sportwagen, hochbeinig wie ein Rennpferd, ein Stück aus der guten alten Zeit, als Automobile noch handwerklich gebaut wurden und ohne Rücksicht auf den Preis. Die Karosse war – scheinbar bei einem Unfall – völlig zusammengefahren, aber das machte ja nichts. Ich kletterte in den Vordersitz, faßte das mächtige Steuerrad und versuchte das Spiel der Vorderräder; der Wagen war gut, ohne Zweifel. Ein kleines, feingraviertes Schild war am Spritzbrett befestigt: „Stundenlang, tagelang, jahrelang sollst du mir treu sein. Stundenlang, tagelang, jahrelang will ich dir neu sein." Sicher hatte der Wagen einer Frau gehört, hoffentlich war sie nicht bei dem Unfall ums Leben gekommen.

Ein dicker Mann mit einer Lederjacke und mit einer Zigarre im Mund kam heran: „Sie suchen wohl einen Ackerwagen?" Ohne weiteres sagte ich „ja", Ackerwagen, das klang billig.

„Dann nehmen Sie schon diesen mit den hohen Rädern. Je größer die Räder, desto besser ist ein Ackerwagen im Gelände."

„Kann ich ihn gleich mitnehmen?"

„Ja, wir reißen den Motor sofort heraus."

Um 120 Mark wurden wir handelseinig, und dann sah ich zu, wie zwei Mann mit Schrauben, Schlüsseln, Brechstangen und Schneidebrennern die Karosserie herunterrissen und den Motor heraus. Ihre Schlosseranzüge glänzten speckig, von altem Fett schwarz überzogen, sie gebrauchten ihre Werkzeuge brutal, ohne die geringste Rücksicht auf das Material. Mit dem Vorschlaghammer schlugen sie Gußstücke ab, weil das Zeit ersparte, mit der Knallgasflamme zerschnitten sie das Metall an den Verschraubungen, die sich nicht lösen wollten. Sie waren Handwerksknechte; alle zerstörende Tätigkeit verroht den Menschen, und auch die breite Schicht derer, die heute mit der Herstellung von Massenartikeln beschäftigt sind, kann nicht mehr die Ehrfurcht des Handwerkes vor dem Material kennen und vor dem Wert, der in einem Werkstück liegt.

Nach zwei Stunden war nichts mehr übrig als das nackte Chassisskelett; ich ließ die Reifen aufpumpen, erstand ein Ende Tau und band das Fahrzeug hinter meinen Wagen.

*

Jetzt hatten wir die Grundlage, für die die Arche Noah zu berechnen war. Sie konnte eine größte Länge von 5,50 m haben, eine größte Breite von 1,90 m, eine größte Höhe über dem Erdboden von 2,80 m. Das genügte, um noch überall durchzukommen.

Als Bauart nahm ich mir einen Flugzeugrumpf zum Vorbild. Das Skelett sollte aus leichtem, zähem Eschenholz gebaut werden mit Längs- und Querbalken, die einander gegenseitig versteiften, alle Ecken abgerundet, so daß die Form in ihrer Gesamtheit ungefähr der eines Luftschiffes glich.

Die innere Einteilung war so gedacht: Am Vorderende das Kinderzimmer,

1,70 m breit, 1,60 m lang. Die Koje für das größere Kind in der Längsrichtung, die für das Baby quer. In die abgeschrägte Vorderwand sollte ein Kleiderspind eingebaut werden und ein Wickeltisch.

In der Mitte nahm die Küche die ganze innere Breite des Wagens ein, 1,80 m. Dafür war sie sehr schmal, nur 80 cm, so daß man gerade noch in ihr hantieren konnte. Hier zur Küche öffnete sich auch die Einsteigtür. Ich wollte sie an der linken Wagenseite anbringen, in der Voraussicht, daß man auf dieser Seite eher ungesehen ein- und aussteigen könnte, weil ja der Wagen immer mit der rechten Seite am Straßenrand zu stehen hatte. Das war ein Fehler, wie sich nachträglich herausstellte, denn auf diese Weise öffnete sich die Tür nach der Fahrbahn, und beim Ein- und Aussteigen war man gefährdet durch andere Fahrzeuge.

Am Heck lag der größte Raum, Schlafzimmer der Eltern, Arbeitszimmer, Wohnzimmer, Eßzimmer in einem: 2,10 m lang, 1,80 m breit. Auf jeder Seite waren hier zwei Kojen vorgesehen, die man tagsüber als Sofa gebrauchen, nachts zusammenschieben konnte. An der Schmalseite am Heck war eine große Tischplatte angebracht. Der Tisch nahm die ganze Wagenbreite ein und lag so hoch über den Kojen, daß man im Liegen die Beine unter ihn ausstrecken konnte. Zu beiden Seiten der Türöffnung waren Kleiderschränke vorgesehen; die Türen dieser Kleiderschränke sollten nachts offen stehen und in diesem Zustand die Türöffnung nach der Küche verschließen.

Die Arche mußte vollkommen wetterfest sein, man mußte im Sommer wie im Winter damit fahren können. Darum war es notwendig, daß sie doppelte Wände bekam mit einem Luftraum dazwischen. Ursprünglich hatte ich an Sperrholz gedacht, Sperrholz bedarf aber guter Pflege, wenn es in dem rauen Fahrbetrieb nicht aufplatzen oder sich verwerfen soll, darum wählte ich nach vielen Versuchen als Material für die Außenhaut eine der neuen Preßplatten aus Holzfasern. Für die Innenwand ebenfalls Preßplatten. Mit diesem zwei Wänden, die eine 5 mm, die andere 7 mm dick, und mit dem Luftraum dazwischen, konnte die Arche genau so warm sein wie ein Haus mit dicker Ziegelmauer.

Sehr wichtig bei so kleinen Räumen ist die Ventilation. Die Arche sollte daher ein ventiliertes Dach bekommen mit Luftklappen in der ganzen Längsebene.

Im Kinderzimmer waren auf jeder Seite zwei kleine Fenster vorgesehen, im Elternzimmer je drei und eins in der Rückwand. Die Küche hatte zwei Fenster und die Tür.

Mit Plänemachen und mit Zeichnen verging eine Woche. Wir waren davon so in Anspruch genommen, daß wir mit Bleistift und Notizbuch schlafen gingen; bald schreckte ich, bald schreckte Toms nachts auf; das Licht wurde geknipst und hastig irgendetwas aufgezeichnet. Wir träumten von der Arche.

*

Bald sah ich ein, daß es nicht möglich sein würde, bis zum Frühjahr ganz allein den Bau zu vollenden. Es hielt aber schwer, jemanden zu finden, der ihn übernehmen oder dabei helfen konnte, vor allem, weil der Preis nicht teurer sein durfte als der eines gewöhnlichen Wochenendhauses. Die meisten Karosseriebauer schüttelten die Köpfe, wenn ich ihnen meine Pläne vorlegte. Endlich fand sich eine kleine Werkstatt, ein solider handwerklicher Betrieb, wo der Inhaber selbst mitarbeitete.

Mit weißen Kitteln und mit Filzschuhen bekleidet zeichneten wir auf dem Werkstattboden die Risse auf. Sie wurden gleich in der Originalgröße hergestellt, und ich erschrak beinah von der Größe meines zukünftigen Reiches.

Dann begannen zwei Mann mit der Bandsäge das Gerippe des Wagenkastens zuzuschneiden. Acht Tage später standen die Spanten verleimt, von allen Seiten mit Zwingen gehalten; die Arche sah aus wie ein ungeheurer Igel. Sie erschien mir als Bauwerk gewaltiger als irgendein Haus, weil es ja mein Haus war. Manchmal bekam ich Angst vor der Größe der Aufgabe und vor der Verantwortung, die ich übernommen hatte. Auch in der Schmiede gab es viel zu tun. Das Chassis wurde vom Rost gereinigt, mit Traversen versteift. Seine Arme wurden verlängert, um den Wagenkasten aufzunehmen. Die Federn wurden ausgebaut und bekamen neue Blätter eingelegt für das vergrößerte Gewicht. Am schwierigsten war der Bau der Zuggabel, die so konstruiert sein mußte, daß die ursprünglich vorhandene Spurstange erhalten blieb. Der Meister fand eine sehr gute Lösung, indem er eine starke Faustachse von einem anderen Autowrack als Steuerkopf der Zuggabel benutzte. Die Gabel selbst bestand aus starken U-Trägern. In mein Auto, das die Arche schleppen sollte, wurde eine solide Lastwagenkupplung eingebaut. Eine Unmenge an technischen Aufgaben waren zu lösen. Da waren die Bremsen: Der Wohnwagen mußte eine Bremse haben, die sich vom Zugwagen aus bedienen ließ. Natürlich gab es automatische Anhängerbremsen, die aber waren viel zu teuer. So verbanden wir denn das Bremsgestänge des Wohnwagens durch ein Drahtseil mit einem besonderen Bremshebel im Schleppwagen. Ein Spannschloß mußte eingebaut werden, um das Bremsseil des Anhängers zu lösen, die Führung des Bremsseils durch die Zuggabel mußte sehr sorgfältig über Rollen gehen, damit die Bremse wirklich gleichmäßig auf allen vier Rädern angriff.

Oben: Die Karawane: die Arche fast doppelt so hoch wie der Schleppwagen. – Die „Bibliothek", dahinter die Landkarten-Tapete. Unten: Toms putzt die Schiffslampen. – Jeder Quirl, jeder Löffel steckt in festen Haltern.

Dann war da der Benzintank im Chassis des Wohnwagens: wir bauten ihn aus, löteten ihn auf, reinigten ihn sorgfältig, denn das sollte später der Wassertank des Wohnwagens sein. Durch einen Gummischlauch sollte er mit der Küche verbunden werden, mit Hilfe einer Pumpe ließ sich dann das Wasser in die Töpfe pumpen, ganz ähnlich wie auf einem Schiff.

Bald hatte ich mehr in der Stadt zu tun als in der Werkstatt. Die meisten Teile der inneren Einrichtung waren Gegenstände, wie man sie auf Schiffen braucht. So lernte ich die Schiffsausrüstungsgeschäfte am Baumwall und an den Vorsetzen kennen, gewaltige düstere Magazine, voll verwinkelter Treppen und Gänge, duftend nach Manilahanf, nach Teer, Segeltuch, nach Maschinenöl und hundert Schiffsgerüchen. Ich kaufte Schiffslampen; Petroleumlampen aus schwerem Messing, die in kardanischen Ringen hängen, ich kaufte einen Waschschrank, wie man ihn auf Yachten hat, mit einem Becken, das sich in die Wand hochklappen läßt, einen Kombüsenherd von leichtem Gewicht. Ich kaufte Metallrahmen für die Fenster, Abdeckplatten für die Wände der Küche, eine rotlackierte Flügelpumpe, 20 m zolldickes Manilatau und entsprechend große Blöcke für einen Flaschenzug. – Es war unglaublich, was alles zur Ausrüstung der Arche Noah gehörte.

Die Tage zerrannen uns, wie Sand durch die Finger läuft, und wir gerieten in eine Art von Fieber, wie es Zugvögel vor der Reise ergreifen mag, eine unbeschreibliche innere Erregung, die rot und blaß werden ließ, ohne äußeren Anlaß.

Mitte März waren die großen, je 4 qm umfassenden Platten an die Spanten aufgenagelt, alle Fugen stark verleimt und mit Leinwandstreifen abgedichtet. Der Riesenkasten füllte die halbe Werkstatt auf, und jetzt sollte er auf das Chassis aufgesetzt werden. Wir rollten das Chassis aus der Schmiede in einen leeren Raum unter der Werkstatt. In der Decke war eine Falltür, durch die Falltür sollte der Bau herabgelassen werden.

Dies ist ein Tag der höchsten Spannung, denn heute entscheidet es sich, ob Aufbau und Chassis zusammenpassen, vor allen Dingen aber, ob das Gewicht der Arche den Berechnungen entspricht.

Der Meister hat fremde Arbeiter zur Hilfe herbeigeholt. Traggurte werden unter mein Haus gezogen, zwanzig Mann stemmen die Schultern in die Schlingen, spannen die Muskeln und lüften an. Es hebt sich, und unter Stampfen, Keuchen, Stöhnen bewegt es sich vorwärts, eine so schwere Masse, daß die Träger fast bei jedem Schritt absetzen müssen. Das Haus schwankt, an den Ecken wird ein Teil der Mannschaft an die Wand gepreßt, als sollten sie zerquetscht werden, der Boden kracht, Holzstücke fliegen von wütenden Fußtritten geschleudert aus dem Weg, Schweiß färbt die gestreiften Arbeitskittel dunkel.

Jetzt ist die Falltür erreicht. Tragbalken werden unter das Haus geschoben, Flaschenzüge werden eingepickt, Ketten rasseln, die Arche hebt sich hoch, fast bis zur Decke. Die Falltür öffnet sich. Die Flaschenzüge geben knirschend nach – und nun entdecken wir: Die Falltür ist zu klein! Sie reicht nicht für die Länge der Arche.

Was tun? Sollen wir das Haus auf Rollen setzen und es zum Tor der Werkstatt fahren? – Der Meister mißt das Tor nach: Auch das ist zu klein. Es geht uns wie den Meisen, die ein Kuckucksei gebrütet haben, die Arche zersprengt ihr Nest. Der Meister kratzt sich hinterm Ohr: Hier hilft nur ein gewagter Versuch, wir müssen die Arche hochkant stellen.

Das Hinterende wird von einem Flaschenzug gehoben, das Vorderende von einem zweiten Flaschenzug gleichzeitig in die Luke hineinversenkt. Schräg stellt sich das Haus, gefährlich steil, mit aller Kraft halten die Männer die Seile, damit es nicht abrutscht. Auf Zentimeter genau füllt es den Raum der Falltür aus, Tragbalken knirschen, Holz splittert ab unter der Wucht der langsam rutschenden Masse. Ein Mann schreit auf: Er hat sich die Hand verklemmt, aber keiner achtet auf ihn.

Selten habe ich so viel Angst gehabt. Wie ein Schäferhund um die Herde, so laufe ich um die Falltür herum, bald in das untere Geschoß kletternd, bald wieder nach oben.

Nach vierstündiger Arbeit schwebt das Haus, an Seilen gehalten, senkrecht über dem Chassis. Jetzt sinkt es Zoll um Zoll auf sein Fundament. Voll Freude sehe ich, daß alle Maße stimmen; der Bremshebel gleitet mühelos durch das Loch am Boden, das für ihn vorgesehen ist, alle Schraubenlöcher passen aufeinander. Mit fliegender Hast werden jetzt noch dicke Filzstreifen auf die Stahlträger des Chassis gelegt. Die Last an den Flaschenzügen wird leichter, das Chassis nimmt sie auf. Die Federn stöhnen und drücken sich zusammen, daß das Fett aus ihren Blättern quillt. Jetzt werden die langen Bolzen durch die Löcher gesteckt und verschraubt. Das Haus hat seine Räder bekommen, jetzt kann es rollen. Wir packen die Zuggabel und schieben es in den Hof. Die Sonne scheint; zum ersten Mal sehe ich mein Haus in vollem Tageslicht. Noch ist es unscheinbar in seinem ersten stumpfen, dunkelgrauen Anstrich, aber wie schön ist die Form. Ich fahre den Schleppwagen rückwärts an die Gabeldeichsel: So wird die Karawane aussehen, wenn sie fährt. Von allen Seiten betrachte ich das Bild wie ein Maler. Mein Schleppwagen ist ein 4,5 Liter starker Packard also ein ungewöhnlich großes und starkes Automobil, jetzt sieht er beinah winzig aus, der Arche vorgespannt.

Wir fahren zur städtischen Waage. Zum ersten Mal sitze ich zusammen mit dem Meister in der Arche, wir wollen sehen, wie sie sich in Fahrt verhält. Wir spüren ein eigentümliches schweres Wiegen, das weder mit dem eines gewöhnlichen Autos noch mit dem eines Eisenbahnwagens Ähnlichkeit besitzt. Es ist fast das gleiche Gefühl, das man in einer Schiffskabine bei mäßigem Seegang hat, weich sind die Schwingungen, lang gedehnt, zunächst etwas unheimlich, aber nicht unangenehm. Ein Durchschlagen der Federn können wir nicht feststellen.

Gespannt beobachten wir im Glashäuschen des Wiegemeisters das Verschieben der messingen Gewichte am Waagenbalken: 1750 kg werden amtlich festgestellt. Leider ist das mehr, als ich erwartet hatte. Es bedeutet, daß der Bau voll ausgerüstet über 2000 kg wiegen wird. Trotzdem ist dies Gewicht für die Größe des umbauten Raumes verhältnismäßig gering. Es bedeutet auch noch keine Überlast für den Schleppwagen, der 1800 kg wiegt; ein gut gebautes Automobil soll das Anderthalbfache seines eigenen Gewichtes ziehen können.

Der Meister strahlt: Beim Aufsetzen des Hauses auf das Chassis hat die Ehre der Werkstatt auf dem Spiel gestanden; er hat sie gerettet. Auch ich spüre eine große Freude und eine herzliche Dankbarkeit. So feiern wir denn in einer kleinen Kneipe bei der Waage unser Richtfest, rücken die Tische zusammen und die ganze Mannschaft genehmigt einen „Lütt und Lütt". Und noch einen „Lütt und Lütt" und dann noch einen.

Was ist das? Ein wasserheller Kümmel und ein helles Bier dazu. Langsam trocknet der Schweiß auf unsern Stirnen, und ganz im Innern habe ich ein kleines Stoß- und Dankgebet gesprochen.

Nach dem Stapellauf eines Schiffes setzt die Arbeit meist erst recht mit Hochdruck ein bis zur Probefahrt. So auch bei uns; ich komme jetzt keine Nacht mehr vor 3 Uhr ins Bett.

Im Hof der Werkstatt steht die Arche, anzusehen wie ein großer Käfer, den die Mannschaft eines ganzen Ameisenhaufens abzuschleppen versucht. Die Wände dröhnen von Hammerschlägen, im Innern kreischen Hobel und Sägen: die Inneneinrichtung wird eingebaut. Der Raum, der mir anfänglich so groß erschien, verengt sich mehr und mehr. Wenn man vom Land auf ein Schiff kommt, so ist eine Umstellung aller Bewegungen notwendig, um sich den kleineren Räumen richtig anzupassen, kommt man aus einem gewöhnlichen Haus in meine Arche, dann muß man erst ganz neu lernen, sich zu bewegen, ohne überall anzustoßen.

Habe ich erzählt, daß wir unter der Küche einen Kellerraum für Vorräte, erreichbar durch eine Falltür, eingebaut haben?

Sagte ich, daß unter dem Wagengestell vier große Schubkästen liegen für Werkzeug, Ersatzteile, Schleppseil und Flaschenzüge?

Erzählte ich, daß unsere Haustür etwas versenkt eingebaut ist, damit im Fahren keine Zugluft in den Wagen kommt?

Und die Veranda! – Die hat der Meister erfunden: Eine größere hölzerne Plattform, 1,80 x 1,60 m groß, hängt ausziehbar unter dem Wagenkasten. Herausgezogen ruht sie auf Füßen, ein Zeltdach kann darüber ausgespannt werden. Damit haben wir beinah ein viertes Zimmer, eine Zuflucht aus der Enge des Inneren bei Regenwetter. Wie hübsch wird es sein, wenn wir im Sommer auf der Veranda draußen essen werden.

Toms ist schon mehr als einmal zur Besichtigung gekommen und hat die nützlichen Gedanken beigesteuert, auf die nur eine Frau verfallen kann: Der Fußboden muß mit Linoleum belegt werden, um staubdicht zu sein von unten und leicht zu reinigen. Die Kojen für die Kinder müssen Steckbretter bekommen, damit sie uns im Fahren nicht herausfallen. Der Schlauch der Wasserpumpe muß ein Mundstück haben, damit man alle Töpfe füllen kann, ohne Wasser zu verspritzen. Und was das Wichtigste ist: es muß eine Signalvorrichtung geschaffen werden zwischen Wohnwagen und Schlepper, damit die Kinder melden können, wenn ihnen etwas fehlt. Also führen wir ein dünnes Drahtseil vom Wohnwagen zum Schlepper, verbinden es an beiden Enden mit einer Klingel, nun können wir nach einem verabredeten System von Wagen zu Wagen Zeichen geben.

Die Maler beginnen ihr Werk mit ihren Spritzpistolen. Zwei Farben muß der Wagen haben, weil seine große Masse einfarbig zu eintönig werden würde. Toms war dafür, das Unterteil schwarz und das Oberteil rot zu machen. Ich dagegen war für Elfenbeinfarbe oben und für dunkelgrün unten. Toms meinte, die Arche würde auf meine Art der „Grünen Minna" von der Polizei zu ähnlich sehen.

„Das will ich ja gerade!" rief ich.

Ich hatte meine Gründe dafür: Vor Jahren kaufte ich einmal in Amerika ein ausrangiertes Polizeiauto. Die Polizeifarben waren von zauberhafter Wirkung: alle andern Autos wichen aus, daß es eine Freude war, sogar Lastwagen, was viel heißen will. Ich konnte immer an verbotenen Plätzen parken, ohne Strafmandat, rote Signale überfahren und eigentlich machen was ich wollte. Polizeifarben waren also nützlich, ich hoffte, sie würden es in bescheidenem Maße auch bei uns sein. Nach den Erfahrungen der Reise würde ich aber in Zukunft nur noch einen Anstrich wählen: den gleichen, den im Krieg Geschütze und Schiffe hatten, graugrün und bunt getupft, um möglichst unsichtbar zu sein.

Jedes anständige Schiff hat einen Kartenraum. Auch wir mußten eine Menge Landkarten an Bord haben, aber einen besonderen Raum dafür konnten wir uns nicht leisten. Da hatte ich den Gedanken, das Angenehme mit dem

Nützlichen zu verbinden und einfach die Wände statt mit irgendwelchen Tapeten mit Landkarten zu pflastern. Diese Arbeit mußte ich selber übernehmen, denn kein Tapezierer schien imstande, die einzelnen Kartenblätter sinnvoll aneinanderzukleben. Anfangen konnte ich damit erst, wenn die anderen Arbeiter die Arche verlassen hatten, so daß ich ihnen nicht mehr im Weg war. So zündete ich abends um sieben die Petroleumlampen an und klebte, daß der Leim auf den mit Zeitungen bedeckten Boden spritzte. Süddeutschland war im Wesentlichen im Kinderzimmer; es machte sich da hübsch, weil es so viel leuchtendes Grün und so viel dunkelbraune Gebirge hatte. Das ernsthaftere Norddeutschland kam ins Elternzimmer mit seinem Gewirr von roten Landstraßen. Die Orientierung an der Decke war ziemlich schwierig, darum wählte ich dafür mehr die Wasserflächen, hübsch anzusehen, aber für uns unfahrbar, so zog sich denn die Kette der großen Seen vom Bodensee nach Masuren, vom Bug bis zum Heck an der Decke entlang.

Wenn man es recht überlegte, war das Ergebnis erheiternd: Die Kinder lagen in ihren Kojen neben dem Rhein und neben den Alpengletschern. Toms Bett war vom Spreewald eingezäunt, das meine von der friesischen Küste. Manchmal wollte die Geographie nicht stimmen: Breslau und Königsberg lagen dicht an dicht, aber schließlich hat auch Kolumbus ohne genaue Karten Amerika entdeckt.

So fest war unser Vertrauen auf das Gelingen der Reise, daß wir unser Haus aufkündigten, wir hätten es nicht nebenher erhalten können. Tag für Tag wurden Kisten und Koffer gepackt, die Möbelwagen waren schon bestellt, unsere Sachen auf den Speicher zu bringen. Wir bereiteten uns nicht auf ein Feriendasein, sondern auf ein Leben in der Arche vor.

Zwei Tage vor der Abfahrt umschifften wir die schwere Klippe, an der noch die ganze Reise scheitern konnte: Die Abnahme durch die Polizei. Wohl hatten wir alle Bestimmungen beachtet, wohl glaubten wir alles zu haben, was die Polizei verlangte: Die Bremsvorrichtung vom Schleppwagen zum Anhänger, die Bergstütze, die Klingelleitung, das Namensschild, das Typenschild, die Schlußlampe, und selbstverständlich auch das Nummernschuld.

Wir wußten, daß alles in Ordnung war, die Frage war nur: Wußte es auch die Polizei?

Als wir in den Hof des Polizeipräsidiums einrollten, waren wir bleich vor Spannung. Zuerst schien alles gut zu gehen; natürlich erregte die Arche großes Aufsehen, nicht ein Beamter kam, sondern eine ganze Menge. Sie beschauten die Arche von außen und von innen, sie probierten alle Hebel, sie krochen ihr sogar unter den Bauch, ganz ohne Rücksicht auf die schöne Uniform. Dann klopften sie sich den Staub ab und einer sagte zögernd: „Ein schöner Wagen."

Ich atmete auf: „Ja, das fand ich auch."

„Der wird sicher Nachahmer finden."

„Ja, das glaub ich auch."

„Und da es sich um etwas Neues handelt, sozusagen um einen Präzedenzfall, müssen wir besonders genau prüfen."

Mir fiel das Herz in die Hosen.

„Da fahren Sie zuerst mal zum Dampfkesselüberwachungsverein[1] und besorgen sich eine Bescheinigung über die Wirksamkeit der Bremse."

Die Gesellschaft zur Überwachung von Dampfkesseln ist die Einrichtung, von der jeder Kraftfahrer vor seiner Prüfung träumt, wie vom Schulrat beim Abitur. Es war Sonnabend vor Ostern, bald Mittag und damit Büroschluß, als die gestrengen, aber gerechten Herren uns mit den Worten empfingen: „Kommen Sie nach Ostern wieder, wir haben jetzt zuviel zu tun."

Toms, dem kleinen und sonst so energischen Toms liefen die Tränen über die Backen: „Am Montag früh kommen unsere Packer, Montag wird das Haus geräumt, wir müssen Montag früh unterwegs sein."

Da wurde der „Dampfkessel" freundlich und ganz menschlich, zwinkerte uns zu: „Wir werden es schon machen."

Die Probefahrt nahm einen glänzenden Verlauf, der „Dampfkessel" schaute mir scharf auf die Füße, damit ich nicht heimlich das Bremspedal betätigte, ich aber riß mit aller Kraft am Handbremshebel und tatsächlich: die Arche stand.

Als wir die Bescheinigung in den Händen hielten, war es nachmittags um fünf, und die Polizei war eigentlich schon seit zwei Stunden dienstfrei. Trotzdem fuhren wir auf den Hof, und es ging wie im Märchen: Da war ein dienstfreier Beamter, der im strömenden Regen mit uns kam, die Papiere prüfte und dann den roten Stempel auf die Nummernschilder drückte. Ich glaube, die Polizeiverwaltungen vieler Länder zu kennen, aber ich kenne keine Polizei, die im Notfall so viel Menschlichkeit, so viel Entgegenkommen zeigt wie unsere deutsche.

*

Das war ein seltsamer Abend, der letzte vor der Abfahrt. Vor unserm Garten stand die Arche und hinter ihr bereits der Möbelwagen. Regen strömte mit Schnee vermischt; es war, als ob der Himmel uns noch einmal vor der Reise warnen wollte.

---

[1] Der vor 130 Jahren gegründete Dampfkesselüberwachungsverein (DVÜ), der heutige TÜV, führt seit 1910 Prüfungen von Kraftfahrzeugen durch.

Im Haus war schon alles gepackt; kahl und unordentlich, denkbar ungemütlich sahen die Zimmer aus, da flüchtete ich meine kleine, vom Packen erschöpfte Familie in die Arche. Zum ersten Mal brannten alle drei kleinen Schiffslampen, zum ersten Mal hing die rote Stalllaterne am Heck und beleuchtete das Nummernschild. Der junge Pastor war herübergekommen, um Abschied zu nehmen, und er war es, der das erste Feuer in dem Kambüsenherd entzündete. Es roch nach frischer Farbe drinnen, die Lichter spiegelten sich in all dem blank polierten Holz. Wir schauten in die Herdflamme, wir fühlten mit den Händen, wie der kleine Blechschornstein sich erwärmte, wir sahen den Rauch übers Dach wehen wie von einem Dampfer. Es war eine sonderbar feierliche Stunde, die Kinder hatten glänzende Augen und schauten verwundert, und auch wir waren befangen von diesem winzigen Haus, dem ersten, das uns ganz allein gehörte. Befangen vor all den neuen Vorrichtungen, deren Bedienung uns ungewohnt war, befangen vor dem neuen Leben, dem wir entgegengingen.

Zweites Kapitel

Stürmische Ausreise

Schwer ist die Trennung von einem Haus, das man liebt. Als in der Morgendämmerung die Packer kamen und unsere Sachen durch den strömenden Regen zum offenen Maul des Möbelwagens trugen, der sie verschlang, erschraken wir vor dieser Zerstörung eines Heimes, das wir für fest gehalten hatten. Bleich und vorwurfsvoll schauten uns die leeren Flecke an den Wänden an, wo so lange die Schränke gestanden und die Bilder gehangen hatten. Selbst die Bäume im Garten schienen mit ihren tropfnassen Zweigen bewegt einander zuzuflüstern und zu raunen: „Warum gehen sie weg, jetzt, wo es Frühling werden soll und schön."

Ich empfand, was dieser Aufbruch ins Ungewisse für eine Frau bedeuten mußte, die stets ein Zuhause hatte, für ein kleines Mädchen, das immer sein Spielzimmer hatte, ja, sogar für ein so winziges Baby, das doch schon seine eigene Badewanne und seine eigene Waage gehabt hatte.

Die Waage, ja das war eine wichtige Sache: Um sie zu ersetzen, hatte ich eine kleine Federwaage gekauft, wie sie manchmal Marktfrauen benutzen und ein Marktnetz. In das Marktnetz wollten wir den Pieps hineinlegen und dann an die Federwaage hängen. So konnte man zwar nichts aufs Gramm genau, aber doch genügend deutlich sehen, wie er zunahm.

So wie ein Hirt seine Herde vor einem Unwetter in eine schützende Höhle treibt, führte ich meine kleine Familie von einem ausgeräumten Raum in einen, wo noch Möbel standen und suchte sie vergessen zu machen, was ringsherum geschah. Toms las der Rolle „Hänsel und Gretel" vor, aber jedes Mal, wenn nebenan die Packer polterten, fuhr sie zusammen, als ob es donnerte. So las sie ein Märchen nach dem andern, denn wenn sie aufhörte, dann fiel dem kleinen Mädchen der Verlust seiner Spielsachen ein, und es weinte. Der Pieps lag vorläufig schlafend in einer Holzkiste, die mit Holzwolle ausgestopft war. Ich selbst hatte Ölmantel und Südwester angezogen und schleppte unaufhörlich das Gepäck zur Arche, immer in der Angst, die Packer könnten versehentlich von unserm Gepäckhaufen etwas in den Möbelwagen stauen.

Natürlich hatten wir uns vorher einen Plan gemacht, hatten gemeint, wirklich nur das Allernotwendigste mitzunehmen. Aber der Plan war falsch berechnet für den engen Raum. Die Kleiderschränke waren im Augenblick so voll gestopft, daß man kaum die Türen zubekam. Die Behälter unter den Kojen reichten nicht entfernt, die Borde in der Küche waren viel zu klein für unsere Töpfe. Ich zerbrach eine Flasche Himbeersaft, die in den „Keller" lief. Die

Petroleumkanne leckte und sickerte in den Schrank der Kinderwäsche. Ich wurde nervös, weil ich mir fortwährend alle Knochen an allen Kanten stieß. Ein kalter, feuchter Dunst schien in der Arche aufzusteigen, und die lehmigen Spuren meiner Füße deckten den frischen Linoleumfußboden. Schließlich wurde ich im Wettlauf mit den Packern wild und staute einfach alles, wie es kam und traf: Auf die Betten, mitten in den Gang hinein, in die Kästen unterm Wagen.

Endlich klappt der Moloch Möbelwagen seinen Rachen zu. Die letzte Mahlzeit im Haus wird auf einer Kiste eingenommen. Der Pieps suckelt die letzte im Haus gekochte Flasche ein. Ein weinendes Dienstmädchen hängt am Hals meiner Frau, die selber schluchzt. Im Wohnwagen ist wenigstens der Teddybär der Rolle schon zu Bett gebracht. Dann wird die kleine Mannschaft in die Arche Noah gehoben; ein letztes Trostwort für den Toms: Dann klappe ich die Tür der Arche zu – hoffentlich geht sie nicht auf unterwegs – und klettere in meinen Führersitz.

Die Bremsen los, anlassen: erster Gang – die Zuggabel hebt sich, die Kupplung strafft sich.

Langsam, ganz langsam rollt die Arche an, rumpelt über den nassen Landweg – in die Welt.

Im Rückspiegel sehe ich das Haus im Schutzwall seiner Bäume kleiner und kleiner werden, in sonderbarer perspektivischer Verzerrung. Ob auch die andern sich nach ihm umgedreht habe, weiß ich nicht.

*

Zum ersten Mal bin ich der Kapitän der Arche und spüre die ganze Schwierigkeit, dies große Schiff zu manövrieren. Mein Wagen mit seinem starken Motor hat sich früher leicht und beschwingt gefahren wie ein Vogel. Nie brauchte ich Vollgas zu geben, kaum jemals mußte ich schalten, selten mit Kraft auf die Bremsen drücken.

Diese Fahreigenschaften sind durch die 2000 kg der Arche natürlich vollkommen umgewandelt. Die Arche lastet wie ein Berg. Auf schlechtem Pflaster höre ich sie hinter mir rumpeln und poltern. Die Kurven muß ich weit ausholen und langsam nehmen, damit das Fahrzeug ohne Anstoß um die Ecken kommt. An Hügeln, die ich früher gar nicht spürte, muß ich schalten. Die Arche ist breiter als der Zugwagen, mit der Zuggabel ist sie gut 7 m lang; die gesamte Länge meines Schleppzuges ist jetzt 13 m. Während der ersten Stunde bin ich voll in Anspruch genommen durch die innere Umstellung vom Herrenfahrer zum Führer eines Lastzuges. Es ist eine ganz andere Verantwortung, die ich jetzt tragen muß. Was hat mir früher dichter Verkehr, enge Fahrbahn, ein bißchen Schleudern, ein Überholen im Hundert-Kilometer-Tempo ausgemacht? – Gar nichts. Jetzt aber habe ich nicht nur fast all meine irdische Habe hinter mir, sondern auch Frau und Kinder. Da darf ganz einfach nichts passieren.

Durch Hamburg fahren wir, immer am Hafen entlang, wo jedes Haus, wo jede Landungsbrücke, jeder Fährdampfer vertraut ist. Ich denke an die Ehrfurcht, die ich als junger Matrose vor dem Kapitän empfand, der sein Schiff mit Schleppern durch das Gewühl des Hafens an den Kai brachte. Jetzt habe ich mein eigenes Schiff und meinen eigenen Schlepper, und das Manövrieren durch den Hafen scheint mir genau so schwer.

Naß glitzern die Straßen, naß schimmern die grünspanbedeckten Türme der Kirche, unruhig schlägt das Hafenwasser an die Kais, schwer drückt der Rauch der Schiffe auf das Wasser nieder. In den kleinen Kellerläden und Kneipen der Hafengassen liegen die großen Katzen zwischen den Blumentöpfen in den Fenstern. Ich meine ordentlich zu hören, wie sie behaglich schnurren in der Wärme drinnen. Seeleute stehen, Hände in den Hosentaschen, die Jackenkragen hochgeschlagen, im Torweg der Heuerstelle. Wie oft habe ich selbst so dort gestanden? Gruppen von Schauerleuten eilen, Säcke über die Kopfe gezogen, gegen den strömenden Regen, von den Barkassen her über die Brücken an Land. In den Schiffsausrüstungsgeschäften blinken die Messingbeschläge, die Kupferrohre, die sauber gemalten Rettungsbojen, die Kugellampen, die Sonnenbrenner. In bunte Putzbaumwolle gebettet liegen sauber gerollt die Taue, die Stahltrossen in allen Stärken. Schwarz schimmern die Ölmäntel, in langen Reihen aufgehängt. Draußen vor den Türen, im Schutz des Dachs, bauschen sich die Seegrasmatratzen, und die wohlgekleideten Wachsfiguren eines Kochs in Pepitahose, weißer Schürze, hoher Mütze, und eines Lotsen, ganz in Öl, die Pfeife im Mund, laden zum Kaufen ein.

Hamburg ist doch die eigentliche Heimat für einen alten Seemann, auch wenn er, wie ich, nicht dort geboren ist.

Dann kommen die großen Brücken; ihre Stahlgitter wippen mit hallenden Echos vorbei. Dann endet das seemännische Hamburg, es erheben sich die Hügel der Geest, das lang gestreckte Bergedorf saugt uns ein, wo nichts mehr an die Nähe der See erinnert.

Jetzt liegt also die Heimat im Rücken, das weite, flache Land voraus; ich rücke mich zurecht auf meinem Sitz, finde zum ersten Mal den Mut, eine Hand vom Steuer zu nehmen, um eine Zigarette anzuzünden: Vorbereitung für die Langstreckenfahrt.

Wir hatten doch gedacht, es müßte jetzt Frühling werden! Aber noch liegen die Straßengräben voll von verharschtem Winterschnee, noch ist das Gras der

Waldränder bleich und erstorben. Feuchte Kälte dringt bis ins Mark, ununterbrochen strömt der Regen, rinnt über die Windschutzscheibe; der Scheibenwischer tickt.

Nein, so hatten wir uns das nicht vorgestellt. Der Gedanke, daß wir zu früh aufgebrochen sind, befällt mich quälend. Im Rückspiegel sehe ich den langen, grünen Leib der Arche. In den Kurven zeigen sich mir ihre kleinen Fenster. Die Zuggabel stuckert in den Wasserrinnen. Wie mag es ihnen gehen, dahinten?

Die Nacht sinkt. Schwarz schneiden die Ränder der Fichtenwälder in den helleren Himmel wie die Zacken gewaltiger Sägen. Die Dörfer gehen schlafen, wie müde Augen zwinkern ihre Lichter zwischen den Bäumen. Am Bahnübergang saust ein Schnellzug vorbei mit hell erleuchteten Fenstern. Zum ersten Mal denke ich mit Neid an die Menschen in den warmen hellen Abteilen. Menschen, die ein Zuhause haben, ein Ziel, das sie schnell erreichen. Ich habe die Scheinwerfer eingeschaltet; die schwarze Straße saugt ihr Licht wie trockene Erde Wasser.

Ludwigslust liegt hinter uns und damit ein gutes Drittel der Strecke nach Berlin. Wir fahren durch einen großen Wald. Da ertönt hinter mir die kleine Glocke: Haltsignal.

Ich lenke den Wagen auf eine möglichst ebene Stelle am Straßenrand. Der Motor verstummt. Die jähe Stille saust mir in den Ohren.

Ich öffne die Archentür: Hilf Himmel, wie sieht es drinnen aus! Wie auf einem Schiff bei Kap Horn bei Windstärke 12.

Der Boden ist bedeckt mit Kochtöpfen und Geschirr, und Töpfe, Gläser, Teller sind seltsam umhüllt mit Hemden, Strümpfen, Wollsachen, mit allem, was aus den Schränken herausgerissen ist. Die Luft ist feucht und voller Rauch, das Herdfeuer scheint erstickt. Die Lampen blaken. Der Pieps liegt, von Kissen umstopft, in seiner Koje wie in einer Höhle, er schreit. Die Rolle ist blaß im Gesicht, ersichtlich seekrank. Und weinend fällt mir Toms um den Hals: „Ich konnte es nicht mehr aushalten, das furchtbare Geklapper."

In solcher Lage muß ein Kapitän eine sichere Miene zeigen und Zuversicht, die seinen Passagieren Mut einflößt. Das erste ist ein Schluck aus der Kognakbuddel für den Toms, die Buddel ist zum Glück nicht mit den andern Sachen über Stag gegangen, denn der umsichtige Kapitän hat sie unter sein Kopfkissen verstaut.

Schlimmes hat meine kleine Mannschaft durchgemacht: Gleich nach der Abfahrt hat alles Geschirr in den Borden einen schrecklichen Tanz begonnen. Wie in einem verhexten Haus sind Schüsseln und Gläser über ihre Halter gehüpft und viele haben sich dabei zu Tode gestürzt. Toms hat Scherben gesammelt und sich dabei die Finger zerschnitten. Toms ist gefallen und hat

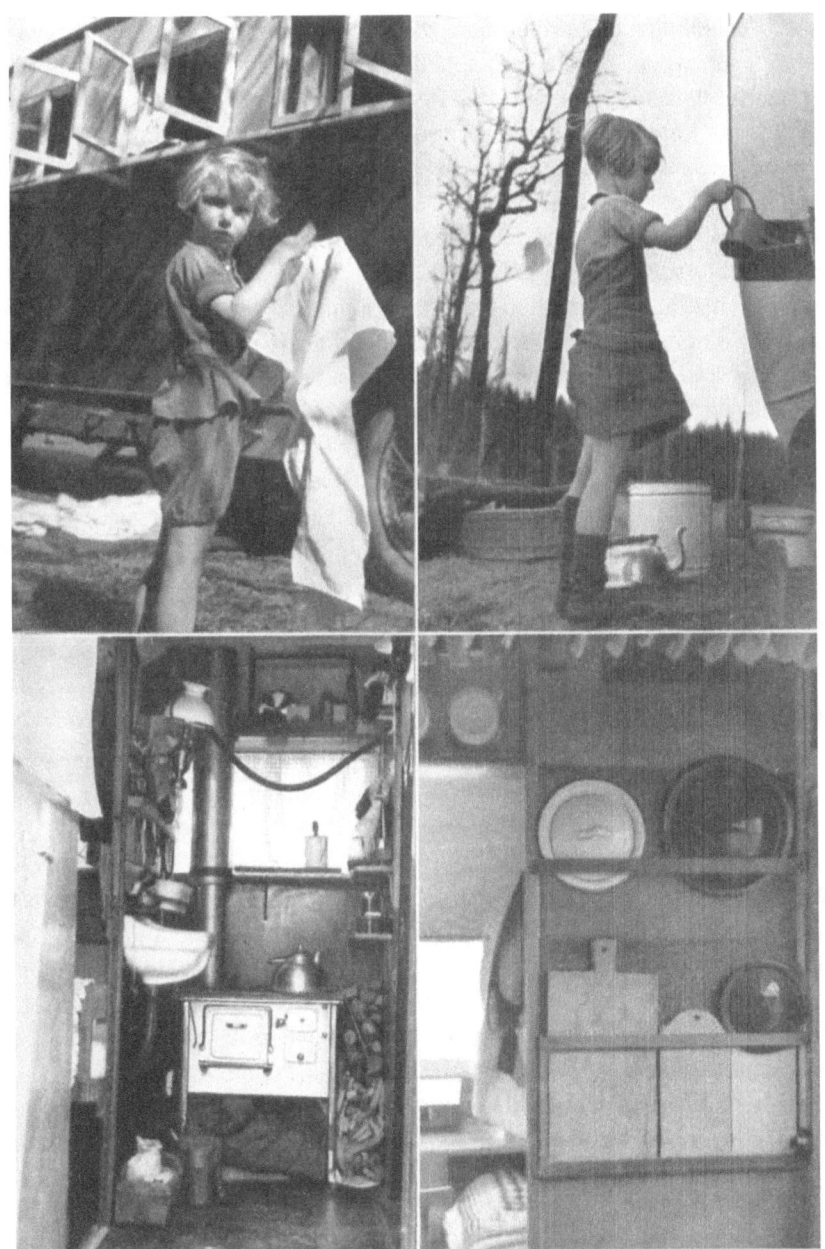

Oben: Händewaschen vor Tisch ganz wie zu Haus. – Rolle hilft den Wassertank füllen. Unten: Nur meterbreit ist unsere Küche, trotzdem ist alles Notwendige untergebracht. – Die Teller hängen in hölzernen Käfigen an der Decke; Topf, Deckel und Bretter sind stoßsicher und klapperfrei.

sich die Schienbeine aufgeschunden. Die Rolle hat sich gefürchtet und geweint. Die Lampen haben angefangen zu blaken, und Toms hat keine Übung im Umgang mit Petroleumlampen. Das Herdfeuer ist ausgegangen, weil die Stöße der Fahrt die Kohlen durcheinander warfen. Toms ist sehr tapfer gewesen, sie hat getan, was sie konnte. Alles Zerbrechliche, was noch nicht zerbrochen war, hat sie zuerst auf die Betten gesetzt. Dort ist es wiederum heruntergefallen auf den Boden. Und weil es nun nicht tiefer fallen konnte, hat es auf dem Boden weiter gescheppert und getanzt. Toms ist wütend geworden und ganz verzweifelt. Toms hat alle Sachen aus den Schränken herausgerissen und in den Hexentanz hineingeworfen, damit der Lärm erstickte und die Sachen sich nicht gegenseitig kaputt stießen. Dann hat sie versucht, ein Fenster aufzumachen, und es hat hereingeregnet. Und nun ist vieles naß und alles ein Chaos.

Dann hat Toms versucht, wieder ein Feuer anzumachen. Dabei hat sie, dies Kind der Großstadt, sich natürlich fürchterlich die Finger verbrannt. Dann hat der Pieps sein Futter kriegen sollen, und die Hälfte ist daneben gegangen, weil die Flasche nicht ruhig zu halten war, und er hat gebrüllt. Dann ist die Rolle zuerst blaß und später grün geworden, und endlich hat sie noch deutlichere Zeichen der Seekrankheit von sich gegeben. Da war das Maß voll, und Toms hat Notsignal gegeben.

Das waren die schlimmen Abenteuer des Toms, als die Arche zum ersten Mal in grobe See geriet.

Ich zeigte es nicht, daß mir im Innern angst und bange wurde, aber so war es. Was hatten wir geträumt von Sonne, von fröhlicher Fahrt, von Lagern auf Frühlingswiesen, und wie war nun die Wirklichkeit. –

Aber da war keine Zeit zum Jammern, vielmehr mußte etwas geschehen: Alles, was herumlag, packten wir zusammen und stauten es unter den Wagen auf eine Segeltuchplane. Unsere Sachen, unsere schönen und an gute Behandlung gewöhnten Sachen mußten sich schon an ein raueres Dasein gewöhnen. Dann fegten wir aus und machten sauber. Zum Glück war das Holz trockengeblieben, ich konnte schnell ein neues Feuer machen, es wurde trocken und warm. Wir setzten Töpfe auf den Herd und probierten die Pumpe. Sie versagte! Natürlich hätten wir sie längst daheim erproben sollen, aber das war vergessen worden. Ein Fehler war nicht zu entdecken. Schließlich löste ich die Gummischläuche von den Pumpenstutzen und entdeckte, daß die Öffnungen fein säuberlich mit Holzscheiben verschlossen waren. Das gehört sich so für jede neue Pumpe, damit sie nicht verstaubt, aber ebenso gehört es sich natürlich, daß man die Holzscheiben herausnimmt, bevor man sie benutzen kann. Das Wasser lief, es sah ein bißchen braun aus und schmeckte nach Pumpenöl. Aber darauf achteten wir nicht; viel wichtiger war der Tee, mit und ohne Ölgeschmack, viel wichtiger waren die Frankfurter Würstchen und die Butterbrote. Jetzt sah die Lage schon etwas besser aus.

Wir brachten das kleine Mädchen zu Bett. Als sie aber ihre Füße nach der Wand ausstreckte, rief sie entsetzt: „Es ist ja ganz naß in meinem Bett!"

Tatsächlich war es so: Nässe war durch die Wand gedrungen, langsam rannen Tropfen über die Matratze. In diesem Augenblick wurde ich wirklich wütend: Ein dichtes Schiff ist doch das wenigste, was man von einer Werft verlangen kann. Ich nahm die Taschenlampe und rannte heraus, die Ursache des Lecks festzustellen. Es zeigte sich, daß der Regen durch die großen Schrauben eindrang, mit denen das Reserverad am Bug der Arche befestigt war. Im Augenblick war an eine gründliche Reparatur nicht zu denken. Ich holte nur schnell aus dem Flickzeug eine Tube Gummilösung und drückte sie an der Außenwand über den Schrauben aus. Was ich kaum hoffte, geschah: Die Gummilösung erstarrte augenblicklich in der kalten Luft und dichtete das Leck. Natürlich konnten wir das Kind nicht in der nassen Koje schlafen lassen; sie bekam Toms Lagerstatt und kroch hinein mit einem rührenden Stolz über diesen Vorzug.

Ich stellte die Parkbeleuchtung an, damit uns keiner anfuhr in der Nacht. Wir verhängten die Fenster mit Decken. Wir rückten die Betten zusammen, löschten das Licht, und bald hörte ich die ruhigen Atemzüge meiner kleinen Mannschaft, die schnellen, kleinen Atemzüge des Babys, die leichten, leisen des kleinen Mädchens, die stillen, nur ab und zu von einem Seufzer unterbrochenen der Frau.

Ich aber lag lange wach. Ich rang mit meinem Gewissen: War es nicht leichtsinnig, was ich unternommen hatte? Setzte ich nicht die Gesundheit von Frau und Kind aufs Spiel? War es zuviel, städtischen Menschen ein naturhaftes Wanderleben zuzumuten?

Der Regen trommelte auf unser Dach, die Arche war wie der Resonanzboden einer Baßgeige. In einem fernen Dorf jaulten die Hunde. Wieder und wieder tönte fern ein Dröhnen, Licht drang durch die Fensterritzen, mächtige Motore kamen näher und näher, die Erde zittert: Dann brausten sie vorbei, die schweren Lastwagen der Ferntransporter mit schwankender roter Schlußlaterne. Ihre Riesenluftreifen knatterten über den Asphalt wie Maschinengewehrfeuer. Im Sog ihres Fahrwindes schwankte die Arche.

Die Sehnsucht in die Ferne kehrte in mich zurück und die Zuversicht, daß alles gut werden würde mit dem ersten warmen Sonnenstrahl.

Ruhig geworden fühlte ich große Müdigkeit und schlief ein. Aber diese ganze Nacht träumte ich vom Fahren und stieß mit den Füßen nach Bremse und nach Kupplung wie ein Hund, der von der Jagd träumt.

DRITTES KAPITEL

Berlin in Sicht – wir suchen einen Nothafen

Wir erwachen von Stimmen, die wie fliegend vorübergleiten, und vom Läuten von Fahrradglocken: Arbeiter fahren zur Fabrik, die Schlote einer größeren Stadt ragen im Süden über den Wald. Wagenräder knarren, Peitschen knallen; durchs Fenster sehe ich, daß jeder Kutscher, jeder Radfahrer, jeder Mensch einen langen neugierigen Blick auf die Arche wirft. Ein Schlächter, der ein Kalb vor sich hertreibt, bleibt sogar stehen, schüttelt den Kopf, macht Miene, an unsere Tür zu klopfen, tut aber statt dessen einen klatschenden Stockhieb auf das Hinterteil des Kalbs und zieht von dannen.

Das ist die erste Begegnung mit der Neugier der Menschen. Wir hatten diese Neugier nicht vorausgesehen, obwohl sie ja eine ganz natürliche Erscheinung war. Wir ahnten damals noch nicht, daß dies Element die größte und eigentlich einzige Schwierigkeit der ganzen Reise sei.

Im Schlaf hatten wir von dem alten Haus geträumt, so waren wir aus höchste überrascht, uns an der Landstraße zu finden. Die kleinen Fenster eröffneten die Aussicht auf eine Kiefernschonung mit einem alten Kiefernwald als Hintergrund. Jenseits der Landstraße dehnten sich frisch gepflügte Äcker. Weil die Lage so neu und überraschend war, prägte sich dies eigentlich gleichgültige Stück Landschaft unvergeßlich ein.

Unser kleines Mädchen fand sich als erste ganz natürlich in die Lage: Sie wollte sofort in den Wald, nach Karnickellöchern suchen und nach Pilzen (die es natürlich noch gar nicht gab); die Lerchen lockten sie, die wie winzige Luftballons immer auf einer Stelle, Jubelrufe schmetternd, über den Feldern schwirrten. Mit sonderbar bewegten Herzen sahen wir das Kind die hohe Türschwelle wie eine Leiter hinunterklettern, über den Graben springen und eintauchen in das noch welke Gras, in dem die Spinnweben tauschimmernd hingen. Es verschwand zwischen den Kiefern, die kaum größer waren als sie selbst; ein paar Mal nur sahen wir ihr helles Haar aufleuchten zwischen den dunklen Nadeln und die weiße Haut der nackten Knie.

Ja, da gab es nun keinen schützenden Gartenzaun mehr zwischen dem Kind und der Außenwelt, keine gepflegten Wege und keinen Menschen außer uns, der ein wachsames Auge auf sie hielt. Wie zart und weich ist die Haut eines kleinen sechsjährigen Mädchens, wie ungewohnt der Dornen und der harten Kiefernnadeln. Wie ungeschickt sind noch die langen Glieder, wie weich die Muskeln für ein Leben in Wald und Feld im rauen nordischen Vorfrühling. Nein, das war kein Zigeunerkind, das schon Erbanlagen für ein Zigeunerleben mit auf die Welt bringt. Würde es uns gelingen, es vor allen Gefahren des Lebens auf der Landstraße zu schützen, würde es uns gelingen, diesen kleinen zarten Körper so gepflegt zu erhalten, wie er jetzt war? – Das waren die Gedanken, die uns in diesem Augenblick befielen, ganz besonders Toms.

Viel weniger Sorge hatten wir um den Pieps. Der war mit seinen drei Monaten noch ein handliches Paket: Man mußte ihn nur in die Sonne stellen, bei schlechtem Wetter hereinnehmen, und seine Nahrung war einfach.

An diesem ganzen Morgen erlebten wir Dinge, die eigentlich gar nicht erzählenswert sind, die uns aber doch den stärksten Eindruck machten als erstmalige Begegnung mit einer neuen Lebensform.

Was sollte denn nun zunächst geschehen: Sollte man erst sich waschen und dann den Herd anzünden, oder war es besser umgekehrt, weil man beim Feuermachen doch wieder schmutzig wurde?

Es war sonderbar, in einem so winzigen Waschbecken, wie wir es hatten, sich zu waschen. Als das Wasser durch das Abflußrohr ablief und unter der Arche eine Pfütze bildete, fiel uns ein: Was würde werden, wenn man längere Zeit an gleicher Stelle lagerte: Dann würde vermutlich unter der Arche ein Sumpf entstehen. Es war also nötig, einen Abzugsgraben zu ziehen.

Bei der Abfahrt hatten wir etwa einen halben Zentner Feuerholz an Bord gehabt in einem der großen Kästen unter der Arche. Wie wir jetzt Teewasser kochten und die Milch für die Kinder erwärmten, fiel mir auf, daß wir schon einen großen Teil des Holzes verbraucht hatten. Es war also nötig, in Zukunft auf jedem Lagerplatz Holz zu sammeln im Wald. Mit den Briketts mußte man so sparsam umgehen wie möglich und das trockene Holz zum Anmachen des Feuers aufbewahren.

Wir brauchten diesmal eine ganze Stunde, bis wir das Frühstück bereitet, die Betten gemacht und die Arche gesäubert hatten. Als das geschehen war, waren wir selbst wieder schmutzig geworden und wuschen uns zum zweiten Mal. Es wurde klar, daß unsere kleine Wohnung sehr viel Hausarbeit erforderte, um sie in Ordnung zu halten. Es wurde klar, daß wir dafür viel Wasser gebrauchten. Unser Tank faßte 60 Liter, aber schon beobachtete ich besorgt die Wasserpumpe; was sollte erst werden, wenn die Windeln gewaschen werden mußten? Man brauchte dazu mindestens 20 Liter Waschwasser und ebensoviel zum Spülen. Es gab also eine Wassersnot für uns, wenn es nicht am Lagerplatz selbst Wasser gab.

Als wir alle Vorbereitungen zur Weiterfahrt beendet hatten, war es 11 Uhr geworden, also beinah schon Zeit, das Mittagessen zu kochen. Wir mußten aber an diesem Tag nicht nur Berlin erreichen, sondern es ganz durchqueren. Ein Gut in der Gegend von Storkow, östlich von Berlin, war unser nächstes Ziel.

Diesmal wurde unsere kleine Karawane anders eingeteilt. Toms und Rolle wurden warm angezogen in den Schleppwagen gesetzt, der Pieps blieb allein in der Arche, er war eingeschlafen, wir konnten ohne Sorge um ihn sein. Der Motor sprang an; wie aus einem Bett hob sich die Arche auf die Wölbung der Chaussee: wir rollten wieder.

Ich beobachtete, wie Toms die Blicke dauernd auf den Rückspiegel gerichtet hielt. Sie bewachte jede Schwankung der Arche, und sicher dachte sie die ganze Zeit, wie es dem Baby drinnen ginge. Wenn ich fühlte, daß ihr Blick ängstlich wurde, daß sie heimlich zu mir herübersah, zog ich die Bremsen an; dann sprang Toms heraus, verschwand in der Archentür wie ein Wiesel in seinem Bau und kam nach einer Weile aufatmend zurück. Das Baby schlief prachtvoll, das Schaukeln der Fahrt schien die gleiche Wirkung zu haben wie eine Wiege.

Es wurde ein herrlicher Vorfrühlingstag. Die Rolle saß zwischen uns, baumelte mit den Beinen, und ihr kleiner Mund stand niemals still, so erfüllt war sie von allem, was ihr auf der Landstraße begegnete, von jedem Hund, von den Pferden, von den Lastautos, vor allem aber von den Osterhasen. Auffallend viele Osterhasen waren unterwegs, und sie hielt scharfen Ausguck, ob auch welche da wären mit Eierkiepen auf dem Rücken. Verschiedene bedeutende Hasen, die Eierkiepen trugen und auf Eiernestern saßen, wurden auch gesichtet, aber leider nur von den Eltern, die Rolle konnte so schnell nicht gucken.

Die Birken am Wegrand tragen ihr weiß-grün-goldenes schimmerndes Frühlingskleid, von den Kiefernstämmen klingt das fröhliche Pochen der Spechte, als sei eine Schar fleißiger Zimmerleute am Werk. Große Flüge von Staren in leuchtenden Hochzeitsgewändern flattern rauschend über unsern Weg; Krähen trippeln, gravitätisch nickend, hinter den Drillmaschinen. Schon liegt über den Äckern das schimmernde Grün der jungen Saat, die aus der Ferne leuchtet wie ein Heiligenschein. Auch um die Bäume, die noch kein Laub tragen, liegt ein geheimnisvoller Glanz, der ausgeht von den dicken Knospen und von dem Saft, mit dem ihr Holz sich jetzt belebt. Glanz liegt über der ganzen Landschaft, kräftige Tupfen von Grün und Goldgelb, von ersten Dotterblumen und Butterblumen und den ersten Zitronenfaltern; metallisch schimmern die frischumbrochenen Pflugfurchen. Diese ersten Farbflecke des Frühlings bewegen unser Herz stärker als die glühendsten Farben des Sommers, wenn wir sie zum ersten Mal im Jahr erblicken.

Noch ist der Fahrtwind hart und scharf, aber er brennt die Haut nicht mehr wie im Winter, sondern er erfrischt; es ist der gleiche Wind, der den Taubruch gebracht hat, der die Erde weckte. Stark rauschen die Flüsse an den Pfeilern der Brücken, über die wir fahren; die Ufer können den Wasserreichtum oft nicht fassen, weit sind die flachen Wiesenländer überschwemmt. Aber schon taucht die Erde wie nach einer Sintflut wieder auf mit den grünen Spitzen der Gräser, die durch die schimmernde Wasseroberfläche brechen. Eilig ziehen am Himmel weiße Wolken; blau, wie frisch gewalzter Stahl, glänzt das nasse Band der Chaussee, das den Himmel spiegelt. Über den Feldern rüttelt der Sperber; wir hören seinen schrillen Schrei und das angstvolle Piepen der Feldmaus, auf die er niederstößt. In den Dörfern krähen die Hähne voller Übermut und flattern mit den Flügeln, als wollten sie große Taten verrichten. An den sonnenbestrahlten Mauern der Höfe plustern sich die Hühner und scharren sich Gruben im frostgelockerten Boden. Die Katze sonnt sich auf dem Fensterbrett. In den Ställen brüllt das Vieh voll Sehnsucht nach der Weide. Es dampfen die Misthaufen, wohlaufgefüllt im Winter; Gabel auf Gabel des kostbaren Stoffs fliegt auf die Ackerwagen. Die Jauchepumpen kreischen, fruchtbarer Geruch weht über die Straße: das alles sind Frühlingszeichen.

Schäbiger denn je sehen die Vogelscheuchen aus, arg zugesetzt haben ihnen die Winterstürme, und völlig respektlos hocken die Spatzen auf ihren weitgebreiteten Armen. Den Vogelscheuchen ähnlich sehen die „Monarchen", die letzten Vagabunden; auch die zermürbt, zerfurcht vom Winter und doch mit einem neuen Glanz in den Augen: auch für sie beginnt jetzt eine bessere Zeit. Am Straßenrand, hinter Schirmen aus Sacktuch und Schilf, hocken die Steinschläger. Den langstieligen Hammer in der Faust, die Linke mit einem roten Stück Gummi von einem alten Autoschlauch, bewehrt zum Schutz gegen den scharfkantigen Stein, starren sie der Arche nach aus den Schutzbrillen ihrer Augen.

Ein kaltes und sicherlich ein armseliges Geschäft, das Steineklopfen; es erinnert an die Urzeit, wo der Mensch sich aus Stein Gerät und Waffen schlug, umwittert von brenzlichem Pulvergeruch. Ein aussterbender Beruf: Steinmühlen mit stählernem Gebiß werden bald den letzten Steinklopfer vom Wegrand drängen.

Am Wegrand kochen wir unser Mittagsbrot. Prüfend gehe ich um beide Wagen herum, jedem Reifen einen kleinen Tritt versetzend, ob er auch noch hart und gut klingt. Vorn rechts höre ich ein leises bösartiges Zischen: da bläst die Luft ab. Gut, daß wir rechtzeitig gehalten haben. Rasch wird der Wagenheber angesetzt, in zehn Minuten ist das Rad gewechselt.

Zum ersten Mal verzehren wir das Mittagsbrot im Freien. Unser Tischtuch, eine Wachsdecke, auf die sehr buntfarbig die Weltkarte gemalt ist, haben wir auf einem Haufen Pflastersteine ausgebreitet. Die Rolle sitzt auf einem Hocker, das sieht sehr vornehm aus, wie eine richtige Dame bei Tisch; so finden wir, die wir in Schneiderstellung auf unsern Mänteln sitzen. Eine Zigarette lang können wir ausruhen, zufrieden in die Sonne blinzelnd, dann kommt die scheußliche Arbeit des Abwaschens, die häßlichste Hausarbeit, die es gibt, selbst dann, wenn man die Teller vorher mit Grasbüscheln notdürftig gereinigt hat.

Jetzt nähern wir uns Berlin. Es wächst in mir die Spannung, es ist das erste Mal, daß ich mit der Arche in so dichten Verkehr gerate, eine so riesengroße Stadt durchfahren muß. Am Rand der Stadt hatten wir noch einmal getankt. Es hat sich dabei gezeigt, daß wir nicht alle Tankstellen benutzen können, weil die Kurve der Einfahrt bei vielen zu eng ist für unsern langen Zug. Der Benzinverbrauch ist um ein Drittel höher durch das Gewicht der Arche. Wir füllen auch unsern Wassertank mit dem Wasserschlauch, der eigentlich zum Auffüllen des Kühlers dient. Bei den Tankwarten haben wir auf der ganzen Reise das größte Verständnis und die freundlichste Hilfeleistung gefunden.

Berlin saugt uns ein. Toms studiert den Stadtplan mit den Durchfahrtsstraßen; ich blicke starr geradeaus, es ist unmöglich, den Blick von der Fahrbahn zu wenden. Vielleicht klingt es lächerlich, aber während der ganzen Stunde, die die Durchfahrt dauert, bin ich in höchster Anspannung, nicht nur aller Nerven, sondern aller Muskeln. Die Arche kann nicht so schnell bremsen wie ein gewöhnliches Automobil, sie kann auch nicht so schnell ausweichen, und sie ist breiter als ein gewöhnlicher Wagen. So passieren wir die Verkehrsampeln wie Abgründe, die Elektrischen scheinen wie wütende Stiere auf uns loszugehen, die Omnibusse taumeln schwankend vorbei, daß sie uns fast berühren, die Verkehrsschutzleute werfen uns scharfe Blicke zu, die Taxichauffeure schimpfen, wenn wir sie aufhalten. Einmal kommt aus einer Seitenstraße unerwartet ein Pferdewagen. Ich kann die Arche erst zum Stehen bringen, wie die Deichsel über den Kühler des Schleppwagens ragt und wie die Kummete der Pferde wie Halskrausen um ihre Hälse stehen, so stark haben die Tiere sich zurückgestemmt.

Ich atme auf, wie wir endlich draußen sind. Wir hatten unsere Fenster dicht verhängt, denn die Berliner sind ein neugieriges Volk.

Ich fühle mich jetzt wie der Kapitän eines im Sturm havarierten Schiffes. Wir suchen unsern Nothafen. Der Hafen muß enthalten: Holz, Schrauben, Werkzeug, Kitt, eine Schmiedewerkstatt. Wir müssen unsere ganze Ausrüstung noch sehr verbessern, wenn unsere Arche seetüchtig werden soll für ihre weite Reise.

Spätabends, mitten in den meilenweiten Wäldern hinter Storkow, in denen blaue Seen liegen wie Augen unter dichten Wimpern, laufen wir in unsern Nothafen ein. Es ist ein Augenblick, wie ihn ähnliche wohl eine müde Kolonne von Soldaten erlebt nach einem langen Marschtag im Manöver. Aus dem Park heraus, der wie eine dunkle Wolke sich abhebt vom helleren Himmel, schimmern

Lichter. Der Gutsherr kommt uns entgegen, einsamer Schatten auf dem staubigen Weiß der Landstraße, einen Knotenstock in der Hand und eine Stalllaterne. Hinter dieser schwankenden Laterne her rollt die Arche in langsamer Fahrt ganz um den Park herum, bis eine riesige schwarze Masse vor ihr sich türmt: die Feldscheune. Wir fahren auf die hartgestampfte Tenne, zur Linken baut sich eine Wand von Preßstroh auf, zur Rechten stehen Ackerwagen, Pflüge und eine Lokomobile mit herabgeklapptem Schornstein. Ich spanne den Schleppwagen aus, und wie die Zuggabel der Arche polternd auf den harten Grund fällt, da ist mir wirklich so zumut, als hätte unser Schiff den Anker geworfen.

Morgen ist Osterdienstag.

Viertes Kapitel

Vom Osterhasen, vom Schmied, vom Pferdekopf

In aller Frühe gehe ich in den Wald, der an den Park angrenzt, und suche zwischen Birken und Haselnußgesträuch und jungen Fichten einen Platz, wo wohl der Osterhase sein könnte. Große Kissen von hellgrünem Moos geben gute Nester, die Eier haben wir vorsorglich schon in der Arche mitgebracht. Die Sonne geht auf und trocknet den Tau, die Vögel singen, man hört die Eichhörnchen im Dunkel der Fichtenkronen klettern, hört ihr Keckern, sieht Zweige schwanken und wie die Samen der Tannenzapfen als gelber Regen auf den Boden fallen. Wenn man Osterverstecke für ein Kind bereitet, so wird man selbst wieder zum Kind und empfindet das Geheimnis des Waldes, die Nähe der Tierwelt, das Nahen des Frühlings neu in jedem Weidenkätzchen, in dem himmlischen Blau der Leberblümchen, das schimmert über dem matten Gold des welken Laubs.

Endlich bin ich fertig, und mein lauter Ruf findet Antwort in einem hellen Kinderschrei, und da kommen sie schon, fast im Galopp: die Rolle vornweg mit wehendem Haar und wehendem Röckchen, dahinter Toms, den Pieps auf dem Arm.

Ganz aufgeregt, so daß ich fast selber glaube, es sei wahr, laufe ich ihnen entgegen: tatsächlich; eben ist der Osterhase dagewesen, ich habe ihn noch gesehen, er war größer als andere Hasen, er hatte ein rotes Bändchen mit einer Glocke um den Hals und eine ziemlich große Kiepe auf dem Rücken. Mir ist fast so, als müßte er hier Eier versteckt haben.

Die Augen des kleinen Mädchens leuchten vor Spannung, wie gebannt steht es da, einen Finger im Mund, ein Bei erhoben, schon im Begriff loszulaufen, nach allen Seiten schaut es sich um, und da: unter dem Schlüsselblumenbusch schimmert es rot und blau. Sie stürzt darauf zu, wirft sich zur Erde: wahrhaftig, da ist das Nest des Osterhasen. – Und da drüben, im Eingang des Karnickellochs, ist wieder eins – und dort, in der Höhlung des Baumstumpfs, und dort, auf dem Maulwurfshaufen, ein ganz großes Ei. Und da haben sich winzige goldgelbe Küchlein am Birkenstamm versteckt, und in einem Nest von Moos sitzt wahrhaftig ein Osterhase aus Schokolade.

Lange dauert es, bis die drei alles gefunden haben, der Wald hallt wieder von ihren Freudenrufen, und sogar Pieps lacht über das ganze Babygesicht.

Die Rolle hat die Eier in ihrem Rock gesammelt, den hält sie nun mit beiden Händen hocherhoben fest. Plötzlich wird sie rot: Der Gedanke ist ihr gekommen, daß sie sich doch irgendwie bedanken muß, sie geht ein paar Schritte in die Richtung, wo der Wald dichter wird, dort muß wohl der Osterhase sein. Sie stellt sich auf die Zehen und ruft in das Walddunkel hinein: „Danke, lieber Osterhase, danke schön!" Das Echo hallt nach – sicher hat er es gehört, der Osterhase.

*

Es beginnt eine der schönsten und der arbeitsreichsten Wochen meines Lebens.

Die ersten 400 km unserer Fahrt haben eine Unmenge von Erfahrungen gebracht, die müssen wir verwerten.

Es hat sich gezeigt, daß der Bremshebel im Schleppwagen, der die Bremsen der Arche betätigt, einen unverhältnismäßig großen Kraftaufwand erfordert, weil er zu kurz geraten ist. Die Muskeln meines linken Arms schmerzen noch immer.

Es hat sich gezeigt, daß für Geschwindigkeiten über 50 km auf schlechten Straßen die Federung der Arche zu schwach ist; sie schlägt durch: die Federn müssen also verstärkt und aufgebogen werden.

Unsere ganze bisherige Raumausnutzung ist ungenügend. Die Schränke und Behälter innerhalb der Arche liegen so, daß der Raum über den Kojen von Schulterhöhe bis zur Decke unausgenutzt geblieben ist, hier wäre durch Einbau von Borden und von Schränken viel Stauraum zu gewinnen.

Alle unsere Küchenborde haben zu niedrige Ränder, die Gegenstände, die dort stehen, springen im Fahren durch die Erschütterung heraus. Jeder Topf, jeder Teller, jede Tasse muß in Zukunft in so festen Haltern stehen, daß sie weder gegeneinander stoßen können noch an die Wand.

Die vier großen Kästen unter der Arche sind nicht staubdicht. Schon sind unsere Kartoffeln von Schmutz überzogen, schon ist alles Werkzeug eingestaubt; auch die Falltür zum Keller unter Küche hält nicht dicht.

In einer Karosseriewerkstatt und einer Reparaturwerkstatt wären alle diese Verbesserungen leicht anzubringen. Man hat geübte Monteure, man hat alles Werkzeug, Rollbretter, Schweißapparate, man hat alle Arten von Werkstoff, Sperrholz, Linoleum, Filz zum Abdichten, Lacke, Farben, Leim.

Hier haben wir nichts als unsere eigene Arbeitskraft, unser geringes Werkzeug, die Schmiede des Guts und die helfende Hand des Stellmachers.

Da habe ich zum ersten Mal wieder das Schlossern geübt; wie man ein gutes Schmiedefeuer macht – und daß es eine Flasche Schnaps kostet, wenn man sich in der Schmiede die Pfeife mit einem Streichholz ansteckt, statt mit einer Schmiedekohle.

Da habe ich gelernt, worin die Kunst eines guten Stellmachers auf dem Land besteht: Ein solcher Mann muß einfach alles können und sich behelfen mit den einfachsten Hilfsmitteln, er muß ein Pionier sein.

Vor Tagesanbruch, bevor die eigentliche Gutsarbeit begann, lagen wir schon unter der Arche, bockten sie mit schweren Wagenwinden auf Balken auf und bauten die Federn aus. Um den Überblick nicht zu verlieren, nummerierten wir die einzelnen Teile und zeichneten ein Schema auf Papier. Wir fanden Stahl für Federblätter, wir fanden sogar Öl genug für ein Ölbad, um die ausgeglühten Federn wieder zu härten. Wir verzweifelten daran, den Bremshebel zu verlängern, weil wir keinen Schweißapparat besaßen. Wir fanden dann den Griff eines alten Pfluges, sägten ihn ab, glühten das Stahlrohr und schoben es über den alten Bremshebel. Erkaltet, schrumpfte es ein und saß eisern fest.

Jedes Brett mußten wir uns zuerst zurechtschneiden, hobeln und firnissen. Jeder Haken, jeder Halter mußte zuerst geschmiedet werden, jede Schraube neu gedreht. Der Stellmacher war unerschöpflich an Erfindungsgeist. Aus Stahlrohren zerbrochener Fahrräder, aus Türschlössern, alten Wagenrädern, aus Hufeisen und Weckeruhrgehäusen suchten wir unsere Werkstoffe zusammen. Jedes Werkzeug mußte zuerst am Schleifstein geschärft, ja teilweise sogar erst angefertigt werden.

Wir arbeiteten von früh bis in die Nacht, zwanzigmal am Tag laufen wir zwischen Schmiede und Arche hin und her, fast immer im Trab. Manchmal schwingt auch der Junge des Stellmachers sich aufs Rad und fährt zur Stadt, um Lack, Firnis, Leim und solche Hilfsmittel zu beschaffen, die wir beim besten Willen hier nicht auftreiben können. Wir nehmen uns kaum mehr Zeit zum essen. Toms stellt uns Butterbrot und Kaffee vor die Werkstatt. Fluchend und schwitzend liegen wir unterm Wagen und schielen dabei auf unser Futter, denn auch die Hühner draußen in der Sonne schielen auf die Butterbrote und nähern sich bedrohlich mit schiefen Köpfen voller Angst und Gier. Dann fliegt ein Schraubenschlüssel nach ihnen, und die Meute zerstiebt mit schimpfendem Gegacker.

Mit Ruß und Öl und Wagenschmiere überzogen sind Schlosseranzüge, Gesicht und Hände. Schließlich sind wir keine gelernten Autoschlosser: Fast alles müssen wir zweimal und dreimal machen, bis es richtig sitzt. In einer regelrechten Werkstatt wäre alles schneller gegangen, aber sicher nicht besser, nicht solider ausgeführt. Sauber werden wir in dieser Woche überhaupt nicht mehr. An der Pumpe scheuern wir uns abends mit Öl, mit Schmierseife, mit Sand, mit Sägemehl, aber die zähe Autoschmiere haftet in allen Falten und Poren der Haut.

Jedoch: es lohnt sich. Am vierten Tag steht die Arche wieder stramm und

Oben: Ein Schäfer besucht uns mit seiner Herde.
Unten: Toms wäscht ab und Rolle trocknet.

lotrecht auf ihren vier Rädern. Sie ist etwas höher geworden, weil die Federn aufgebogen sind. Mit den neuen starken Federblättern brauche ich jetzt keine Angst mehr zu haben, daß etwas bricht. Am fünften Tag sind auch die neuen Borde eingebaut. Sie sind fast 2 m lang, 25 cm breit und mit 20 cm hohen Rändern versehen. Eine Unmenge von Sachen läßt sich darin unterbringen. Zu beiden Seiten des Schreibtisches sind zwei Bücherborde eingebaut, das eine für Landkarten und Reisehandbücher, das andere für die „schöne Literatur". Außer den fest eingebauten haben wir jetzt drei kleine, an der Wand befestigte Schränke für die Waschsachen, einen für die Kinder und je einen für uns. Die größten Veränderungen sind in der Küche geschaffen worden. Die Sperrholzwände sind mit Linoleum benagelt. An den Linoleumwänden ist jeder Kochlöffel, jeder Topf und jedes Glas in breiten Bändern aus Schlauchgummi derart befestigt, daß nichts mehr herausfallen oder klappern kann. Die Borde sind erhöht und mit Zwischenwänden unterteilt, so daß jeder Behälter unverrückbar feststeht, besonders die Milchflaschen für den Pieps. Die Teller sind unter der Decke zwischen elastischen Holzleisten lotrecht eingeklemmt, die Tassen raffiniert in kleine Lattenkäfige gestellt. Wo es notwendig war, Kochtöpfe ineinander zustellen, sind Gummischeiben zwischengelegt, damit nichts mehr klappern kann. Alle Behälter, die Deckel haben, sind mit breiten Gummibändern verschlossen. Die schwankenden Stallaternen sind durch Schnüre gegen Anschlagen gesichert. In Leisten, die mit Bohrungen versehen sind, stecken die Quirle, die hölzernen Kochlöffel, die Reiben und anderes Gerät. Jedes Ding ist griffbereit und fest verstaut.

Meine Werkzeugkisten im Schleppwagen sind jetzt so geordnet, daß jeder Schraubenschlüssel fest in einer Schlaufe steckt, mit einem Griff kann jedes Werkzeug gefunden werden. Die beiden Batterien des Schleppwagens sind durch ein Kabel mit dem Wohnwagen verbunden worden, so daß wir jetzt die doppelte Beleuchtung haben: Für gewöhnlich die Petroleumlampen, für den Notfall elektrisches Licht.

Inzwischen hat Toms, genau wie wir, von früh bis spät gearbeitet. Zuerst hat sie alles bewegliche Gut ausgeräumt und eine furchtbare Musterung gehalten: Ungefähr die Hälfte aller Kleidungsstücke bleibt zurück. Wir werden von nun an öfter waschen müssen, aber in den Schränken ist jetzt Platz genug, und überall wird man sich freier bewegen können. Dann ist Toms in die Stadt gefahren und hat Stoff für Gardinen eingekauft. Es ist unbedingt notwendig, daß wir Gardinen haben, damit nicht jedermann von draußen in die Arche schauen kann. Es ist Bauerntuch, blau gewürfelt für das „große" Zimmer und rot gewürfelt für Küche und Kinderzimmer. Ich hätte nie geglaubt, daß eine so einfache Vorrichtung wie eine Gardinenstange technische Schwierigkeiten machen könnte, es ist aber so, denn unsere Gardinenstangen dürfen im Fahren nicht klappern, und die Gardinen müssen auch nach unten fest schließen. Dann hat Toms in zweitägiger Arbeit die Arche ganz neu eingerichtet und so wunderbar gesäubert, daß man kaum mehr wagt, ohne Filzschuhe hineinzugehen.

Am sechsten Tag wird noch die Kühlerfigur am Schleppwagen angebracht. Sie hat eine Geschichte: Vor Jahren fand ich einmal in der Lüneburger Heide einen holzgeschnitzten Pferdekopf, der wohl einst am Giebel eines Bauernhauses gesessen hatte. Er war massiv aus vollem Stamm geschnitzt und noch mit Fetzen eines Pferdefells bezogen, die ihm ein unheimliches und drohendes Aussehen gaben. Dieser Kopf hat seither wie der Drachenkopf eines Wikingerschiffes auf den Kühlern aller meiner wechselnden Gefährte gesessen, und dabei ist er viele tausend Kilometer durch Deutschland gefahren. Er hat viele Abenteuer erlebt, besonders nächtliche. Einmal in den Straßen Berlins fand ich ihn am Morgen mit einer Smokingschleife geziert, einmal in einer kleinen Universität sein Maul in ein Bierseidel getunkt und einmal in Frankfurt mit einem Würstchen zwischen den Zähnen.

„Komisch", sagte der Stellmacher, „wirklich komisch: Wie ich klein war, und wir hatten zu Haus kein Geld, hat mein Vater immer gesagt: Na, jetzt können wir ja den Pferdekopf heraushängen, dann kommt der Gerichtsvollzieher gar nicht erst zu uns herein."

Er wußte nicht, wie recht er hatte, der brave Mann: Hoffentlich wird der Pferdekopf auch bei uns die gleiche Wirkung tun.

Es kam der Tag des Abschieds: Der alte Gutsherr führte die Rolle an der Hand bis zur Archentür und schüttelte den Kopf über die sonderbare junge Generation, die sich auf solche Abenteuer einließ. Die Gutsherrin brachte einen großen Topf mit eingewecker Leberwurst, der Gärtner brachte einen Blumentopf, die Milchmädchen eine große Kanne Milch; Toms weinte fast vor Rührung und Abschiedsschmerz, und die Rolle weinte wirklich, weil sie den gefleckten Jagdhund nun verlassen mußte.

Hoch auf ihren Rädern stehend, stolz, frisch gewaschen und lackglänzend rollte die Arche auf das Parktor zu, kleiner und kleiner wurden die Gestalten; da gab es noch einen Aufenthalt: Am Tor stand der alte Stellmacher, ich hielt, schüttelte zum letzten Mal die harte Hand und bekam ein schweres Paket in Leinwand gewickelt in den Arm gelegt.

Es war Werkzeug, Meißel, Bohrer, Stemmeisen und Hammer, die er mit eigener Hand für mich geschmiedet und mit seinem Handzeichen versehen hatte. Dieser Mann, gebräunt von Wind und Wetter, gefurcht vom Krieg und von einem harten Leben ehrlicher Arbeit, ist einer der besten Freunde geworden, die wir auf dieser Fahrt gewonnen haben.

Fünftes Kapitel

Durch die Niederlausitz

Vielleicht ist es der größte Vorzug der Arche, daß sie langsam fährt. Bei 30, 40 km in der Stunde kann ich nicht nur weit mehr sehen und beobachten als bei 80 oder 100 km früher, sondern auch über das Gesehene nachdenken. Der schnellfahrende Automobilist gleicht einem armen Gaul mit Scheuklappen: Ewig ist sein Auge an das Straßenband gefesselt, die Landschaft löst sich ihm in fliehende Linien auf, wird unwirklich.

Berlin und die Zonen seiner Umgebung sind für mich Gegenstand der widersprechendsten Gefühle. Das Schauspiel dieses ungeheuren Lebewesens ist ebenso wunderbar wie abstoßend. Die konzentrischen Ringe, mit denen die Städte auf den Landkarten eingezeichnet sind, habe ich immer aufgefaßt als Saugscheiben. Wie Schröpfköpfe oder Blutegel schienen sie mir aus der umgebenden Landschaft Nahrung zu saugen und zu wachsen.

Sah man die Landkarte genauer an, so fand man, je dicker die Ringe eingezeichnet waren, desto bessere Gründe dafür. Da lagen Städte an Flüssen und Strömen; ihr Wasser war gewissermaßen die große Ader, durch die die Städte das Blut entfernter Landschaften in sich sogen. Andere dickgeschwollene Städte saugten ihre Üppigkeit aus dem Schoß der Erde, sie saßen auf Kohle, Erz und Erdöl. Da gab es Hafenstädte, die wie gierige Münder vom Reichtum ferner Länder saugten, die Schiffe, die sie ausschickten, glichen Zungen: Mit wechselnder Funktion pumpten sie Güter den Lauf der Ströme hinauf in große Hinterländer, sogen sie Waren an und lenkten sie über die Meere.

Wie aber verhält es sich eigentlich mit Berlin? Die Saugscheibe Berlin haftet an einem armen Boden. Da ist kein Strom, kein Meer, da sind keine nennenswerten Bodenschätze. Im Grunde genommen sind wir hier nur ein Kreuzweg, zur Großstadt geworden durch hervorragende Verkehrslage. Vielleicht ist Berlin so ruhelos durch die Erinnerung an das, was es groß gemacht hat.

Mit unstillbarem Heißhunger saugt Berlin immer neue Landschaftsstücke in sich ein; bis an die Ostseeküste kann man Berlins Einfluß spüren, bis an die Oder, bis an die Neiße. Im Osten dehnt sich seine Einflußzone weiter als im Westen; die östlichen Landschaften scheinen von geringerer Lebenskraft der großen Spinne Berlin gegenüber. Sollte es sich mit Berlin nicht vielleicht umgekehrt verhalten wie mit anderen Großstädten, nämlich so, daß seine enorme Ausdehnung nicht der Reichtum des Nährbodens, sondern im Gegenteil seine Armut begründet. Daß der geringe Ertrag dieses Bodens die Einbeziehung immer neuer Bodenstücke erfordert? Hat nicht Berlin nomadenhaften Charakter? Ist nicht die

Stadt dauernd auf der Wanderschaft, Umzug in Permanenz? Ist es nicht typisch für Berlin, daß sein Schwerpunkt sich andauernd verschoben hat und weiter verschiebt? Verfallen nicht alte Quartiere genau so schnell wie neue emporblühen? Sind nicht der Bauzaun und die aufgerissenen Straßen die Wahrzeichen Berlins? Könnte man nicht die ganze Stadt auffassen als ein ungeheures Nomadenlager, das man abbrechen und an anderer Stelle wieder aufbauen kann?

Auf solche Gedanken kommt man unwillkürlich, wen man noch tief in den waldreichen Zonen, 50, 60 km vom Stadtkern entfernt, den oft unheimlichen Spuren Berlins begegnet. Da taucht etwa aus Kiefernwald hervor urplötzlich ein Gartenzaun. Ein vornehmer, städtischer Gartenzaun mit Zementpfählen und verzinktem Drahtnetz. Dann erblickt man durch den Vorhang der Kiefernstämme eine Siedlung. Sonderbar: wie Festungen sehen die Häuser aus, aus mächtigen rohbehauenen Quadern erbaut. Unwillkürlich kneift man die Augen zu, und nun sieht man, daß das alles Kulisse ist. Diese Quadern sind in Wirklichkeit Kunststeinplatten. Da sind Gartenwege mit Schlacke aufgeschüttet und mit Kacheln eingefaßt. Da stehen Liegestühle, mit gestreifter Leinwand bezogen, und Teeschirme, die ein Leben an der Ostsee oder am Lido vortäuschen. Da haben die Fensterläden herzförmige Ausschnitte nach bayrischem Vorbild, die Häuser geschnitzte Veranden nach Tiroler Muster und die Garage trägt ein Schilfdach, wie ein niederdeutsches Bauernhaus. Wie wenig passen diese „ländlichen" Siedlungen von Städtern, diese aus allen Stilarten gesammelte Stillosigkeit in die herbe, karge Landschaft der Mark Brandenburg.

Vor ein paar Jahren kannte ich in dieser Gegend noch eine ganze Reihe von versteckten Seen, an deren Ufer kaum je ein Sonntagsausflügler sich verirrte. Heute hat die Bodenspekulation alle diese „Objekte" mit Beschlag belegt. Sie führt ihre Seen in Zeitungsanzeigen anpreisend vor, wie ein Zirkus seine Löwengruppen: als merkwürdige Raritäten für den Großstädter. Die Spekulanten teilen die Ufer in die schmalen Handtuchstreifen ihrer Parzellen auf, um ja den größten Verkaufswert durch möglichst viele „Wassergrundstücke" zu erzielen. Sie umzäunen das freie Land, das man jetzt nur noch unter dem Joch ihrer Triumphtore betreten kann, vorbei an Kassenhäuschen und Auskunftsbüros. Mit Trompetengeschmetter, mit Freifahrt in Autos, mit Freikaffee und Umsonst-Kuchen, mit wehenden Fahnen und bestellten Lobpreisungen aller Art werden Kunden „gefangen".

Es ist schrecklich, zu sehen, wie fast jede im Kern gesunde Bewegung, wie eine so gute Sache wie die Siedlung zunächst den Machern in die Hände fällt, wie sie ausgesogen wird und ihres echten Gehalts beraubt. Das kann erst besser werden, wenn das neue Deutschland eine Generation von neuen Menschen großgezogen hat.

Weil wir am Sonntag fahren, gerieten wir zunächst in den Strom eines riesigen Ausflugsverkehrs. Wenn ich versuche, mir Berlin als Lebewesen vorzustellen, so sehe ich es als ein schlagendes Herz, als eine kombinierte Saug- und Druckpumpe, die im Rhythmus von Ebbe und Flut fünf Tage lang frühmorgens Menschenmassen nach der Mitte saugt und abends aus der Mitte schleudert. Am sechsten und am siebenten Tag aber tut dies Herz ein paar gewaltige Schläge. Dann schnellt es, wie aus der Brause gespritzt, ein paar Millionen Menschen in die Landschaft und zieht sie, mit den feinen Lösungen der Natur, mit Sonne, Wald, Wasser, Wiese durchtränkt, wie an Gummifäden wieder zu sich zurück.

Da gibt es nun Leute – und ich selbst war so einer -, die haben gejammert und geschimpft, daß Millionen von Naturhungrigen, aber Naturunkundigen, so weite Landschaften überschwemmten und sie verheerten wie ein Heuschreckenschwarm. Der Vorgang ist aber so großartig und die Sehnsucht dieser Millionen so naturnotwendig, daß man das Recht verwirkt, sich ihr entgegenzustellen. Der Großstadtmensch, in der Steinwüste verdorben, muß am Umgang mit der Natur erst wieder zum Menschen werden. Leute, die heute noch reine Landschaft mit Butterbrotpapier verheeren, werden bald genug gesunden Instinkt gesammelt haben, um wie jedes Tier ihren Abfall zu vergraben, werden Mensch genug geworden sein, dort zu pflanzen, wo sie heute zerstören. Es kommt nicht darauf an, daß der Großstädter heute noch kein richtiges Verhältnis zur Natur hat, sondern darauf, daß er drauf und dran ist, es sich zu erwerben. Darum soll man ihn nur mit der Natur eine Weile allein lassen, damit die beiden sich auseinandersetzen; ganz dumm ist er schließlich nicht, der Mensch.

So freuen wir uns denn über die blinkenden Wasserarme, über all die blauen Augen der Seen, über die Scharen der Faltboot und Kanus und über die schöngeschwungenen Dreiecke der Segel, die wie Taubenschwärme von Ufer zu Ufer gleiten. Schon wachsen am Rand der Schilfgürtel die Zeltstädte.

Große Kolonnen von Radfahrern strampeln vorbei mit ihren bunten Sweatern, mit ihren Aluminiumtrinkflaschen auf der Lenkstange. Motorradfahrer in rasendem Galopp des Auspuffgeknatters, keiner ohne eine mehr oder weniger geraubte Jungfrau auf dem Soziussitz, die die kurze Mähne flattern und die kunstseidenen Beine im Fahrtwind kühlen läßt. Ihr Anblick erinnert an das klassische Vorbild des Zentauren, der die Nymphe entführt.

In jenen seltsamen Zwittern der Technik, die man Motorradgespanne nennt, brausen ganze Familien daher. Wippend, schwankend, in komplizierten Federkonstruktionen gewiegt, schauen ganz unwahrscheinlich viele Köpfe hinter Leinwandschirmen und Cellonscheiben hervor: Wo in aller Welt mögen die Rümpfe sein?

Der Strom der Autos reißt eigentlich niemals ab, schon sieht man sie in Schneisen, in Feldwege, in Wiesen einschwenken: Auf hunderttausend Lagerplätzen klingt Lachen, Singen, Kinderfröhlichkeit. Da fahren sogar noch die Kremser, die Ausflugsgefährten des alten Berlin, Gartenrestaurants auf Rädern unter Markisen, wohlverproviantiert mit Stullen, mit einem Faß Bier und wohlgefüllt mit einem Gesangsverein.

Aber weiter und weiter entgleitet Berlin, wir fahren in der Richtung Dresden, und in der Gegend von Cottbus, im Herzen der Niederlausitz, wird es endlich still um uns.

Sechstes Kapitel
Durch eine etwas weitläufig gebaute Großstadt

Noch fahren wir durch dicken Wald und spüren, daß er sich ringsumher viele Kilometer weit erstreckt. Woher mag es wohl kommen, daß man die Tiefe eines Waldes fühlt, obwohl man doch nur ein paar Schritt weit in ihn hineinsehen kann. Und wie kommt es wohl, daß sich dieses Gefühl verändert, obwohl für das Auge nichts verändert ist: sichtbar bleibt der gleiche Weg, der gleiche Wald, das gleiche Dunkel.

Aber da zeigt sich schon eine Lichtung; eine Schonung? – Nein: ein Fußballplatz. Ein Sportplatz im Wald bedeutet die Nähe eines größeren Orts.

Nun tauchen Hügel auf, seltsam regelmäßig geformt wie große Särge, spärlich bewachsen mit Birken und Ginster, junger Bewuchs. Hinter ihnen eröffnet sich vor uns ein ungeheurer Trichter in der Erde. Wie die Form eines Napfkuchens sehen seine Wände aus. Der Boden dieser Schlucht, 100 oder 150 m unter der Straße, ist wie mit schwarzem Sand belegt. Bahngleise schraffieren kreuz und quer den Boden der Schlucht. Bagger, auf dünnen Spinnenbeinen stehend, löffeln mit Eimerketten den schwarzen Grund, gießen ihn in endlosem Strom in Loren. Motorlokomotiven blubbern; langsam, mit kreischenden Rädern winden sich lange Züge die Hänge hinauf, Schornsteingruppen entgegen, die über den Rand der Schlucht stehen wie Palisaden.

Das ist eine Braunkohlengrube. Mit einem Schlag sind wir im Niederlausitzer Kohlenrevier. Die Gruben machen einen unheimlichen Eindruck; der Mensch ist so winzig, verglichen mit diesen ungeheuren Höhlen, die er in die Erde gerissen hat. Gewaltige Arbeit wird verrichtet, und doch sind die Arbeitsplätze beinahe menschenleer. Die paar menschlichen Gestalten in der Tiefe erscheinen auch winzig neben den riesigen Maschinen und als ihre Diener. Einsam und winzig wie letzten Waldameisen, die im Spätherbst die Tore ihres Baus verschließen. Auch die Maschinen selber wirken unheimlich, weil sie mit ihrem mennigroten Stahlgitterwerk Skeletten gleichen und doch lebendig sind, aus ihren Mündern Ströme schwarzen Bodens speien, der gefächert wie ein Wasserfall niederstürzt, weil ihre fleischlosen Greifer mit so lebendig tierischer Bewegung sich in den Boden fressen. Am unheimlichsten aber erscheinen diese Gruben nachts, wenn die Arbeit in ihnen weitergeht, das sieht aus, als seien Haufen von Meteoren in die Erde gestürzt und verglühten in der schwarzen Tiefe unter aufsteigenden Dampfwolken.

Grube folgt auf Grube, die Zechen tragen alle Mädchennamen; dicht an den Grubenrändern stehen die Reste von Dörfern, die der Grube weichen mußten. Die neuen Siedlungen sieht man weithin dicht gesät. Die Häuser tröpfeln vorbei, immer dichter, immer dichter, werden zu Fäden, zu Zeilen, ballen sich zusammen, und da ist nun eine Stadt, eine Stadt, wie zum Beispiel Hoyerswerda.

Es ist natürlich ein Gemeinplatz, zu sagen, daß das mitteldeutsche Braunkohlenrevier sehr häßlich sei. Natürlich ist es häßlich, aber so voll Leben, so mitten in der Entwicklung, daß man es mehr von der Zukunft her sehen sollte als von der Gegenwart. Eine Stadt wie Hoyerswerda erweckt den Eindruck, als seien mehr Häuser in Bau begriffen als fertige Häuser vorhanden. Ununterbrochen fahren die Feldbahnen, puffen die Lokomotiven, ununterbrochen steigen die Maurer mit Backsteinlasten und Mörtelkisten die schrägen Leitern der Baugerüste empor. Neuangelegte Straßen schneiden durch Kartoffeläcker, schon zeichnen Meßstangen die Grundrisse neuer Siedlungen ab. So mag es im Ruhrgebiet ausgesehen haben zur Zeit seines schnellsten Aufstiegs, so mögen die amerikanischen Städte ausgesehen haben zu ihrer Gründerzeit. In einer ungeheuren Entwicklung ist dies Land der Braunkohle begriffen, aber seit wir in Deutschland gelernt haben, ganze Landschaften unter einheitliche Planung zu stellen, braucht man nicht zu fürchten, daß diese Entwicklung mit der Vernichtung landwirtschaftlicher Schönheit enden könnte wie in der Frühzeit des Ruhrreviers.

Die Kerne dieser Industriedörfer und Städte sind auch heute grau und häßlich, die Ränder aber haben breite Jahresringe von vielen tausend kleinen Häuschen angesetzt, mit weißen Wänden, mit roten Dächern und jedes nur für eine Familie bestimmt. Viele nennen diese Siedlungen eintönig. Aber wartet ein paar Jahre: Wenn Schulze sein Haus mit Efeu berankt hat und Müller das seine mit Rosen, der Nachbar Schmidt mit Geißblatt oder mit Wein. Wenn jeder kleine Garten sein selbstgewähltes Muster von Blumen und Gemüse zeigt, dann wird es hier so farbenfreudig und so mannigfaltig sein wie in einem Papageienhaus. An diesen starken Jahresringen des Bauens der letzten beiden Jahre spürt man am stärksten die Lebenskraft des neuen Deutschlands.

Auf diesem Schlachtfeld der Arbeit tut sich überall ein rührender Wille zur Schönheit kund. Als trügen diese Menschen, die zum Teil wohl aus dem Spreewald stammen mögen, eine Sehnsucht nach ihrer Wasserlandschaft im Herzen, haben sie überall kleine Teiche angelegt, von neu gepflanzten Bäumen umgeben, an denen Starkästen hängen, die viel zu groß erscheinen für die schwachen Stämme. So, mit dem Bau von kleinen Paradiesen, mit Goldfischen im Badewannenteich, mit Naturholzbrückchen, mit Tonrehen und Tonzwergen unter rot gemalten hölzernen Pilzen drückt sich die Sehnsucht einfacher Menschen nach der Schönheit aus. Beileibe soll man nicht spotten über solche Dinge.

*

Wir fahren jetzt über sächsische Staatsstraßen, bis heute die besten Landstraßen Deutschlands. Alle paar hundert Meter lagern auf Podesten sauber geschichtet Sandhaufen und Steinhaufen für Ausbesserungsarbeiten. Alle paar hundert Meter stehen am Straßenrand die grünweiß gemalten Häuschen für die Straßenarbeiter und ihr Gerät. In Sachsen hat man zuerst begriffen, daß es nicht genügt, gute Straßen zu bauen, sondern daß es wirtschaftlich ist, jeden kleinsten Schaden sofort auszubessern.

Dresden zeigt die schöne Silhouette seiner Elbufer durch strömenden Regen. Das Durchfahren großer Städte zeigt uns einen Naschteil der Arche: Wir gern würden wir halten, den Wagen stehen lassen und spazieren gehen. Wenn wir aber halten, so bildet sich sofort um uns ein Menschenauflauf, und das ärgert nicht nur uns, sondern auch die hohe Polizei; wir lieben es nicht, Aufsehen zu erregen, wir möchten gerne so privat und unauffällig wie möglich sein. Zum Glück halten die Menschen auf der Straße die Arche für einen havarierten Omnibus, der von einem zweiten Wagen abgeschleppt wird. Nur ein paar besonders Kluge fragen erstaunt, wo da eigentlich der Motor sei.

Irgendjemand hat Sachsen „eine etwas weitläufig gebaute Großstadt" genannt. Für die Strecke am Rand des Erzgebirges Dresden – Freiberg – Chemnitz – Zwickau – Plauen stimmt das ganz genau. Ewiges Auf und Ab, starke Steigung, starkes Gefälle. Siedlungen dicht an dicht in den Tiefen der Täler, rauchverhangen, grau in grau, durch die Wälder ihrer Schlote. Noch sind die kleinen Waldstücke auf den Höhen kahl, noch sind die Felder nackt. Eisig weht der Wind vom Erzgebirge, und der Regen peitscht, und die Menschen erscheinen uns so grau, so freudlos wie die Städte.

Die Dörfer kehren der Straße am Eingang und am Ausgang die langen fensterlosen Wände ihrer Scheunen entgegen, bepflastert mit Plakaten. Glatt ist das schwarze Band der Straße, es erfordert alle Aufmerksamkeit. Schwer arbeitet der Motor im zweiten und im ersten Gang die Berge hinauf. Mit aller Kraft muß ich die Bremse ziehen bei der Talfahrt. Es gibt da Augenblicke, wo ich spüre, wie die schwere Arche trotz allem Bremsen auf den Schleppwagen drückt. Was würde geschehen, wenn sie sich querstellt oder schleudert? An manchen Hängen könnte ich meinen Schleppzug einfach nicht mehr zum Stehen bringen.

Daß meine Sorge nicht ohne Grund ist, zeigt sich in der Chemnitzer

Gegend: In einer Kurve von starkem Gefäll hat sich ein riesiger Lastzug tief in den Wall jenseits des Straßengrabens eingebohrt. Bei der Talfahrt ist die Anhängerbremse gerissen. Verzweifelt hat der Fahrer den Koloß in den Graben hineingesteuert, um nicht an der schmalen Brücke im Talgrund zu scheitern. Zwei Bäume, stärker als mannsdick, hat der Koloß weggefegt, über sie hinweg ist der Motorwagen in ein Feld getaumelt, bis zu den Achsen sich einwühlend in die weiche Ackerkrume. Umgestürzt, die Räder nach oben, liegt der Anhänger wie ein toter Elefant. Ein Sturzbach von Kisten ergießt sich in den Graben. Fahrer und Beifahrer stehen betrübt wie vor einem offenen Grab. Der Lastzug ist ihr Eigentum, ihr einziger Besitz. Man hört wenig von der Gestalt des Fernkraftfahrers, ein verhältnismäßig neuer Beruf, der unsern Landstraßen ein deutliches Gepräge gibt. Sie müssen ganze Kerle sein, diese Männer in den verölten Lederjacken, sie sehen aus wie die U-Boot-Mannschaften des Weltkriegs, wenn auch ihr Leben nicht so von Gefahr umwittert ist. Am Steuer zu sitzen, hinter einem hundertpferdigen Dieselmotor, im Rücken eine Gewichtsmasse von 15 000 kg, solch einen langen Zug zu steuern, tagelang und nächtelang, halb betäubt vom Dröhnen, in Staub, Ölgeruch gehüllt, dazu gehört eine ganz zähe Energie.

Wie oft sind sie mir nicht nachts begegnet, die Scheinwerfer abgeblendet; vorüberfahrend sah man dann die Fahrer in den Ecken ihrer Führerhäuschen, halb liegend, halb sitzend, die Augen geschlossen. Die Augen sind es, die auf langen Nachtfahrten am stärksten ermüden; erfahrene Fahrer erkennen die Gefahr, wenn Blicktäuschungen beginnen, wenn Schlangen sich an den Ästen der Chausseebäume zu ringeln scheinen, wenn Meilensteine zu winkenden Gespenstern werden. Viel wäre zu erzählen von der Kameradschaft der Fernkraftfahrer, wie keiner einen stecken gebliebenen Kameraden ohne Hilfe läßt. Von den Wirtshäusern, wo sie verkehren, deren Wände ganz mit Photographien seltsamer Unfälle bedeckt sind, wo man zu jeder Stunde, tags oder nachts, heißen Kaffee, Fleischbrühe und Würstchen haben kann. Selten wird hier ein Glas Bier getrunken, die meisten Fahrer halten eine strenge Disziplin der Nüchternheit. Meist sind es junge, unternehmungslustige Leute, die mit wenig Kapital einen Lastzug auf Abzahlung erwerben. Jeder Unfall setzt ihre Existenz aufs Spiel, die Raten müssen aufgebracht werden. Ein einziger der zehn oder zwölf Riesenluftreifen, die solch ein Lastzug hat, kostet etwa 1000 Mark, man kann sich danach vorstellen, was selbst eine Reifenpanne bedeutet, die die Decke zerstört. Wenige sind in der Lage, 1000 Mark auf den Tisch zu legen. Fernkraftfahrer auf eigenem Lastzug ist Kapitän, Steuermann, Heizer, Schauermann, Kaufmann und Spekulant in einer Person. Die Härte des Berufs zeigt sich in den frühgefurchten Gesichtern, das glänzende, meist in die Ferne blickende Auge erinnert an das des Seemanns.

Die Landstraße ist wieder voll Romantik wie zur Postkutschenzeit, aber es ist eine neue Romantik, hart und stählern, wie der Klang des Dieselmotors, nicht lieblich wie das Posthorn.

*

Irgendwo müssen wir einkaufen: Milch, Butter, Gemüse, Brötchen, Wurst und Fleisch. Wir halten in einer Arbeitervorstadtstraße; die Einkäufe gehen langsam, weil die Kaufleute zuerst genau wissen wollen: Woher, wohin, wieso.

Gespräch beim Schlachter:

„Ich möchte drei Schnitzel."

„Sie sin wohl vom Zirkus?"

„Nein."

„Na, womit handeln sie denn?"

„Mit nichts."

„Nu, Sie hamm aber ein'n bossierlichen Wagen, wo gommt'n der här?"

„Aus Hamburg."

„Da gomm wir ja selber gerade här. Vor drei Johrn, da sinn mir sie nämlich zur Tagung von die Schlächtermeistersfrauen hingewäs'n. Da sinn mir auch nach Helgoland gefohr'n. Aber da war ein Sturm! Windstärke nein ham' mir gehabt. Sechsundneinzig Brozent von die Passagiere sind säkronk gewäsen, aber iche nicht!"

Und ich hatte doch eigentlich nur die Schnitzel haben wollen.

So geht es überall in jedem Laden.

Wie wir zurückkommen, ist die Arche von mindestens hundert johlenden Kindern umringt. Wir entdecken die Ursache: Hinter der Gardine hervor schneidet die Rolle ihnen Gesichter.

Wir sind froh, wieder unterwegs zu sein. Sicher sind Kälte und Regen mit daran schuld, daß diese Städte so trostlos häßlich erscheinen, graue Nutzsteppen der Industrie mit schreienden Kinoplakaten als einzigen Farbflecken, erfüllt vom Klingeln der Trambahnen und Menschenmassen, die ebenso grau, häßlich und unwirsch erscheinen wie die Mauern.

Es ist ganz sonderbar, wie das zähe, unendlich fleißige, genügsame sächsische Volk durch seinen romantischen Wandertrieb sich in der ganzen Welt verbreitet hat. Gefühlvolle romantische Sehnsucht scheint ein Grundzug dieses Volks zu sein, eine Sehnsucht, die ebenso sehr in die Ferne zieht wie aus der Ferne in die Heimat zurück, selbst wenn die Heimat Zwickau oder Chemnitz heißen mag.

Es dunkelt, Nebel setzt ein. Ich setze unsern Scheinwerfern die Nebelkappen aus gelbem, durchsichtigem Gummi auf. Eigentlich müßten wir längst unser Nachtquartier gefunden haben.

Aber wie schwer ist das in diesem dicht besiedelten Land. Wir wünschen uns einen Wald, wenn möglich einen Bach dazu und eine stille Seitenstraße, wo die Arche keinen stört und nicht gestört wird. Aber die Waldstücke sind winzig, sie liegen nur auf Hügelkämmen und wirken dort wie ein Rest Haar auf einem im übrigen kahlen Kopf. Kaum ein Karnickel könnte sich darin verstecken, geschweige denn die Arche, sie findet nicht einmal Schutz vor Wind. So rollt Kilometer auf Kilometer ab mit immer drängenderer Suche und immer schwererem Gewissen: Die Kinder müssen ihr Abendbrot haben und ihr Bett.

In der Gegend von Plauen wird es etwas menschlicher; die Flut des Tagverkehrs flaut ab, sogar der Regen legt sich. Endlich fahren wir die Arche an den Straßenrand in eine kleine Bodensenke. Die Petroleumlampen entzünden ihr mildes gelbes Licht. Vorhänge vor: Nun sind wir in unsern vier Wänden und ausgeschlossen ist die häßliche, die kalte nasse Welt.

Das kleine Mädchen erzählt die Abenteuer seines Tages: Da war ein Hund, das war bestimmt einer, den sie kannte. Da war ein verwundeter Baum, den machte der Wind „heile, heile Segen" und der Regen war die Salbe, die ihn heilte. Auch der Pieps erzählt laut lallend seine Geschichte: Daß Daumen und Windelzipfel angenehm geschmeckt haben, und daß es wunderschön gepoltert und geschaukelt hat. Ob wohl etwas von der Arche in sein Wesen übergeht? Ob er wohl einen Hang zu schwankendem Boden entwickelt und Seemann oder Flieger wird?

Nichts ist kaputt gegangen, unsere neuen Einrichtungen bewähren sich großartig. Befreit von dem ewigen, zermürbenden Geklapper ist die Arche ein Sanatorium an Ruhe, verglichen mit der ersten Fahrt. Aber todmüde sind wir, die Muskeln schmerzen, die Augen brennen von der Anstrengung der Fahrt. Wie ein Arbeiter von seiner Maschine in der Fabrik, so kehre ich heim in mein erwärmtes kleines Haus; zwei Meter nur liegen zwischen Fabrik und Haus, und trotzdem sind es ganz verschiedene Welten.

SIEBENTES KAPITEL

Bei den wilden Bajuwaren

Irgendwo zwischen Plauen und Hof verläuft die bayrisch-sächsische Grenze.

Irgendwo zwischen Plauen und Hof hat Toms den täglich sich wiederholenden Wunsch, für ihren Säugling Milch zu kaufen. Also halten wir in einem Dorf; Toms verschwindet mit dem Kochgeschirr in der nächsten Kneipe, während ich mir eine Pfeife ansteckte und in philosophischer Ruhe von der Höhe des Führersitzes herab die Schar der Dorfkinder betrachtete, die sich um die Arche sammeln.

Toms kommt mit ängstlichem Gesicht aus der Wirtschaft: „Ich glaube, wir sind in Bayern", sagte sie, und ein tiefer Schrecken liegt in ihrer Stimme.

„Was ist denn passiert?"

„Ich bin da hereingekommen in die Wirtschaft, da haben Bauern gesessen und Karten gespielt. Einer hat aufgeschaut und gesagt: Dös ist a saubres Madele; da haben sie alle die Karten hingelegt und mich angestarrt. Dann hab ich den Wirt nach Säuglingsmilch gefragt. Da hat der Wirt gelacht: ‚Milch für an Säugling? – Ja warum geb'ns denn dem koa Bier?' - Das ist doch furchtbar, stell dir doch mal vor, wir sollten den Pieps mit Bier füttern."

Das ist Toms erste Begegnung mit dem wilden Volksstamm der Bajuwaren.

Im Übrigen aber gefällt es uns in Bayern. Die Landschaft ist herrlich zwischen Hof und Bayreuth, mit weiten Ausblicken über das Fichtelgebirge, mit Tannenwäldern, die würzig und stark duften, mit geschützten Tälern, deren Wiesen frisch und grün sind, durchzogen von flinken Bächen. Radfahrer tragen Sträußchen von Schlüsselblumen an der Lenkstange. Das erste Dirndl kommt in Sicht und die erste kurze Wichs[2]. Unablässig wechseln starke Steigungen und starkes Gefälle. Die Bremsen werden mir heiß; der Motor beginnt zu stottern, ein Zeichen, daß eine Kerze verölt ist. Zeit zum Vor-Anker-Gehen.

Wald und Wasser sind nahe an der Straße, also brauche ich nur die Arche möglichst dicht zwischen die Chausseebäume zu manövrieren, um nicht im Weg zu sein. Man soll das übrigens immer in der Geraden und nie in einer unübersichtlichen Kurve tun.

Dann: Feuermachen, Wasserholen und ein Loch graben für die Abfälle. Nichts ist häßlicher als ein verlassener Lagerplatz voll Papier, Wurstpellen, Konservendosen und Flaschen.

---

[2] Die bayerische Tracht besteht aus Trachtenjanker, Haferlschuhe und kurzer Lederhose, der „kurzen Wichs".

Wunderbar wie das durch unsere Ankunft gestörte Leben der Natur sich wieder beruhigt: Hasen hoppeln über den Weg zum Waldrand hin, Rehe treten aus der Schonung auf die Wiese. Kiebitze flattern in tanzendem Flug mit schrillen Rufen, scharf sich abhebend von dem glühenden Himmelsstreif des Sonnenuntergangs. Wiesel huschen in den Straßengräben, die ersten Mücken singen. Denn es ist warm, wunderbar warm geworden. Nachmittags hat unser Thermometer 26 Grad angezeigt.

Wir nutzen den Wasserreichtum: Die große Waschwanne wird ins Freie getragen und auf den Primuskocher gesetzt. Die Kinder bekommen ein warmes Vollbad, und während das Abendbrot in der Küche schmort, siedet draußen unsere Wäsche. Denn wir wollen und können nicht warten, bis wir eine Wäscherei in Sicht bekommen. Überhaupt wollen wir so unabhängig wie möglich werden von der Zivilisation. Aber das kostet Arbeit: ein Haushalt von vier Menschen liefert täglich einen Eimer voll schmutziger Wäsche ein.

Spät, um halb zehn, wenn die Kinder längst zu Bett gegangen sind und der letzte Abwasch abgetrocknet, wandern Toms und ich in Bademänteln durch die dampfenden Wiesen einem kleinen Teich entgegen. Er schimmert schwach im Licht des Neumonds. Das klare Wasser ist eiskalt. Das Gequake der Frösche verstummt, wie wir hineingleiten und auftauchen, prustend, schlotternd, zähneklappernd: Donnerwetter ist das kalt! Aber heiß fegt die scharfe Bürste über unsere Haut, und das tut gut nach all dem Staub der Landstraße und all der Hausarbeit. Unser Wanderleben wäre schwer zu ertragen ohne ein tägliches Bad.

Die Grashalme zischen unter unsern nackten Füßen, wie wir nach Hause rennen, Hand in Hand dem rötlichen Licht entgegen, das aus unseren kleinen Fenstern schimmert. Zum ersten Mal auf unserer Reise sind wir sorglos-glücklich in der Freiheit, die wir uns erobert haben.

Unser Leben hat schnell feste Gewohnheiten angenommen: Um sechs stehen wir auf; bis zum Frühstück müssen die Zimmer sauber und die Kinder gewaschen und angezogen sein. Nach dem Frühstück wandere ich, mit Schreibmaschine und kleinem Hocker ausgerüstet, in den Wald; nicht sehr weit, damit ich noch in Rufweite bin und mein kleines Reich überwachen kann. Dann arbeite ich bis gegen Mittag, während Toms den Haushalt versorgt. Dann kommt, bis zum Essen, Wagenpflege: die beiden Fahrzeuge müssen ja beständig überwacht und gut instand gehalten werden, weil wir auf ihre Leistungsfähigkeit ganz angewiesen sind. Da wird die Fettpresse hervorgeholt und abgeschmiert, da werden Zündkerzen herausgeschraubt und gereinigt, da ist mal eine Mutter nachzuziehen, ein gebrochenes Kettenglied zu flicken. Da müssen die Lampen neu gefüllt und getrümmt werden, die Wäsche muß herunter von der Leine, der Pieps, der auf der Wiese liegt, muß ein Zelt bekommen gegen zu grelle Sonne. Ich kann nicht sagen, daß es bisher an Arbeit je gemangelt hätte.

Nach dem Essen wird der ganze Haushalt eingepackt; wir fahren weiter. Inzwischen ist es meist drei Uhr geworden. Bis gegen halb sieben können wir dann fahren; von der Fahrzeit geht aber immer eine Stunde ab für Einkäufe und Piepsenfütterung. Bleiben nur zweiundeinehalbe Stunde Fahrzeit. Bei einem Durchschnitt von etwa 40 km kommen wir also Tag für Tag nur knappe 100 km vorwärts. Das reicht auch vollkommen; wir haben ja Zeit.

Steht die Arche nicht im Wald, sondern am Wegrand, so wirkt sie natürlich wie ein Fliegenfänger auf die Neugierigen. Die Bauern lassen ihre Ochsengespanne im Feld und kommen näher, das Wunder zu beschauen: „Sauber, sauber so a Wagele." Sie staunen über Dinge, auf die wir nie verfallen würden, zum Beispiel über Gummisohlen, und sie erzählen von ihrer schweren Arbeit. „Meine Finger sind taub am Morgen, wenn ich tags zuvor den ganzen Tag hinterm Pflug gegangen bin. Da muß ich sie immer erst naß machen. – O mei, die Frau hat ja Hosen an, da mußt du dich vor in Acht nehmen." –

Die Anrede ist immer und ganz selbstverständlich „Du".

Die Frage nach den Kindern gilt stets zuerst dem Jungen – das Mädchen kommt daneben gar nicht in Betracht. Und es gilt fast als Schande, daß nur zwei Kinder da sind, und besorgte Fragen folgen, wann denn die Frau das nächste bringen wird.

Manchmal, wenn ich in der Arche bin, vernehme ich draußen ein lautes Räuspern und weiß: „es ist wieder einer im Laden."

Die erste Anrede ist dann unweigerlich: „Alsdann – ja, wo kommt's ihr denn her, Leut?"

Es sind die allersonderbarsten Menschen, die da manchmal draußen stehen.

Da hält ein alter, gelähmter Mann in einem Rollstuhl, den er mit Kurbeln fortbewegt. Er hat weißes Haar, buschige Augenbrauen, unheimlich verwüstete und doch von Frömmigkeit überlagerte Züge.

„Habt ihr schon mal vom Blauen Kreuz gehört? – Da will ich euch jetzt von erzählen." Und er erzählt: Schmied sei er gewesen im Erzgebirge, und „da hat man halt viel hinter die Binde gesoffen". Da habe ihn der Alkohol verroht, und er habe das Gebot vergessen: „Du sollst nicht begehren deines Nachbarn Weib." Aber Gott habe ihn dafür gestraft, und er sei mit Lähmung geschlagen worden – seit 25 Jahren schon. Aber zum Segen sei ihm das ausgeschlagen; denn dadurch habe er den Weg zum Heiland gefunden. Nun sei er seit vielen Jahren Blaukreuzler und glücklich.

Ein anderer Alter mit einem mächtigen Hufeisen in der Krawatte steigt

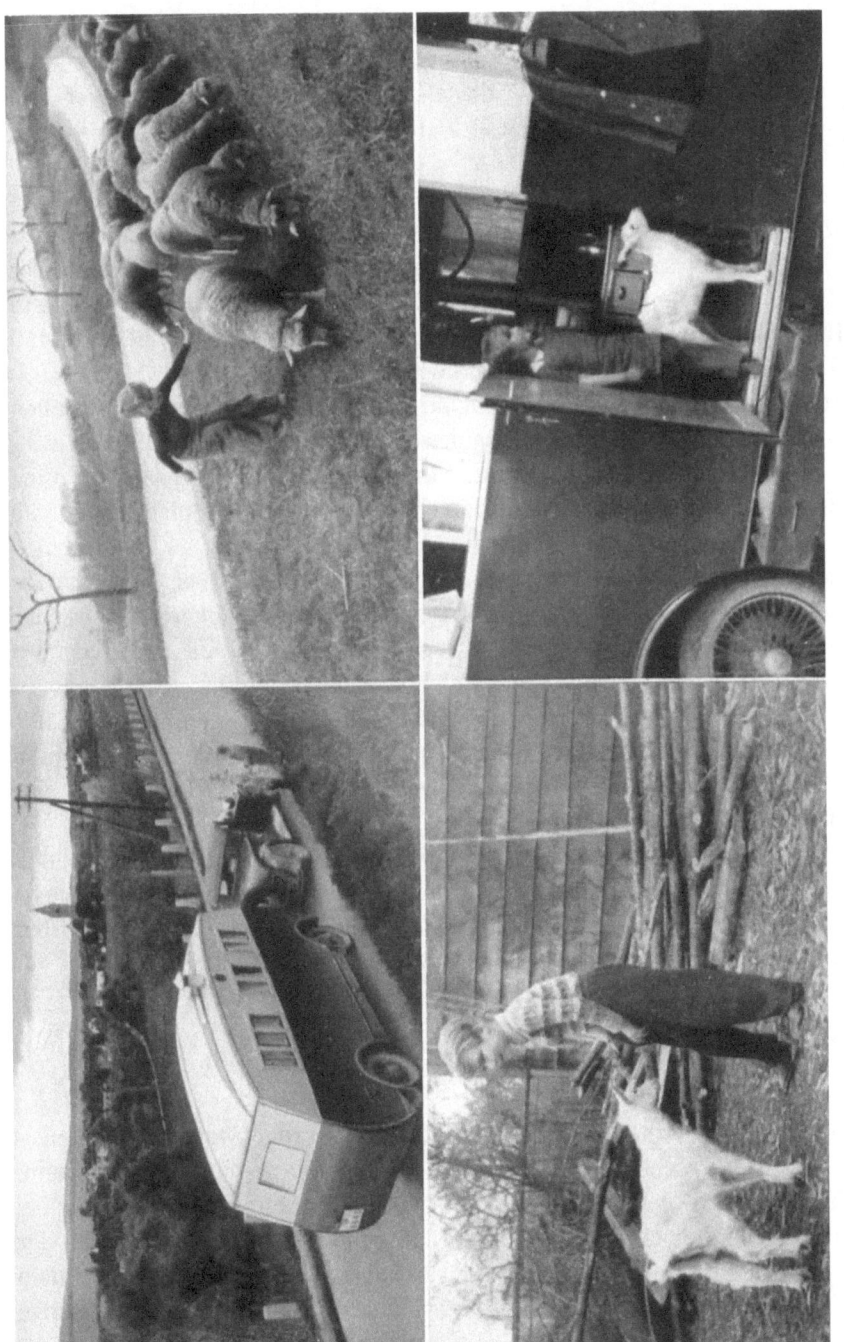

*Oben: Über die Dächer von Meersburg hinweg sahen wir bei sinkender Sonne den Bodensee. – Scheue Freundschaft.
Unten: „Kitzi" wurde so vertraut, daß sie uns im Wohnwagen besuchte.*

vom Rad und murmelt: „Gerissen ist der Wagen gebaut, gerissen!" Und er muß es wissen, denn er entpuppt sich als ein ehemaliger Trabrennfahrer. Er erzählt von seinen Taten auf den großen Klassebahnen – aber leider, leider: er darf keine Bahn mehr betreten. Er hat sich „hinreißen lassen" und ist gewalttätig geworden.

Es kommt ein Wandersmann in zerschlissener feldgrauer Uniform: Vertriebener Elsässer – vier Jahre Krieg auf deutscher Seite, jetzt aus der Heimat ausgewiesen. Wie alt sehen unsere Frontkämpfer heute schon aus, wie schwer vom Leben mitgenommen. Eine winzige Tüte mit gemahlenem Kaffee hält er in der Hand und bittet uns um kochendes Wasser, ihn aufzubrühen. Er hofft, daß er im neuen Deutschland Arbeit finden wird.

So kommen viele Wanderer, Heimkehrer aus Italien, Jugoslawien, aus allen Ländern Europas. Sie alle hat geheimnisvoll die Botschaft erreicht, es sei wieder besser geworden in der Heimat. Nun suchen sie den Weg zurück. Eine wandernde Missionsschwester läßt sich bei uns auf der Wiese nieder, holt eine Laute hervor und spielt dem Jüngsten Lieder vor, während er gefüttert wird. – Wieviel gute und freundliche Menschen gibt es doch, wir haben keine einzige unfreundliche Begegnung gehabt, seit wir unterwegs sind. Jeder Rastort hier lädt ein zum Immer-Dableiben. Schon ist der Froschteich für die Rolle eben der „Froschteich" geworden, und sie zweifelt eher, daß der Bodensee genau so schön sein kann. Schon ist Freundschaft geschlossen mit dem alten Schäfer und all den großen und kleinen Schafen und mit dem schwarzen Hund. Schon hat ein Bauer uns „Gackerli" gebracht – was man bei uns im Norden Eier nennt. – Da müssen wir weiter wandern.

Aber so kunstvoll habe ich die Arche zwischen die Bäume manövriert, daß ich sie nun nicht wieder herausziehen kann: Also auskuppeln, die Deichsel ganz scharf einschlagen, neu einkuppeln: geht alles klar – Äste fegen über unseren Schornstein, wir sind frei, der Motor singt sein Wanderlied.

*

Die Strecke zwischen Hof und Bayreuth durch Frankenwald und Fichtelgebirge ist eine der schönsten Fahrten, die man in Deutschland machen kann. Wir haben mehr Glück, als wir irgend erwarten können: Im vorigen Jahr lag um die gleiche Zeit dies Land noch tief im Schnee begraben. Heuer soll der wärmste Frühling sein, den Bayern seit hundert Jahren erlebt hat. Aus dem tiefdunkelgrünen, fast schwarzen Untergrund der Waldberge flammt das junge Grün der Laubbäume; ihre pyramidenförmigen Kronen leuchten wie Kerzenflammen. Dicke Girlanden von Butterblumen zeichnen den Verlauf der Bäche in den Wiesen. Es ist ein Märchenland, durch das wir fahren.

Läge nicht die neuzeitliche Betondecke auf der Straße, wir würden in jeder Kurve den Klang des Posthorns erwarten, von den Wäldern widerhallend, und Begegnung mit einer naturschwärmenden romantischen Reisegesellschaft der Goethezeit.

Ist es nicht auffallend, daß man bei Goethe, bei Jean Paul, bei allen Großen jener Zeit, so oft von Begegnungen mit gebildeten und feinempfindenden Menschen liest in den entlegensten Orten. Viel seltener trifft man heute in den gleichen Landschaften Menschen eines so hohen Ranges. Sie sind wohl noch da, diese stillen Dorfschulmeister und Pfarrer, diese heimlichen Gelehrten, aber sie leben viel verborgener als früher. Wir wollen versuchen, solche Menschen auf unserer Reise zu entdecken.

Als wir in der Mittagspause am Fuß einer großen Tanne in der Sonne hokkten, bequem gegen die mächtigen Wurzeln gelehnt, da kam uns auch schon solch ein Sonderling über den Weg gelaufen, kein Dorfschulmeister und kein Pfarrer, aber ein naturschwärmender Landstreicher.

*

Er kam den Hügel hinab, anzusehen wie eine Windmühle in voller Fahrt, so mächtig schwang er die Beine, so wirbelte sein Wanderstab. Nie zuvor sah ich einen Menschen, der derart den Weg zwischen die Beine nahm. Als er dann aber bei der Arche haltmachte, kurz entschlossen über den Straßengraben sprang und zu uns herüberkam, da wurde sehr bald klar, daß er unendlich viel Zeit hatte und kein bestimmtes Ziel. Der untersetzte breite Körper hatte die sprungbereite Lebhaftigkeit eines Menschenaffen. Man bemerkte zuerst gar nicht den entscheidenden Defekt: der rechte Arm war ihm kurz unter der Schulter amputiert, der Ärmel steckte in der Rocktasche. Das Gesicht war wie ein Torso, den ein genialer Bildhauer hat liegen lassen. Er war breit und zerklüftet wie mit Faustschlägen aus einem Tonklumpen geboxt. Der große Mund hatte breite, weiche vorquellende Lippen. Die Nase stark und an der Wurzel eingedrückt, legte einen weiten Raum zwischen die braunen Augen. Die großen abstehenden Ohren waren fast ganz unter üppig gewelltem schwarzem Haar verborgen. Mehrere große Narben furchten die Wangen. Es war ein häßliches, ja abstoßendes Gesicht, aber es lag so viel Lebhaftigkeit, Zutraulichkeit und Drolligkeit darin, daß alles Häßliche verklärt wurde und sogar Toms sich nicht erschrak.

Er verbeugte sich, schwenkte die Mütze weit ausholend wie ein Grenadier der alten Garde seinen Dreispitz vor dem Kaiser und stellte sich vor: Eugen Fröhlich hieß er – aus Gleiwitz in Oberschlesien. Wir waren entzückt, er auch, als sich herausstellte, daß die Schüssel mit den Bratkartoffeln noch nicht leer gegessen war.

Natürlich hatte er bald heraus, daß wir Neulinge waren auf der Landstraße, das gab ihm eine gewisse würdevolle Überlegenheit und übersprudelnd, strahlend vor Glück, breitete er den reichen Schatz seiner Erfahrungen vor uns aus.

„Die Landstraße ist unendlich wie das Meer,
und wen sie einmal hat, den gibt sie niemals her.

Dies Wort sagte mir ein Polizeikommissar, der mir begegnete, als ich zum ersten Mal auf Wanderschaft ging. ‚Junger Mann‗, sagte er, ‚auch ich bin vor vielen Jahren in die Fremde gezogen, habe vieles gesehen und durchgemacht, aber die Landstraße hat mich nicht bekommen. Hüten Sie sich vor ihr, viele Qualen und Laster werden Ihnen begegnen. Das Glück wird selten sein. Seien Sie standhaft und lernen Sie, wie man durch Beherrschung zum Mann wird.‗

Noch oft im Leben habe ich solche Warnungen alter ergrauter Männer zu hören bekommen. Aber sie nutzten mir nichts, sie sind gegen meine Natur.

Mein Traum war immer, Wald- und Flurschütze zu werden, aber das konnte ich nicht wegen dem verfluchten Arm. Das Tischlerhandwerk sollte ich lernen, aber auch darin leistete ich nichts wegen dem verfluchten Arm. So bin ich denn auf die Walze gekommen. Wohl ist das Wandern schön für mich, auch heute, aber furchtbar sind die Wanderpennen, die man aufsuchen muß, wenn die Nächte kalt sind. Da wird geflucht und gequalmt und Sprit gesoffen. Frische Luft gibt es nicht, nur die scheußlichen Ausdünstungen der Menschen, die Wanzen kriechen überall hin und das übrige Ungeziefer. Aber jetzt habe ich mich gerade reinigen lassen.

Am schönsten ist doch die Natur. Stundenlang kann ich mir die Wolken betrachten und über die Felder sehen. Das ist die beste reinste Freude. Wenn es Tag wird, wenn die Sonne in purpurnem Mantel das Licht, die Wärme auf die Erde gibt. Wie auch das Wetter sich bewegt im Nebel, wie es steigt und fällt, wie Regentropfen zu Hagel werden. Auch Gewitter habe ich gern, ich kenne ihre Formen, wenn sie ausbrechen. Alles, der Gesang der Vögel, der glitzernde Tau, erfüllt mir das Innere wie ein heiliger Mantel, so lang und schwer. Ja, furchtbar schwer liegt es in meinem Innern mit einem guten wonnigen Schauer. Wenn der Morgen mit dem Tau der Nacht gefüllt ist oder wenn der Nebel die Erde netzt, stets bin ich draußen. Dafür habe ich den Namen bekommen: Der

Träumer, und für meinen Gesang den Namen: ‚Nachtigall'. Hört mal zu."

Er holte einen Kamm aus der Tasche, wischte ihn am Hosenboden ab, spielte ein paar Töne und dann sang er: „Die Mühle im Grund", „Ein Sträußchen am Hute", „Das Heidegrab", „Pußta weine nicht". Immer traurige Weisen.

„Wo willst du hin, Eugen?"

„Nach Celle im Hannöverischen. Da will ich wieder Schäfer werden bei einem Heidebauern, bei ihm war ich schon letztes Jahr."

Wir schüttelten uns die Hand zum Abschied wie gute Freunde. Später haben wir ihn in der Gegend von Celle gesucht, aber nicht gefunden. Trotz seiner Armut, trotz seines Krüppeltums war er ein innerlich reicher und glücklicher Mensch.

ACHTES KAPITEL

Von Bayreuth bis Regensburg, von Zigeunern und von der Hitlerjugend

Wir haben mehr Glück auf unserer Fahrt durchs Fichtelgebirge, als wir irgend erwarten können. Im vorigen Jahr lag hier um die gleiche Zeit noch tiefer Schnee. Hell klingt der Schlag der Äxte, von der Wand des Waldes widerhallend, dumpfer und dumpfer wird der Ton, eine Säge schrillt, und nach minutenlangem Schweigen hebt ein Rauschen an, lauter und lauter, ein Brechen, ein Krachen, eine dumpfe Erschütterung, die Erde bebt: ein Stamm liegt gefällt.

Zwischen den hellen Stämmen der Buchen leuchten Flammenzungen: ein Feuer, an dem die Männer ihren Kaffee wärmen. Blauer Rauch von herbem Duft streicht durchs Gebüsch.

Ich bin mit der Rolle zur Lichtung hinübergegangen; wir haben Holz gesammelt, einen ganzen Sack voll. Frische weiße Splitter, handgroß, scharfkantig, so wie die Axt sie aus der Kerbe des Einschlags ausgemeißelt hat. Dazu Rinde, wie sie unter den Ziehmessern vom Splindholz fällt, getrocknet in der Frühlingssonne und gerollt; das Beste zum Feueranzünden, was es gibt.

Immer heller, immer freundlicher werden die Siedlungen. Himmelblau, kreideweiß, mandelblütenrosa schimmern die Wände der Gehöfte. Sie scheinen zu schweben auf Wolken von rosa Kirschblüten und weißen Apfelblüten. Immer häufiger sind die Fenster mit Blumen geschmückt. Die ersten Kruzifixe tauchen auf, ein starker Eindruck, weil nur die Hände und die Füße mit ihren Wundmalen die Gestalt des Heilands am Kreuz andeuten. Da ist auch schon der erste Zwiebelturm, der erste Mönch, rüstig ausschreitend unter seiner Kutte, die nackten Füße in flache Sandalen gesteckt; das Ende des starken Stricks, mit dem er gegürtet ist, hängt ihm zur Seite wie ein Schwert. Da tauchen auch schon die ersten kunstvoll geschmiedeten Wirtshausschilder auf: Der deutsche Süden beginnt.

Ich habe beschlossen, mir eine Photosammlung von Wirtshausschildern zuzulegen[3]; vom „Weißen Lamm" über die „Goldene Gans" bis zum „Blauen Löwen" darf mir keins fehlen.

In Bayreuth werden Einkäufe gemacht, diesmal aber mit verteilten Rollen, denn bisher haben Toms und ich uns regelmäßig nach vollbrachter Tat die glei-

---

[3] Von einer solchen Sammlung gibt es weder Spuren in den Fotografien des Buches noch im sonstigen Nachlaß.

chen Wurstenden, die gleichen Semmeln, die gleichen Zitronen und Bananen strahlend gegenseitig vorgezeigt. Wir haben keine Zeit, viel in der Stadt umherzuwandern, aber wir merken doch, daß wir nicht nur in eine andere Landschaft, sondern auch zu anderen Menschen gekommen sind: Selbst die Neugier ist hierzulande unaufdringlich, freundlich, angenehm.

Und erst das Bier! Das gehört nun wirklich zu den höchsten Tugenden, deren irgendein Land sich rühmen kann. „Wie Sahne" würden die Berliner sagen. Wie mit fast allen edlen und bodenständigen Dingen verhält es sich auch mit dem bayrischen Bier: Es läßt sich nicht verpflanzen, ohne seine besten Eigenschaften einzubüßen, ganz richtig schmeckt es nur an der Quelle. Es läßt sich gar nicht sagen, wie ich mich jetzt auf den Augenblick am Abend freue, wenn ich nach getaner Arbeit solch eine großmächtige Flasche an den Mund setzen kann. Auch das gehört zum wahren Genuß: Das aus der Flasche trinken.

Wir nehmen Kurs auf Nürnberg.

An den Hängen der Berge entlang ziehen in langsamer Bewegung die Gespanne hellfarbiger Ochsen. Tiefgebeugt über den Pflug geht der Bauer, in mächtige Furchen bricht er die rötlichbraune, wintermürbe Ackerkrume auf. Hinter dem Mann geht die Frau, die blaue Schürze gerafft, aus der sie in rhythmischer Bewegung die Kartoffeln legt. Schwere Arbeit ist das hier am Steilhang.

Auf den Wiesen rechen Kinder die Streu, die vom Stallmist der Winterdüngung zurückgeblieben ist; das Stroh darf nicht in die Maschine kommen, wenn im Juni gemäht wird. Scharen wilder Dorfjugend zerstören voller Eifer die Maulwurfshaufen; sauber müssen die Wiesen sein, wenn sie sich auch schwer ärgern, die Maulwürfe. Am Wegrand bieten kleine Mädchen leuchtende Sträuße von Veilchen und Schlüsselblumen feil, und zwei schon ganz große ausgewachsene Mädchen liegen auf einer Wiese, die Hände unterm Kopf verschränkt. Es schimmert ihr Haar in der Sonne und die Nickelspeichen der Fahrräder, die neben ihnen im Straßengraben liegen. Sie haben Schuhe und Strümpfe ausgezogen, sie halten die Augen geschlossen, man spürt ordentlich, wie sie mit allen Poren Sonne in die Haut einsaugen, die armen büromürben Kinder irgendeiner großen Stadt.

Uns ist zumut, als hätten wir den Frühling noch nie so stark erlebt. Das kommt vielleicht daher, daß wir noch nie so ganz in der Landschaft gelebt haben, ohne den Gegenpol der Stadt, des festen Hauses.

Es ist merkwürdig, welches Aufsehen die Arche unter den Tieren erregt. Die Pferde drehen sich fast die Augen aus den Köpfen, ja selbst die Ochsen halten ein in ihrem Schaukelgang; der Bauer muß vom Wagen springen und ihnen mit der flachen Hand beruhigend auf die breiten warmen Stirnen klopfen.

Die Landstraße ist voller Leben. Das Wiedererwachen unserer Landstraßen ist erstaunlich und beginnt das Gesicht unserer Landschaften stark zu verändern. Vor wenigen Jahren waren es die fast unzähligen Gestalten wandernder Arbeitsloser, die den stärksten und traurigsten Eindruck hervorriefen. Auf manchen Strecken, wie etwa zwischen Hamburg und Berlin, riß ihre Kette überhaupt nicht ab. Sie hätten eine Botschaft zwischen den beiden Städten von Mund zu Mund tragen können. Am schrecklichsten war der Anblick wandernder Familien; eine Schubkarre oder ein winziger Handwagen mit einer Plane überdacht, barg die Kinder und die ganze Habe. Und noch ein häufiges Bild kennzeichnete den ganzen wirtschaftlichen Jammer: Automobile, denen man den Motor herausgenommen hatte, von Pferden gezogen: So versuchte man damals, wenigstens einen Bruchteil der Werte zu retten, die durch überhohe Steuern zugrunde gingen.

Heute ist die neue Jugend, die uniformierte, straffe, zielsichere Jugend der stärkste Eindruck auf der Landstraße, dazu die große Zahl funkelnagelneuer Automobile. Erst das Auto hat uns zum Bewußtsein gebracht, wie ein großer Teil unserer Landstraßen heute noch den Bahnen folgt, die Menschenfüße und Pferdehufe vor vielen Jahrhunderten ausgetreten haben; und Menschenfuß und Tierhuf ziehen keine geraden Linien durch die Landschaft, sondern Schlangenlinien, den Unebenheiten des Bodens sich instinktiv anpassend, genau wie fließendes Wasser. Es ist wunderbar, zu sehen, wie heute überall Kurven begradigt werden und überhöht, wie man die Durchfahrten durch Ortschaften verbessert, ja wie man am liebsten die Landstraße um die Dörfer herumführt. An vielen Punkten schneidet unser Weg die Trasse einer zukünftigen Autobahn. Schon von weitem erkennt man den mächtigen Adler, der seine Schwingen wie ein Schild über das große Werk ausbreitet.

Jetzt schon spürt man den Segen, der von diesem Werk ausgeht. Nicht nur der Automobilfahrer, sondern auch das Dorf wird aufatmen. Das Dorf wird erlöst von der Bürde eines übermächtig gewordenen Durchgangsverkehrs. Heute kann sich ja kein Kind mehr unbesorgt über die Straße trauen, kein Bauer kann mehr sein Gespann aus seinem Hoftor führen, ohne vorher auf den Donner eines heranbrausenden Lastzugs zu lauschen. Die jungen Gänschen und Küken müssen mit Mühe und Not hinter Mauern und Zäunen gehütet werden. In Eckhäusern schlafen die Bewohner mit einem Seufzer ein, angstvoll, es könnte nachts plötzlich ein Lastwagenriese durch die Wand der guten Stube brechen. Das ist schon mehr als einmal vorgekommen, und es hat sich dabei gezeigt, daß Häuser meist als zweite Sieger aus einem Zusammenstoß mit diesen Stahlmassen hervorgehen. Wirtschaftlichen Gewinn hat das Dorf vom Durchgangsverkehr sehr selten, ein paar Tankstellenbesitzer ausgenommen.

Das neu erwachte Leben der Landstraße zieht eine neuartige Menschenschicht zu ihren Rändern: Immer zahlreicher werden neuerbaute wohleingerichtete Reparaturwerkstätten, besonders an den Rändern der Städte, immer zahlreicher die großen überdachten Tankstellen, die mit zu dem Besten gehören, was moderne Architektur geleistet hat; besonders nachts ist der Anblick ihrer farbigen Lichter zauberhaft und schön.

Die toten Stücke der alten Landstraße, die in den begradigten Kurven liegen geblieben sind, erweisen sich für uns mit unserer Arche als ein großer Segen: sie geben ausgezeichnete Parkplätze ab. Hier stört die Arche nicht den Verkehr, und sie wird von ihm auch nicht gestört. Hier hat man gute Ein- und Ausfahrt, und nicht einmal ein Verbotsschild baut sich hindernd auf, ein Schild, das doch sonst überall zu finden ist, wo man gerne bleiben möchte, unterschrieben von einem wohllöblichen Gemeinderat.

Wir nähern uns Nürnberg. Man hat eine Vorstellung von dieser wundervollen, im Kern rein erhaltenen mittelalterlichen Stadt, darum erwartet man nicht im geringsten jene riesenhafte Fläche moderner Siedlungen, durchstrichelt von Schloten, die sich plötzlich vor uns ausbreitet, wie wir aus den Bergen mit ihren parkartigen Wäldern niederstoßen auf die Stadt. Mit viel Umsicht haben wir es mit der Zeit so abgepaßt, daß beide Kinder gerade ihr Futter bekommen haben und jetzt schlafen: Toms und ich wollen uns eine Stunde Freiheit gewinnen und die alte Stadt durchstreifen.

Die Nürnberger Verkehrsschutzleute zeigen zwar den größten Eifer, unsere lange, verkehrshindernde Karawane möglichst schnell durch die Stadt hindurchzulotsen, aber in der Bahnhofsgegend finden wir doch einen Parkplatz: beide Wagen werden abgeschlossen: mit klopfenden Herzen eilen Toms und ich zum Tor der alten Stadtmauer wie Kinder, die etwas Verbotenes tun – wenn nur unsere Kinder ruhig schlafen, eine Stunde nur. Es muß doch noch viel von unseren Vorfahren in uns lebendig sein; wir würden, wäre es anders, nicht so unmittelbar in der Welt des Mittelalters zu Hause sein können. Dies Heimatgefühl hat nichts zu tun mit erlerntem Wissen um Geschichte und um Kunst. Weder Toms noch ich sind Kunstkenner. Aber wenn man vom Turm der Lorenzkirche den mittelalterlichen Stadtkern überblickt und jenseits der Mauern die moderne Stadt erblickt, so wird der ungeheure Unterschied des Ranges klar zwischen Bauten, die der Geist des Glaubens geschaffen hat und denen des Kapitalismus; man weiß dann, wohin man selbst gehört.

Was kann man in einer Stunde tun? – Man kann entweder mit dem Baedeker in der Hand von Sternchen zu Sternchen eilen oder aber: Man kann ganz ohne Reiseführer eine halbe Stunde lang in ein Fenster der St. Lorenzkirche sich vertiefen, bis der Zauber seiner Farben uns ganz durchdringt, bis wir glauben, in die leuchtende Tiefe eines Herbstwaldes hineinzublicken, bis wir imstande sind, dies eine Fenster auf der Netzhaut mit sich fortzutragen und jederzeit die Welt durch seine Formen und Farben hindurch anzusehen. Und eine zweite halbe Stunde sollte man vielleicht nur ein einziges Bildwerk betrachten, vielleicht ein Schnitzwerk von Veit Stoß, so lange, bis man genau spürt, wie das Messer angesetzt hat, da und dort, wie die Hand ausgesehen hat, die es führte, wo der Geist des Mannes geschwebt hat, als er das Bildwerk schuf.

Die meisten Menschen haben verlernt, Dinge wirklich zu betrachten, sich in sie zu versenken. Vor den Bilderbüchern ihrer Kindheit besaßen sie diese Fähigkeit; sie ging ihnen verloren, als der Zeitbegriff zum Maßstab ihres Daseins wurde. Zum Betrachten und Sich-Versenken gehört Zeitlosigkeit.

*

Vielleicht wäre die Arche nie mehr aus Nürnberg herausgekommen und bis in die Ewigkeit im Kreis rund um den Ring gefahren – denn vergeblich spähte der Kapitän nach der Durchfahrt Richtung Augsburg -, wenn nicht ein flinker Radler sich unser erbarmt hätte: als Vorreiter zeigt er die Richtung an.

Da aber setzt mitten in einer langen häßlichen Vorstadtstraße voller Straßenbahngleise unser Motor aus! Er kann nichts dafür, der Brave, er hat nämlich kein Benzin. Die Straßenränder sind von parkenden Wagen besetzt, also bleibt nichts übrig, als mitten auf den Schienen unter dem ungeduldigen Gebimmel von einem Dutzend aufgehaltener Elektrischer hastig die Reservekanne einzufüllen. Natürlich bildet sich sofort ein großer Menschenauflauf und ebenso natürlich kommt die Polizei, eine abscheuliche Lage.

Rrrrrrr winselt der Anlasser: Aber der Motor springt nicht an! Der Unterdruckförderer ist leer.

Raus aus dem Wagen, die Motorhaube auf, den Behälter aufgeschraubt, den letzten Liter eingefüllt! Inzwischen sind wir aufgeschrieben. Aber jetzt läuft endlich der Motor. Bösartig rollend und grollend fahren die aufgehaltenen Trams vorbei, und wie zum Hohn grinst uns ein Schild an: Nächste Standard-Station 100 m!

Das war Nürnberg –

Die Straße nach Regensburg ist nicht gut, aber überall, wo gute Straßen aufhören, beginnt die Einsamkeit, die wir suchen.

Zwischen Wogen blühender Obstbäume rollt unsere Arche; in den Bauerngärten blühen die Mandelbäumchen, und über den Weg gewölbt entfalten alte Linden die winzigen Fächer ihrer Blätter. In dieser weiten Ebene scheint jedes

Dorf und jeder Flecken dem Märchenlande unserer Kindheit entstiegen. Werk der Natur und Werk der Menschenhand leben hier in einer ungestörten Harmonie. Man findet nicht viel auf der Welt, was sich mit so einem heimlichen und traulichen Stück Deutschland vergleichen ließe.

In dieser Gegend lebt auch noch die Volkstracht: der blaue Bauernkittel in wunderbar verwaschenen Farbtönen, die runde schwarze Kappe mit der Troddel dazu. Die Beine stecken in kurzen Hosen und in schwarzen Strümpfen, die Füße in Schnallenschuhen. So sah der Bauer schon vor ein paar hundert Jahren aus, und auch am Schnitt der prachtvollen Köpfe wird sich nicht viel geändert haben. Leider haben die jungen Frauen die Strenge der alten Tracht bereits durchbrochen.

Wenig Autos fahren in dieser Gegend, um so mehr Pferde- und Ochsenfuhrwerke. Da ist es denn kein Wunder, daß wir einen wunderschönen dreikantigen Hufnagel in unsern Hinterreifen sammeln, und zwar ausgerechnet – wie das immer ist – in einer engen Kurve. Da gerade kein Gefährt in Sicht ist, und ich den Reifen nicht durch Weiterfahrt zerstören will, wechsele ich das Rad an Ort und Stelle.

Wie ich nun mit dem Wagenheber unter der Hinterachse liege, ruft die Rolle: „Vater, Vater, da kommt ein anderer Wohnwagen mit ganz bunten Ponys."

Es ist ein Zigeunerwagen, also ein Kamerad der Landstraße.

Würdevoll entsteigt ein schwarzer speckglänzender Häuptling seinem Kutscherthron, kommt watschelnd näher mit nackten Füßen: „Nun, Kamerad, bist du auch ein Jenisch?"

„Jenisch, was ist denn das?"

„Jenisch, das ist sich fahrendes Leut, Zirkus, Zigeuner, Hausierer – als wie wir. Was ist denn dein Geschäft, du, Kamerad?"

„Ja, weißt du, das ist schwer zu sagen."

Da lacht er übers ganze Gesicht: „Ha, ha Kamerad, du willst es nicht sagen, aber ich weiß Bescheid: Du hast eine wandernde Bettfedernreinigung in deinem Wagen – das ist ein schönes Geschäft!"

Auf den Gedanken wäre ich nun nie gekommen, aber ich habe mich später überzeugt, daß es tatsächlich derartiges gibt. Das Wort „Jenisch" stammt aus dem Hebräischen und bedeutet „Die da wandern".

Die ganze Zigeunerfamilie mit einer scheinbar unendlichen Kinderschar umringt die Arche; da bleibt nichts anderes übrig, als wenigstens den Häuptling und die Häuptlingsfrau zur Schloßbesichtigung einzuladen. Beide besteigen barfuß, schwitzend und nicht gerade wohlriechend unsere Küche. Wasserleitung, Waschbecken und elektrisches Licht erregen unendliches, ehrfürchtiges Staunen. Den größten Erfolg aber hat der Pieps in seinem weißen Bett. Die Häuptlingsfrau ergreift seine winzige Hand, blickt einen Augenblick zur Decke, als müßte sie ihre Gedanken sammeln. Dann schlägt sie ein Kreuz und beginnt zu reden: „Du wirst haben zwei Frauen, die eine blond, die andere schwarz, und von der einen wirst du haben drei Kinder und von der anderen fünf."

Es wird also sichtlicher Segen über unserm Stamme ruhen; dankbar biete ich Zigaretten an.

Nun kommt die Schloßbesichtigung bei den Zigeunern: Ein winziger, schwarzer Herd und eine riesige, unglaublich schmutzige Lagerstatt für die ganze Familie füllen den gebrechlichen alten Wagen aus. Sie haben neun Kinder, und das zehnte ist sichtbar unterwegs.

Soweit ist alles zur Zufriedenheit verlaufen, nun aber wird die Lage kritisch: Der Häuptling will sich nichts schenken lassen. „Hol die Zigarettenschachtel!" herrscht er Kind Nummer sieben an.

Nummer sieben bringt tatsächlich eine verbeulte Blechschachtel, der Häuptling öffnet und bietet mit großer Würde an: Sie enthält eine Sammlung arg zerkauter Zigarren- und Zigarettenstummel.

Ablehnen ist unmöglich, aber in gefahrvollen Augenblicken erwacht die Geistesgegenwart: Also runzle ich streng die Stirn und herrsche Toms an: „Bring die Zigarettenspitze!"

Toms gehorcht mit ungewöhnlicher Behändigkeit: Wir sind gerettet.

Wir nehmen Abschied voll gegenseitiger Hochachtung, die Rolle sogar unter Tränen, denn sie hat sich in den kleinen Zigeunerhund verliebt.

Hinter Regensburg, auf der Strecke Landshut, überfällt uns die Nacht. Wir tanken noch schnell in einem Dorf, hauptsächlich um unsern Wasservorrat aufzufüllen: „Komisch", sagt der Tankwart, „jetzt habe ich bald zehn Jahre meine Tankstelle und habe bis heute noch keinen solchen Wagen gesehen – und da kommen nun gleich zwei hintereinander."

„Ein Wohnwagen, so wie dieser, von einem Auto geschleppt?"

„Jawohl, genau der gleiche Wagen mit Fenstern und Gardinen. Er hatte eine I T-Nummer. Wirklich komisch. Es sind noch keine fünf Minuten her, daß er durchgekommen ist."

Also hatte die Arche einen Doppelgänger, und einen geheimnisvollen Doppelgänger obendrein! Wir geben Gas, um ihn womöglich einzuholen. Aber die Dunkelheit sinkt schnell, die Kinder müssen ins Bett. So werfen wir Anker an den Ufern der Donau. Wir haben unsern Doppelgänger nie getroffen, aber er hörte von uns und hat uns später geschrieben[4]. Heute mag es schon etwa ein

---

[4] Zum großen Leidwesen des Herausgebers konnte dieser andere Wohnwagenfahrer nicht identifiziert werden; sein Kennzeichen „IT" steht für die preußische Provinz Hessen-Nassau.

Oben: Begegnungen mit Langholzwagen waren keine reine Freude für die breite Arche. – So sah Große Wäsche bei uns aus: wir spannten die Leine zwischen Arche und Schlepper.
Unten: Oft schlossen wir Freundschaft mit Zigeunern. – es war ein großer Augenblick, zum erstenmal am Rhein zu stehen.

halbes Dutzend Autowohnwagen in Deutschland geben, sicher gründen sie demnächst einen Verein.

Die Nacht wird schwül, der ganze Himmel flammt von Wetterleuchten. Wir baden im Fluß. Das Wasser ist lau und warm, große Fische springen. Wie schön wäre es, wenn wir jetzt angeln könnten!

„Gelobt sei, was hart macht"

Als ich früh um ½ 6 Uhr erwachte, sah ich, daß es in der Nacht stark geregnet hatte. Schwere Wolken krochen mit hängenden Bäuchen über die Kämme der Waldberge, an jedem Grashalm hing ein Tropfen, die Wiesen sahen aus wie von grauen Sinnweben überdeckt. Es war eigentlich gerade das richtige Wetter, um nach einem kurzen Blick in die unfreundliche Natur wieder unter die Dekken zu kriechen. Mich aber plagten Hausvatersorgen: Unser Brennholzvorrat ging zu Ende, und wenn ich nicht schnell in den Wald ging, wo im Schutz der Bäume möglicherweise noch trockenes Holz zu finden war, würden die neu aufziehenden Gewitter alles durchnässen.

Ich warf mir den Holzsack über den Rücken und kletterte den Berghang hinauf zum Saum des Waldes. Dort standen alte Eichen, noch kahl, die Äste mit einem dicken Mantel grauer Flechten überzogen. Der Blitz war in einen Stamm gefahren, er war aufgespalten wie ein Rachen, das zähe Holz war zerrissen wie ein mürbes Tuch, meterlange Splitter hingen wie Fransen herab. Das war gutes Holz zum Feuermachen, aber aus irgendeinem Grund scheute ich mich, davon zu nehmen. Tiefer im Wald standen Fichten, ihre Zweige hingen bis auf den Boden, eine fast undurchdringlich dunkle Wand. Die Stille war so groß, daß ich laut den Fall der Tropfen auf das welke Laub des Bodens hörte, das letzte, was ich hier erwartet hätte, war eine Begegnung mit Menschen.

Waren das wirklich Menschen, die ich da am Rand des Tannendickichts stehen sah? Zwei winzige Gestalten in dunklen Anzügen, dunkle Kappen auf dem Kopf – sie hielten Lanzen in den Händen und standen breitbeinig wie Schildwachen. Zögernd ging ich näher, da sah ich, daß es zwei kleine Jungen waren in der Uniform des Jungvolks, zwei Pimpfe, höchstens 10 oder 11 Jahre alt. Tatsächlich waren sie Schildwachen, denn sie standen vor einem Schlagbaum, der einen schmalen Pfad versperrte, ein abenteuerlicher Schlagbaum, mit den Kinnbacken einer Kuh benagelt und mit einer komplizierten Vorrichtung aus Bindfäden, um ihn aufzuziehen. Ganz ernsthaft frugen sie mich nach der Parole und ernsthaft erwiderte ich: Meine Parole wäre trockenes Feuerholz. Sie lachten: Ihre Parole hieße „Wittekind", aber ich sollte nur eintreten, es lägen genug trockene Kienäpfel unter den Tannen, und außerdem sei dahinten ihr Lager, das sie bewachten.

In einer Lichtung war ein Dutzend Zelte kreisförmig aufgebaut, ein Rundlingsdorf. Der Regen hatte die Zelttücher gestrafft, ihre Wände dampften, das einzige Zeichen von dem warmen Leben, das unter ihnen schlummerte. Die Ritzen zwischen Zelt und Boden waren sehr sauber und sorgsam mit Moos verstopft, und rund um jedes Zelt lief ein im Zickzack geführter Abzugsgraben. In der Mitte des Zeltkreises war ein ringförmiger, etwa knietiefer Graben gezogen und im Mittelpunkt des Grabenrings stand eine hohe Fahnenstange.

Wie ich noch stand und staunte, kam einer der Wachtposten mit einer Trompete in der Hand, die er jetzt klar wie Hahnenschrei ertönen ließ. Da begann es hinter den grauen Zeltwänden sich zu regen, Stroh knisterte, die Zeltwände bauschten sich, helle Stimmen klangen gedämpft durch die Leinwand, und nach kaum einer Minute erschien der erste Jungenskopf in der Zelttür, rotbäckig, verschlafen und erstaunt, fuhr wieder zurück wie ein Kaninchen, das den Jäger wittert. Ich hörte hastiges Flüstern und Kichern, jetzt schlüpften sie heraus, Zelt für Zelt, je acht Jungens, wie junge Füchse aus dem Bau. Es dauerte keine drei Minuten, da waren die Bewohner des Zeltdorfs schon im Viereck angetreten, der Lagerführer, ein etwas größerer Junge von vielleicht 14 Jahren trat in die Mitte; mit feierlichem Gesicht sagte er einen Spruch: „Es ist nicht notwendig, daß ich lebe, sondern daß ich meine Pflicht tue. – Friedrich der Große hat das gesagt." Ein Junge trat an die Fahnenstange und im gleichen Augenblick, wo die Sonne rotglühend über die Wolkenbänke stieg, ging Hand über Hand langsam die Fahne hoch, gegrüßt von hundert ausgestreckten Armen.

Im nächsten Augenblick entstand ein Gewimmel, als hätte man einen Stock in einen Ameisenhaufen gestoßen: Wie durch Zauberei verschwand die ganze kleine Gesellschaft wieder in den Zelten und stürmte nach wenigen Sekunden wiederum heraus, diesmal nur mit Badehosen bekleidet, Handtücher über die Schulter geworfen, Seife und Zahnbürste in den Händen. Einer hinterm andern, in Indianerordnung setzten sie sich in Trab, stürmten im Dauerlauf durch den nassen Wald zum Fluß hinunter. Natürlich lief ich mit.

Die Ufer umsäumten sich mit nackten Gestalten, die lachten, sprangen, plätscherten. Seife schäumte, gurgelnde Geräusche wurden laut und da – ich traute meinen Augen kaum – sprangen die kleinen Kerle in den Nachtkühle dampfenden Fluß: sie schwammen wie die Frösche.

Es war das erste Mal, daß ich das Jungensgeschlecht, das heute bei uns aufwächst, gewissermaßen überraschte. Denn jede Jugend ist eine Art Verschwörung, sie verbirgt ihr eigentliches Leben vor dem Blick der Erwachsenen.

Kein Wunder, daß ich staunte: Was hätten die Eltern und die Lehrer meiner Generation gesagt, wenn wir Zehnjährigen in Zelten geschlafen und an einem kalten Frühlingsmorgen im Fluß gebadet hätten!

Dies Lager war wirklich großartig aufgebaut. Da war der Platz mit der Fahne in der Mitte und dem Graben ringsum in Wirklichkeit ein riesiger Eßtisch: Man hing die Beine in den Graben, das Gras war Sitz und Tischplatte zugleich. Die Kochgeschirre hingen an Stangen, über Astgabeln gelegt, säuberlich aufgereiht. Jedes Zelt trug einen Namen aus der Edda. Der Lagerführer sprach nach dem Frühstück den schönen Dankspruch:

> Erde, die uns dies gebracht,
> Sonne, die es reif gemacht,
> liebe Sonne, liebe Erde,
> euer nicht vergessen werde.

Diese Begegnung ist mir noch lange nachgegangen. Wie völlig anders war doch diese Generation als die meine. Wohl hatten wir im gleichen Alter ähnliche Ideale der Härte gegen sich selbst und des Stoizismus gehabt, aber wir fanden diese Ideale im Lederstrumpf oder aus Ritterbüchern, sie galten gewissermaßen nur für uns, wir erwarteten nicht, daß Erwachsene die gleichen Ideale hätten, die sie ja auch in der Tat nicht besaßen. Wir bezogen dies Ideal auch nicht auf die Nation, wir hatten überhaupt keine klare Vorstellung von der Nation. Wir wanderten auch nicht in großen Scharen wie die neue Jugend, sondern nur in kleinen Gruppen, wir waren Individualisten von Jugend auf. Diese neue Jugend aber fordert ihr heldisches Ideal von der Nation, sie wird von frühester Jugend auf zu einer Vorstellung von der Nation erzogen, sie lebt in großen Gemeinschaften, und wenn sie etwas scheut, so ist es wohl die Einsamkeit. Infolgedessen wird diese junge Generation in ihrer Geschlossenheit, in ihrer inneren Sicherheit, in ihrer gemeinsamen Ausrichtung auf ein Ziel, rein äußerlich weit mehr bewirken als meine Generation. Wir sind die letzten, die noch dem Volk der Dichter und Träumer angehören. Die Jugend unseres Volkes ist wach, beinah überwach; kein Volk der Welt hat in so kurzem Zeitraum so starke Veränderungen seines Wesens erfahren.

Neuntes Kapitel

Die Arche macht eine Pilgerfahrt

In der Gegend von Landshut ankern wir nahe dem Häuschen eines alten Flößers. Die alten Leute leben einsam, die Kinder sind gestorben oder in Amerika. Darum sind sie doppelt freundlich und aufgeschlossen dem fremden Leben, das wie vom Himmel gefallen in ihrer Nachbarschaft erscheint. Herr Drollinger raucht seine Abendpfeife vor der Archentür, erzählt von seinem Leben im Wald und auf den Flößen und beobachtet sehr sachverständig Toms Vorkehrungen zum Abendbrot. – Denn vierzig Jahre lang hätte er sich selbst sein Essen kochen müssen, die ganze Woche außer Sonntags. – Was er denn da gekocht hätte in seiner Holzfällerhütte, auf seinem Floß?

„Schmarren" – achtzehnmal die Woche Schmarren hätte es bei ihm gegeben: morgens, mittags, abends. – Aber er könnte auch die „feine Küche" kochen. – Ja, das seien noch Zeiten gewesen damals, als man für 1 Mark 36 Eier bekommen hätte und für 65 Pfennig 1 Pfund Butter. Groß und stark sei er geworden bei der Kost, mit „Knochen wie ein dreijähriger Ochs". 190 Pfund habe er gewogen, als er mit 20 Jahren zu den Ingolstädter Pionieren kam.

Nach dem Abendbrot besuchten wir die beiden Alten in ihrem Haus. Das Obergeschoß war ganz aus Holz erbaut; ich fühlte mich wie auf einem Schiff, umgeben von den altersbraunen Planken, die mächtigen Deckenbalken glichen Spanten. Wir saßen auf der Bank, die auf drei Seiten um den grünen Kachelofen lief, der sichtlich der Mittelpunkt des Hauses war. Buchenscheite knisterten, Bratäpfel brutzelten in der Röhre und dufteten süß; wir tranken Wein aus Holunderbeeren, der sehr „heilsam" war, wie der Alte meinte und den er selbst herstellte in einer mächtigen grünen Gärflasche. Das Marienbild im Winkel schimmerte golden im rötlichen Licht des ewigen Lämpchens, die Pfeifen dampften: es war unbehaglich. Frau Drollinger befühlte Toms Leinenkleid und schüttelte den Kopf: Nein, das sei grob gesponnen, da sollte Toms doch mal ihr Leinen sehen.

Sie öffnete die Lade, und Toms klatschte in die Hände vor Verwunderung über die Schätze, die sich vor ihr breiteten. Da war Ballen auf Ballen des herrlichsten Linnens gestapelt, selbstgesponnen, ein ganzer Brautschatz, unangerührt durch viele, viele Jahre. Beutelchen mit duftenden Kräutern lagen dazwischen und viele geweihte, buntfarbige Kerzen und Heiligenbilder und kostbare Decken mit kirchlichen Emblemen.

Wofür denn das alles sei?

Für ihre Sterbestunde. Kein Fremder sollte die geweihten Kerzen kaufen müssen für die Nachtwache an ihrem Sarg. Keine Hand sollte ihr Sterbehemd zu nähen brauchen, und die schönsten Decken sollten die Stube zieren, käme der Pfarrer ins Haus. So habe sie alles vorbereitet schon vor vierzig Jahren, und nun sei es wohl bald so weit.

Toms wollten die Tränen in die Augen steigen, und doch lächelte sie. Denn sie waren ja glücklich die beiden Alten, wie sie so gefaßt und ruhig an das Ende dachten, geborgen in ihrer Religion, in der sicheren Erwartung des Himmelreichs.

Es war ein schöner, edler Stolz, mit dem der Alte von den fünf Jahrzehnten schwerer Arbeit sprach. Wie er den Hörnerschlitten die Steilhänge der Berge sausend hinabgefahren habe, mit einer Last von acht Klaftern, wie er sein Floß durch die Schnellen der noch unregulierten Bergströme gesteuert habe, wie er um 3 Uhr früh zur Arbeit aufbrach, um nachts um 10 Uhr heimzukehren.

Er hielt mir seine mächtigen Hände hin, runzlig wie Elefantenhaut und von knolligen blauen Adern dick durchzogen; sie zitterten leicht: „Da könnte ich nun sehen, wie es heute um ihn stünde, und doch hätte er in seiner Jugend die stärksten Burschen seines Dorfes geworfen."

Katt, die Frau, nickte: sicher war es um sie gegangen bei der Rauferei.

„Wohin wir denn nun führen?"

„Überallhin, wo es schön sei und wo es Wunderbares zu erleben gäbe."

„Ach, da sollten wir doch nach Altötting fahren. Das sei der wunderbarste Ort in Bayern und wahrscheinlich auf der ganzen Welt. Sogar der Papst sei dort gewesen. Denn in Altötting gäbe es ein wundertätiges Marienbild. Vor vielen hundert Jahren wäre einmal eine Kirche gänzlich abgebrannt; das hölzerne Marienbild auf dem Altar aber sei unversehrt geblieben, und seither täte es Wunder und viele hunderttausend Menschen pilgerten zu ihm."

Ich sah mir die Karte an: die Entfernung betrug eine Archentagereise; warum sollten wir uns nicht von diesem Wind des Zufalls treiben lassen? Herr Drollinger gab den Ausschlag: Er hätte einen Bruder, der sei Bauer dicht bei Altötting. Dem wollte er schon lange vier von seinen Gänsen und vier Zuchtenten schicken, lebend natürlich. – Die könnten wir doch mitnehmen.

Es war mir eine Ehre, daß der Alte uns dergestalt vertraute, und die wichtigste Frage dieser Pilgerfahrt war damit schon gelöst: Wir würden bei Altötting einen sicheren Hafen finden.

*

Am andern Morgen packten wir die Tiere ein. Um ihnen die Reise einigermaßen behaglich zu machen, räumte ich das Heck des Schleppwagens aus, wo früher die Notsitze sich befanden. Wir legten den Raum mit alten Säcken aus und packten die schreiende und quakende Gesellschaft ein. In die Lidklappe klemmten wir ein Brett, um für frische Luft zu sorgen.

So echt hatte die Arche noch niemals ausgesehen wie jetzt, wo die langen Hälse der Menagerie aus ihr schlängelten; die Ladung war komplett.

Mit mächtigem, höchst aufgeregtem Geschnatter fuhren wir los, „Bert" und „Katt" winkten uns nach, solange wir in Sicht blieben. Nach einer Weile aber wurde es hinter meinem Rücken auffallend still, und als ich bei der nächsten Tankstelle in die Klappe sah, da standen die Tiere sämtlich mit dem Steert der Öffnung zugekehrt. Das Dröhnen des Auspuffs unter ihnen, das Holpern und die Zentrifugalkraft in den Kurven waren ihnen doch wohl unheimlich geworden. Auch gab es Spuren von Seekrankheit, was mich nicht verwunderte, denn die bayrischen Landstraßen dritter Ordnung, über die wir fuhren, schlängelten sich wie Ringelnattern durch die Gegend.

Es war ein stiller und schon fast schwüler Frühlingstag; die Drohung eines Gewitters hing in der Luft, und eine mächtige Staubwolke folgte dem Sog der Arche. Es mußte wohl irgendein kirchlicher Feiertag sein, obschon ich nicht wußte welcher, denn schon viele Kilometer vor Altötting überholten wir Prozessionen, die mit uns in gleicher Richtung zogen. Natürlich passierte ich sie in langsamster Fahrt, um die Ordnung des Zugs nicht zu stören und die Menschen nicht in Staub zu hüllen. Es waren jedes Mal zwei Menschensäulen, die die rechte und die linke Straßenseite innehielten. Voran die Männer, barhaupt, die Blicke über den Rosenkranz in den gefalteten Händen in den Staub gesenkt. Dahinter die Frauen, nicht ganz so andächtig, sondern eher geneigt, der Arche einen Blick zu schenken. Während aber die Männer meist ihren Sonntagsstaat trugen von städtischem Schnitt, waren die Frauen in Tracht. Ganz hinten zerbröckelte der Zug in die lang auseinander gezogene Reihe der ganz Alten und Schwachen, die sich mühsam schleppten. Voran wehte die gelbweiße Kirchenfahne, und hinter ihr schritten die Priester, wie große, fremdartige Vögel anzusehen in ihren langen, starkfarbigen Gewändern.

Unablässig begleitete der Singsang der Gebete, eintönig und doch erregend das Marschgeräusch der langen Menschensäulen.

*

Wir fuhren nicht gleich in die Stadt hinein, sondern bogen vorher ab, den Hof des Bruders Drollinger zu erreichen, was nach vielem Fragen auch gelang. Wir kamen um die Mittagszeit, die Familie saß beim Essen, so daß zunächst niemand unsere Ankunft bemerkte. So still war meine Menagerie geworden, daß ich mich kaum ins Haus traute – ob sie wohl noch lebten? Und wenn sie nun nicht mehr lebten? – Ja, was dann?

Aber da kam die Bäuerin. Sehr bald war die Lage geklärt, denn resolut klappte die den Deckel hoch. Gottlob, sie lebten noch!

Mächtig flatternd suchten sie das Weite; man merkte förmlich, wie sie sich gerettet fühlten. Zwei Enten entledigten sich stracks der ausgestandenen Leibesnot in Gestalt eines Eis; diese Eier hatten aber keine Kalkschale zur Verwunderung der ganzen Familie, es waren Notgeburten.

Drei Minuten später schwamm die ganze Gesellschaft quietschvergnügt auf dem Teich des Hofes, eifrig tauchend, sich reinigend, laut schnatternd: „Ja, das war eine recht böse Reise gewesen! Nein, nie wieder würde man sich einsperren lassen in solch einen Ratterkasten!"

*

Die Arche samt den Kindern durften wir gern für diesen Tag der Bauersfrau in Obhut geben. So nahmen wir denn Urlaub, ich kuppelte den Packard aus und, gestärkt mit Kaffee und ungeheuren Kuchenstücken, fuhren Toms und ich zur Stadt, selig wie Lausbuben, die Schule schwänzen.

Altötting ist nur ein kleines Städtchen von etwa 6000 Einwohnern, aber es hat eine zwölfhundertjährige Vergangenheit und baut auf einem Kulturboden, den schon die Römer bearbeitet haben. Es ist der zweitgrößte Wallfahrtsort der Welt; nur noch Lourdes übertrifft Altötting, was die Zahl der Pilger anbetrifft, es sind ihrer mehr als zweimalhunderttausend im Jahr.

Wir stellten den Wagen ab und wanderten auf einen riesengroßen Platz hinaus, den Mittelpunkt der Stadt, benommen von all dem Fremdartigen, das uns umfing. Hier war einer der seltsamsten Orte, die wir jemals auf der Welt gesehen hatten.

Der Platz, auf dem wir uns befanden, war ungeheuer groß und umringt von einer Fülle von Kirchen. Da waren gotische, romanische und barocke Kirchen, dazwischen Klöster, Kapellen und Missionshäuser – wohin man blickte, stieß man auf irgendein geistliches Gebäude. Den Kirchen angelehnt drängt sich Laden an Laden, aber auch sie waren geistlicher Natur. Da wohnte der Wachszieher neben dem Verkäufer von Erbauungsschriften und anderen „Seelenspeisen"; der Wallfahrtswarenhändler neben dem „Kreuzigungspanorama mit 130 teilweise beweglichen Figuren". Die Dächer dieser Läden waren weit vorgebaut und ein Teil der Waren hing an den niedrigen Dachrändern. So gingen wir denn wie unter Arkaden von orgelpfeifenartig aufgehängten Kerzen, buntbemalt und in den verschiedensten Längen und Dicken, zwischen Vorhängen von

Rosenkränzen (manche, bestimmt für kleine Kinder, waren aus Zuckerwerk), zwischen Zäunen von Kruzifixen und Galerien von Heiligenbildchen und Medaillen. Da lagen gestapelt und gehäuft Gebetbücher, Statuen, Weihkessel, Broschüren, farbige Papierschirme für Windlichter und tausend andere Dinge einer Religionsindustrie.

Im Mittelpunkt des Platzes aber erhob sich die uralte Gnadenkapelle; all die breiten Asphaltwege, die die Grünflächen durchschnitten, führten zu ihr. Unter all den hohen, mächtigen Kirchen wirkte sie winzig und rührend bescheiden wie ein Pilz auf dem Grund eines Waldes. Sie sah auch aus wie ein Pilz, denn ein riesig hohes Dach überragte weit die Mauern und griff bis in Mannshöhe zum Boden herab.

Ich konnte den Eindruck nicht loswerden, wir seien nicht in Deutschland, sondern in Mexiko. Dieser weite, kirchenumringte, mit Zementbändern durchzogene Platz mit seinen Palmengruppen und Platanen, seinen Springbrunnen auf Grünflächen erinnerte an nichts mehr als an einige „Plazas", die ich in Mexiko gesehen hatte. Vielleicht bewirkte diese Fremdartigkeit, daß ich mich wie auf einer Bühne fühlte; und in der Tat: Es war ein Schauspiel, das sich vor unseren Augen hier begab!

Da waren die Schwärme der Pilger über die ganze Weite verstreut, den weitgeöffneten Kirchentoren zuströmend oder von ihnen kommend. Jeder einzelne war des Studiums wert, so ausdrucksvoll waren die Gesichter dieses Landvolks, ergriffen und befangen wie sie waren. Welche Studien hätte ein Maler machen können, wie die Pilger, angerufen von den leiernden Stimmen der Wallfahrtswarenhändler, aus ihrer Versunkenheit erwachten: wie sie kämpften die kargen, alten Bäuerinnen zwischen Verlangen und dem Losreißen von der Münze, die sie in der Hand umkrampften.

Da waren die großen Autobusse; unaufhörlich liefen sie ein wie Schiffe und löschten ihre lebende Fracht: bald eine Nonnenschar, bald einen Zug ebenmäßig gekleideter Waisenkinder, bald Städter, bald die Pilger eines Bauerndorfs.

Da waren die Priester, geschäftig ab und zu gehend in den mannigfaltigsten Gewändern und Farben. Da waren die bärtigen Kapuzinermönche, die Chorknaben, die dienenden Brüder. Dann wieder rollten einige Privatwagen auf den Platz mit den Nummern aller Gegenden Süddeutschlands und gleich dahinter Lastwagen mit primitiv hergerichteten Bänken.

*

Die wehenden Flammen der Kerzen, die goldglitzernden Altäre, die ewigen Lampen bewirkten, daß man in die Kirchen hineinblickte wie in Schatzhöhlen.

Unwiderstehlich zogen sie an mit Weihrauchduft, mit Orgelklang, mit Glocken, mit den Stimmen der Priester und dem Gebet der Gemeinde.

Es ist unmöglich, sie zu beschreiben. Wir verirrten uns in ihnen, aneinander und ineinander gebaut wie sie waren und verbunden durch wahre Labyrinthe von Kreuzgängen.

Seltsames sahen wir, wovon wir Menschen aus dem nüchternen und strengen Norden Deutschlands uns nichts hatten träumen lassen. Da stockte unser Fuß vor einem gläsernen Schrein – Menschen lagen vor ihm betend auf den Knien. Niedergebeugt sah man drinnen ein Skelett; ein Skelett, teilweise noch mit dunkler, löcheriger Haut bedeckt, ein Skelett gehüllt in kostbare, uralte Seidenstoffe, in Staub zerfallend wie der Leib. Und unheimlich war das Gebein der Glieder, überall, wo es hervortrat, umhüllt mit zartem Goldgespinst, unheimlich, wie die Verwesung sich vermengte mit der höchsten Kunst des Goldschmieds. Mit Perlen und Edelsteinen durchwirkt waren die goldenen Fäden; – es war eine Heilige, die hier ruhte, vielleicht seit Jahrhunderten.

Da war, magisch beleuchtet, die Stadt Jerusalem in einem Winkel aufgebaut, davor ein Kirchlein mit einem automatischen Spielwerk. Warf man einen Groschen hinein, so wurde drinnen Licht, die Tür ging auf, ein Engel trat heraus; leise und gläsern spielte dazu die Spieluhr. Bauern umdrängten das kleine Wunderwerk. Wieder und wieder hörte man die Münze fallen, und die Spieluhr erklang und der Engel erschien. Wie verzaubert standen die einfachen Menschen.

Es gab viele solcher Spielwerke.

In einer andern Kirche stiegen wir in eine Gruft hinab. Inmitten einer Menschensäule ließen wir uns Stufe um Stufe hinabschieben und standen endlich vor einem Zinksarg; ein Fenster war in den Deckel eingelassen, und wir schauten hinein.

Straff umzog lederbraune Haut den Totenschädel, ein brauner Ledermantel, völlig wohlerhalten, umhüllte die Gestalt mit den gefalteten Knochenfingern. Eintönig wie ein Uhrwerk leierte eine Frauenstimme: „Hier ruht Tilly, der berühmte Feldherr des Dreißigjährigen Krieges. Dreißig Schlachten hat er gewonnen, aber nie hat er ein Weib angerührt und keinen Becher Wein und ganz heiligmäßig ist er auch gestorben. Hier in Altötting starb er, und nun ruht er da seit über dreihundert Jahren."

Wachten wir, träumten wir? – Benommen stiegen wir wieder zur Erde empor.

Auch in die Schatzkammer gerieten wir. In gläsernen Schreinen, auf purpurnem Samt gebettet, ruhten darin die köstlichsten Werke der Gold- und Silberschmiede, der Goldstoffwirker, der Spitzenklöppler, der Elfenbeinschnitzer,

Oben: Die kurze Ruhepause nach dem Essen war der schönste Augenblick des Tages.
Unten: Das Ideal des Wohnwagenfahrers.

der Stickerinnen, der Uhrmacher vieler Jahrhunderte. Das größte Kleinod ist das „goldne Rössl", eine Meisterarbeit französischer Gotik, so einzigartig auf der Welt, daß noch der Versailler Vertrag seine Auslieferung an Frankreich forderte!

Als wir, halb betäubt vom Weihrauchduft, der Wärme der Kerzenflammen, von Litanei und Menschengedränge, wieder ins Freie kamen, dunkelte es stark; ein Gewitter zog am Himmel auf. Jetzt endlich näherten wir uns dem Herzen Altöttings: der Gnadenkapelle.

Von ihrem säulengetragenen Umgang her kam Stimmenmurmeln; geheimnisvoll drang Lichtschimmer aus den steinernen Bögen, und Schatten glitten vorbei, langsam gleitend wie die Figuren eines mittelalterlichen Glockenspiels. Und lauter wuchs das Murmeln, ohne Heben und Senken der Stimmen und doch in Wellen, aufpeitschend, erregt wie das Summen von Mückenschwärmen, und es wuchs und verdichtete sich zu Worten, zu den Worten des uralten Pilgergebets:

„O Maria hilf,
o Maria hilf,
o Maria hilf doch mir,
ein armer Sünder kommt zu Dir,
im Leben und im Sterben
lass mich nicht verderben,
lass mich in keiner Todsünd sterben,
steh mir bei im letzten Streit,
o Mutter der Barmherzigkeit!"

Wie Wellen über einen Strand waschen, so kommen stoßweise die Worte. Über die Köpfe der umdrängenden Mengen hinweg sehen wir die Gestalten, langsam schreitend, denn das Tempo der Bewegung wird angegeben durch Männer und Frauen, die auf den Knien rutschen. Ihnen nach folgen andere, die schwere hölzerne Kreuze tragen. Da sind Menschen, die schluchzen, Menschen von Tränen überströmt; schwül von Gewitter und von religiöser Ekstase ist die Luft. – Toms laufen unwillkürlich Tränen über das Gesicht.

Die Außenwände der Kapelle, die Decke unter dem Umgang, die Säulen selbst sind völlig bedeckt von Votivbildern. Sie bezeugen die Dankbarkeit der Gläubigen, denen das Gnadenbild geholfen hat. Meist sind es Bilder, die primitiv, von Bauernhand gemalt, die Not schildern, aus der geholfen worden ist. Da brennt ein Haus, da stürzt eine Brücke ein, da geht ein Pferd durch und tritt auf einen Mann, der am Boden liegt – und hundert andere Formen, unter denen das Unglück den Menschen ereilt. Aber auch Gegenstände liegen in Glaskästen an der Wand. Ein Kinderkleid etwa, zur Hälfte von Flammen verzehrt, aber von der Mutter sorgsam gewaschen und bebügelt – das Kind wurde gerettet. Aus alten Zeiten reichen die Bilder bis in unsre Tage hinein.

*

Wir gehen ins Innere. Etwas ganz Unbeschreibliches, etwas von den Strömen des Glaubens, die ein Jahrtausend lang durch diese Mauern geflutet und in ihnen aufgebrochen sind, hat sich in der Atmosphäre beinahe zur Gestalt verdichtet.

Dies hier ist wirklich Katakombenkirche, mehr Höhle als Raum im gewöhnlichen Sinn des Wortes. Kopf an Kopf drängt das Volk, es ist unmöglich, in die Nähe des Gnadenbildes zu gelangen, das umlagert ist von Knienden, die nicht von ihm weichen wollen. Ich sehe es nur als eine Wand von getriebenem, im Kerzenlicht schimmerndem Gold.

Vom Licht der ewigen Lampen magisch schwach erhellt, sieht man in Schreinen die Herzen von vierundzwanzig Wittelsbachern in goldenen und silbernen Kapseln und Urnen aufbewahrt. In Kapseln von der Decke hängend, in Mauern eingemauert ruhen die Herzen von Kardinälen, Bischöfen, Pröpsten und Grafen und auch das Herz des Feldherrn Tilly.

Das Murmeln der Gebete, das Schlürfen der Füße, das Latein der Messen weicht wohl nie aus diesem Raum.

*

Es ist ganz dunkel geworden. Leise strömt der Regen. Da flammen rings um den Platz, einzeln, in Gruppen, zu Hunderten, zu Tausenden farbige Kerzenlichter auf. Rot, grün, blau, gelb, ein geisterhaftes, zauberisches Bild.

Jetzt läuten die Glocken der Kirchen, es strömt das Volk zur Basilika, die Tore öffnen sich, und hinaus schreitet der Zug der Priester; die weißen Gewänder schimmern. Und es schließt sich an das Volk, zu Tausenden und aber Tausenden, ein jeder mit seiner Kerze in der Hand, Greise und Greisinnen ebenso wie winzige Kinder, die die Arme um den Hals der Mutter klammern. Es wehen die Flammen, das Licht schimmert rosig durch das Fleisch der haltenden Hände, und wieder erklingt das uralte Pilgerlied.

Unter Führung eines feierlich schreitenden Herolds mit Stab und Dreispitz umschreitet die Prozession die Gnadenkapelle, schließt sich zum Ring, und der Ring wird zur Spirale, die nach innen geht, näher und näher der Kapelle, drei runde Menschenmauern in langsamer Bewegung umeinander von warmer, weicher Dunkelheit umgeben und umschimmert von den abertausend roten, grünen, blauen, gelben Lichtern. – Ein unbeschreibliches Schauspiel.

*

Wir haben Altötting an einem seiner großen Tage erlebt.

ZEHNTES KAPITEL

Von neuen Pflanzen, nächtlichen Tieren und vom höflichen Gendarm

Zeit nachzudenken, Gelegenheit um mich zu schauen – das habe ich nie zuvor gehabt auf meinen Autoreisen, wenn ich selbst am Steuer saß. Meine Einsamkeit im Zugwagen verstärkt noch das Schweifen der Gedanken, denn es hat sich die Gewohnheit eingebürgert, daß Toms und die Kinder bei guten Straßen in der Arche bleiben.

Sonderbar sie so nahe bei mir zu wissen und doch in einem Haus für sich. Ich stelle mir vor, was sie wohl tun da drinnen.

Die Rolle kniet meist auf meiner Koje und sieht dem endlos wandernden Zug der Chausseebäume zu, dem Stigen und Fallen der Telegraphendrähte. Wenn ich voraus einen Bauern sehe, der ein Schwein zum Markt treibt, dann weiß ich: gleich sieht es auch die Rolle, und ich freue mich, weil sie sich freuen wird.

Toms wird auf der Koje gegenüber sitzen; einen Topf wird sie zwischen den Knien halten und eine Reibe gegen die Schulter gepreßt. Mohrrüben wird sie reiben für ihr Baby und – oh, sie wird sich wieder die Fingerspitzen wund reiben vor Eifer, und das Haar wird ihr ins Gesicht fallen, und sie wird leise, aber deutlich fluchen, weil es so langsam geht. Sie werden das Deichselauge der Arche am Bolzen klappern hören, die Ketten werden klirren, das Holz der schwer beladenen Bücherborde wird knarren, die Lampen werden schwanken, und unterm Bauch der Arche werden die Kartoffeln in ihrem Kasten rumpeln und die Kienäpfel vom Feuerholz. Manchmal wird die Rolle nach vorn ins Kinderzimmer laufen und nach dem Pieps sehen, sie wird ihren Spaß haben, daß es so schwankt und daß sie sich festhalten muß.

Manchmal beneide ich die drei dahinten. Es muß herrlich sein, so ohne Verantwortung für die Fahrt zu sein. Ich empfinde wie ein Lokomotivführer; obwohl seine Verantwortung noch größer ist, hat er es doch leichter, denn seine Strecke ist gesichert, die meine nicht. Er kommt mit Sicherheit zu seiner Endstation, wir Wanderer haben keine.

In der Gegend von Augsburg gibt es Moore. Mit Staunen sehe ich sie belebt mit Tausenden von Möwen. Schwimmend gleichen sie venezianischen Gondeln, Schwanz und Schnabel spitz und hochgewölbt. In der Luft, mit ihren scharfgeschnittenen, abwärts gewölbten Schwingen sehen sie aus wie flatternde weiße Tücher an dem schön dämmernden Himmel. Es ist Brutzeit, eine aufregende

Zeit für die Vögel; sie erfüllen die Luft mit dem Lärm eines mit Hochzeit und Nachkommenschaft vollauf beschäftigten Volkes.

Vor hundert Jahren hat es das in dieser Gegend sicher nicht gegeben. Seither aber sind die Möwen auf dem Vormarsch ins Binnenland begriffen. Sie geben den Fischfang auf – ob sie es leichter finden, sich von den Abfällen der Menschen zu nähren? Ob dieser Zug ins Binnenland mit dem Aufkommen der Dampfer zusammenhängt? Auch Berlin wimmelt von Möwen. Sind sie den Schleppzügen von Stettin gefolgt?

Der Einfluß unseres Jahrhunderts auf die Tierwelt ist ganz außerordentlich. Als wir gestern noch spätabends durch ein Waldgebirge fuhren, sah ich so viele Tieraugen am Wegrand leuchten, daß ich manchmal glaubte, es seien erleuchtete Häuser oder Dörfer in der Ferne. Erst wenn die Arche vorbeiglitt, sprang das Wild ab: Rotwild und Rehwild, das am Wegrand äste, auch ein Fuchs schnürte über den Weg, die lange, buschige Rute in den Staub gedrückt. Die Tiere sind vollkommen an den Autoverkehr gewöhnt, sie scheuen kaum mehr das Scheinwerferlicht. Es wäre leicht, sie vom fahrenden Wagen aus zu schießen.

Jeder alte Fahrer weiß, daß es den Hasen, die in der Umgebung großer Überlandstraßen leben, gar nicht mehr einfällt wie gebannt in den Lichtkegeln der Scheinwerfer zu bleiben, auch den Junghasen nicht. Es muß da also schon so etwas wie vererbte Erfahrung geben. Auf abgelegenen Straßen und auf Feldwegen, wo selten ein Auto hinlangt, benehmen sich dagegen die Hasen genau so wie in der ersten Zeit des Autos.

Und gäbe es einen unter uns, auferstanden nach hundertjährigem Schlaf – wie Rip van Winkel –, würde der überhaupt die Heimat wieder erkennen? Welche Wandlungen allein im Ackerbau! Die erste große Wandlung unserer Agrarlandschaft hatte die Kartoffel gebracht. Die Tomatenfelder rings um Berlin fielen mir ein, der Mais, den man heute schon fast überall in Deutschland trifft, der Futterkohl, um nur ein paar der eingebürgerten Gewächse zu nennen, die man früher „exotisch" nannte.

Er würde aus dem Kopfschütteln nicht herauskommen dieser Schläfer. Ja, und dann würde er ja wohl auch die Hochspannungsleitung sehen: „Nanu, die war doch früher nicht da?" würde er wohl denken und hinaufklettern zu den blanken Isolatoren, um den Fall zu untersuchen – Und das würde dann vermutlich sein Ende sein.

Das sind so Gedanken, Korn und Kaff durcheinander, wie sie einem beim Fahren durch den Kopf schießen.

Es wird jetzt aber höchste Zeit, sich nach einem passenden Lagerplatz für die Arche umzusehen. Linkerhand der Straße zieht sich ein Wall, er sieht fast wie ein Bahndamm aus. Zwischen Straße und Wall liegt ein Vorland von Buschwerk, ab und zu von kleinen Tümpeln unterbrochen; das wäre kein schlechter Platz, gut gedeckt gegen Sicht; vorausgesetzt, daß der Boden hält. Ich bremse ab und gehe hinüber, mir die Lage anzusehen. – Das ist kein Bahndamm, sondern ein Deich, und wie ich ihn erklettere, sehe ich jenseits einen mächtigen, hochgeschwollenen, schnellfließenden Fluß. Es ist der Lech, fast bis an den Rand gefüllt mit Schmelzwasser, der erste Gruß der Alpen, denen wir entgegenfahren. Ich hole die Eimer und fülle unsern Tank. Das Wasser ist milchig von gelöstem Kalkgestein. Etwas von der Gewalt des Taubruchs drückt sich aus in der wirbelnden Schnelligkeit des Stroms, man wird schwindlig, wenn man seinen Lauf verfolgt, die Wellen schnellen aus ihm hervor wie Rücken springender Fische. Im Geist sehe ich die dunstigblauen Bergketten aufragen, und mir bangt vor ihnen: Wie wird die Arche im Gebirge sich bewähren?

Wir haben den Ankerplatz, aber inzwischen hat Regen eingesetzt: die gewölbte Decke des Asphalts spiegelt schwarz die Bäume auf einem Grund, der aussieht wie Zinn. Es ist gewagt, die Arche auf den nassen Wiesengrund zu rollen: Wie bekomme ich sie wieder heraus?

Zum ersten Mal will ich heute erproben, ob das System, die Arche mit dem Schlepper starr durch Ketten zu verbinden, sich bewährt.

Es ist bisher eins der größten Hindernisse unserer Fahrt gewesen, daß wir nicht rückwärts fahren konnten. Beim Rückwärtsfahren weicht die Arche wie mit bewußter Tücke aus dem graden Kurs, die Deichsel schlägt ein, die Vorderräder stellen sich quer, und wenn ich dann nicht augenblicklich halte, muß die Deichsel biegen oder brechen.

Dem abzuhelfen, habe ich jetzt die Ketten rechts und links der Deichsel Spannschlösser eingebaut. Mit ihrer Hilfe kann ich die Deichsel in jedem gewünschten Einschlagwinkel starr mit dem Schleppwagen verspannen. Jetzt wollen wir mal sehen, wie das praktisch geht.

Während also Toms und die Rolle schon auf der Suche nach Feuerholz begriffen sind, kupple ich ab, schlage die Deichsel so ein, daß der Wagen von der Straße auf den Lagerplatz rollen muß, kupple wieder ein und spanne meine Ketten fest. Das dauert gut und gerne zehn Minuten, aber das lohnt sich schon. Verdeck herunter, damit ich gut nach achtern Ausguck halten kann, und nun: Rückwärtsgang und Gas!

Es war so schön gedacht und beinahe wissenschaftlich ausgeklügelt; aber die Arche benimmt sich höchst unwissenschaftlich: unwiderstehlich suchen die Vorderräder nach der falschen Seite auszuweichen. Klingend spannen sich die Ketten, ich fühle im Voraus, was geschehen wird, will es aber trotzdem zwingen, und da – richtig: Kettenglieder reißen mit lautem Knall. Verquer steht die

83

Arche auf der Straße, hindert den Verkehr, so daß eine kleine Limousine auf dem nassen Asphalt kaum mehr bremsen kann.

Ich bin wütend, und Toms zittert für ihren Pieps. Gekränkt hake ich die Ketten aus, „tatsächlich, der Stahl wird immer schlechter. Früher, als ich noch zur See fuhr, war alles besser, auch der Stahl." – Und was man sonst so sagt, wenn man eine Dummheit begangen hat.

Notglieder werden eingebaut. Notglieder sind eine ausgezeichnete Erfindung für den Wohnwagenfahrer, fertige Kettenglieder, nur etwas aufgebogen, damit man sie einhaken kann. Mit der Zange oder mit dem Engländer drückt man sie zusammen: fertig ist die Reparatur.

Jetzt packen wir die Sache am andern Ende an: Ich fahre den Packard an das Archenheck und befestige das Schleppseil an der Hinterachse der Arche. Toms ergreift die Deichsel und sucht die Arche in der Bahn des Schleppwagens zu lenken. Ich habe Angst um Toms, denn sie ist nicht die stärkste, und sie steht zum ersten Mal auf diesem Posten: die Deichsel kann schleudern und um sich schlagen. Aber es muß sein, und darum geht es auch klar. Die Arche steht auf ebenem Grund, ein Wäldchen deckt uns gegen die Straße – die Bergstütze fällt und damit unser Anker. Das ist jedes Mal der schönste Augenblick des Tages, denn nun kann Ernsthaftes nicht mehr passieren.

Schon jetzt haben wir eine Menge Wohnwagen-Erfahrung gesammelt. Wenn ich je wieder eine Arche baue, so wird sie leichter sein; kein 2000-Kilo-Ungetüm. Ein guter Wohnwagen muß sich von zwei Mann schieben lassen. Die nächste Arche müßte auch niedriger sein; mit unserer stolzen Höhe von 3,20 m kann uns manches alte Stadttor zum Verhängnis werden. Vor allen Dingen aber muß eine Kupplung erfunden werden, die feststellbar den Anhänger bei Rückwärtsfahrt in der Spur laufen läßt.

Es ist ein unbeschreiblich schöner Augenblick, wenn ich, ledig der Pflichten, ledig der Verantwortung mich an den Tisch setzen kann, den Toms gedeckt hat für das Abendbrot. Natürlich ist der Versuch, die von Motoröl verdreckten Hände in dem winzigen Waschbecken zu reinigen, nicht sehr erfolgreich gewesen; auch habe ich die Ärmel bis über den Ellbogen hochgekrempelt wie ein Bauer, der vom Feld kommt. Wozu ich überhaupt Schlipse mitgenommen habe, das weiß ich schon lange nicht mehr. Aber es ist eben herrlich; nicht einmal eine Schiffskabine kommt an Gemütlichkeit gleich diesem Heim: wenn die Lampen brennen und den Raum erwärmen, - wenn die Vorhänge die kleinen Fenster decken, und niemand kann zu uns hereinsehen, - wenn die Zweige im Herd knistern und knacken, - wenn der Teekessel summt und der Mond hereinscheint in die offene Küchentür. Und wir hören den Fluß in unserer Nähe rauschen, und leise pocht der Regen auf unser gewölbtes Dach. Der Packard, dies große, treue Zugtier, ist zugedeckt und verhaucht die Wärme seines Motors in die kühle Nacht. Ich schneide Brot und fühle mich ganz Hausherr und Familienvater und lausche lächelnd – sicher viel zu herablassend – auf die tausend kleinen Wichtigkeiten, die Toms, glühend vor Begeisterung, von ihrem Baby erzählt.

Wenn wir satt sind, dann geht es noch einmal hinaus in die Regennacht, denn es ist meine Aufgabe, die Rolle zu baden, und das tut sich besser im Freien als in unserm engen Raum. Im rötlichen Schein des Schlußlichts, unserer Ankerlaterne, baue ich die Waschbalje auf, neben der Deichsel, damit das Kind sich an ihr halten kann. Jetzt steht es in der Tür, schon ausgezogen, wirft sich in meinen Arm, der kleine, schlanke, warme Leib und wird getragen, vorsichtig in das warme Wasser gesenkt, das dampft. Kühl sind noch die Nächte, und sie bebt und zittert ein bißchen die Rolle, wenn die Regentropfen sie treffen, aber das macht nichts mehr, sobald der Seifenlappen schnell und energisch über ihre Haut fährt; und dann kommt das schönste: der warme Wasserguß des voll gesogenen Schwamms, und schnell, ganz schnell, das große, trockene Badetuch, das sie umhüllt und rau und zärtlich abreibt. – Niemals hat sich das Kind erkältet bei der Wäsche im Freien, sie muß nur schnell und energisch vor sich gehen.

Es ist ein schöner Augenblick, wenn unsere Kinder in ihren Betten liegen, die so genau nach Maß gearbeitet sind, das kleine noch schmatzend von der Wollust der letzten Flasche, das große die Augen schon voll Schlaf, die Arme ausgestreckt zum Gute-Nacht-Kuß. Wie reich sind wir doch. Wie schön ist viele Arbeit und Mühe, wenn sie Kindern dient. – Kleiner und kleiner wird die Flamme der Petroleumlampe, sie verlischt, und leise schließen wir die Tür.

Toms und ich aber, wir sind noch lange nicht fertig mit dem Tag. Da ist der Abwasch, da ist der Windeleimer; zum ersten Mal begreife ich die ewigen Mühen einer Frau.

Längst habe ich zwei Küchen eingerichtet: Der Primuskocher braust im Freien mit seiner bläulichen Flamme, kocht die Windeln, während wir beide abwaschen, ich im Freien mit der Wanne und Toms in der Küche mit dem Trockentuch. So klein ist unsere Küche, daß zwei Menschen unmöglich darin hantieren können.

Endlich ist der letzte Teller abgerieben und verstaut. Im fernen Dorf schlägt die Glocke die zehnte Stunde – sonderbar, wie spät es immer wird, trotz unserer Mühe, früh ins Bett zu kommen. Ich atme auf: um diese Stunde kommt wohl kein Landjäger mehr uns zu vertreiben. Überstanden sind die Gefahren unseres Tages, und ihrer sind nicht wenige. Sorgsam wird eins der wenigen, kostbaren Briketts in Papier gewickelt, damit wir Glut im Herd vorfinden am andern Morgen. Toms deckt die Betten ab – die Arche schwankt auf ihren Gummireifen, wie wir die müden Glieder strecken: „Was mag das bloß für ein komischer Mann gewesen sein, der so lange an der Straße gestanden hat, als wir die Arche an den Ankerplatz bugsierten?" – Wir sind zu müde, viel darüber nachzudenken: „Gute Nacht."

*

Als aber am andern Morgen die Sonne wieder schien und das erhabene Schauspiel eines im Freien sich rasierenden Kapitäns beleuchtete, da war der sonderbare Mensch von gestern plötzlich wieder da. Zögernd und bescheiden tauchte er hinter dem Buschwerk auf und wartete höflich, bis auch die zweite Backe vom Seifenschaum befreit war: „Entschuldigen Sie, bitte."

Ich (wegen Sonne und gelungener Rasur in bester Laune): „Bitte schön, ich entschuldige schon."

Der bescheidene Mann: „Ich bin nämlich von der Gendarmerie."

Ich: „Ach so."

Er: „Da hab' ich mir halt gedacht, ich wollt die Herrschaften so spät am Abend und so früh am Morgen nicht störe."

Ich: „Ganz recht, ganz recht –"

Er: „Ich hab' nämlich bei mir denkt: Zigeuner können das nicht sein."

Ich: „Aber naa."

Er: „Die haben nämlich ihre Vorschriften, die wissen, daß das Lagern im Wald verboten ist."

Ich: „So, ist das wieder mal verboten. – J, was nu?"

Er: „Ist ja nun mal passiert, ist ja auch weiter nix bei, bloß ..."

Ich: „Ja was dann?"

Er: „Bloß, ich hab' gemeint, so a Wagerl ist doch gradzu ide-ol für a Liebs'-poar, und da hab'i halt froag'n wolln, ob die Herrschaften verhei-roat sind?"

Ich (beglückt wie jeder Staatsbürger, wenn ihm Gelegenheit wird, amtliche Dokumente vorzuweisen): „Augenblick mal!"

Der Pieps (soeben aufgewacht und hungrig nach der Morgenflasche): „ääääh ... ääääh ... ääääh!"

Er: „Ahso! – Oh mei! No – nein, wo so a Kloans is, da brauch i keine Poper'n mehr zu sehn. I glaub's jetzt schon ohnedem, daß die Herschoft'n verheirat san."

Das war ein vorbildlicher Beamter, ein Mann von Gefühl und Herzenstakt.

ELFTES KAPITEL

Gleitflug zum Bodensee

Meine ersten Morgenstunden gehören dem Packard. Er ist es schließlich, der uns alle schleppt und trägt, ein starkes, treues Tier. Ihm muß meine erste Sorge gelten, genau wie die des Kavalleristen seinem Pferd. Nichts ist mir mehr verhaßt als Autos, die in den Händen ihrer Besitzer verkommen – ein trauriges Geschick, daß viele, wenn nicht die meisten, trifft. Der Polizeioffizier auf dem Kraftverkehrsamt hatte den Kopf geschüttelt, als er die Arche wie einen Berg hinter dem Schleppwagen aufragen sah: Nach 1000 km spätestens, so hatte er gemeint, würden die Verbände des Schleppwagens sich lockern, würde sich das Chassis verziehen und der ganze Wagen womöglich auseinander reißen.

Jetzt waren wir schon 2000 km unterwegs, und nicht das kleinste Zeichen der Überlastung war dem Wagen anzumerken. Dabei ist er schon lange nicht mehr der jüngste; mehr als 50000 km habe ich ihn vorher schon gefahren ohne die geringste Maschinenreparatur.

Zuerst öffne ich jedes Mal die Motorhaube zur Ölkontrolle. Ein paar Augenblicke betrachte ich dann prüfend das ganze Maschinenaggregat, und immer freue ich mich über den mächtigen Motorblock, dem man ansieht, daß er fast 5 Liter Hubraum und 85 Pferdestärken in sich trägt; freue mich, daß er immer noch so sauber aussieht, daß die Dichtungen kein Öl durchlassen, daß nirgends Wasser tropft oder Benzin vom Vergaser. Ich taste die Kerzenkabel ab, ob sie auch noch festsitzen. Ich gebe den Saufferbuchsen der Wasserpumpe und des Verteilers je eine halbe Drehung, denn diese zwei gehören zu den wenigen Punkten, die der Pflege bedürfen. – An Motoröl ist für gewöhnlich an jedem Reisetag ein Liter nachzufüllen, die nicht mehr junge Maschine kann schon etwas Öl verbrauchen, dafür aber braucht man dann nicht mehr so oft Öl zu wechseln, weil ja das Nachfüllen eine allmähliche Ölerneuerung besorgt. Wasser verbraucht der außerordentlich große Kühler so gut wie überhaupt nicht.

Jede Woche einmal krieche ich mit der Fettpresse unter und rings um den Wagen. Es ist solch ein befriedigender Anblick, wenn das frische gelbe Fett an den Lagern des Bremsgestänges, der Lenkung und der Federn vorquillt wie Butterkringel auf dem Frühstückstisch.

Es ist mehr als ein bloßes Gefühl, es ist ein Wissen, daß der Wagen meine Pflege belohnt, daß er freudiger läuft, daß man einer guten Maschine Erstaunliches zumuten kann, wenn man sie zu behandeln versteht.

Dann öffne ich die große Klappe, die die Notsitze hinten verschließt und hole meine Werkzeugkisten hervor, eine rote und eine blaue. Die eine enthält die Instrumente für die Bearbeitung von Metall, die andere die für Holz. Es gibt da immer irgendeine Kleinigkeit auszubessern; abgesprungene Farbe, ehe Roststellen sich bilden, Klappern, das beseitigt werden muß, Nachstellen der Bremsen und dergleichen. Eins meiner Sorgenkinder ist das Lichtkabel, das vom Packard an der Deichsel entlang zum Wohnwagen führt; es scheuert sich durch, und wenn man es befestigt, reißen die Stecker aus.

Diese ständige Sorge und Überwachung ist höchst notwendig. Man denke, wie es sein würde, wenn der Wagen ernsthaften Schaden litte – die Arche wochenlang aufliegend in dem rostigen Hinterhof einer Reparaturwerkstatt unter anderem Gerümpel ...

Mittlerweile hat Toms die Kinder angezogen, hat den Pieps gefüttert, hat Feuer gemacht, hat Betten gemacht, die Arche ausgefegt, hat Staub gewischt und Frühstück hergerichtet. Viel mehr und viel unangenehmere Arbeiten als ich.

Der Ankergrund, auf dem wir stehen, hat dabei den größten Einfluß auf das Maß der Arbeit, die Toms zu leisten hat, der Ankergrund und das Wetter. Stehen wir auf einer Wiese oder auf sauberem Nadelboden eines Waldes, dann wird natürlich sehr viel weniger Schmutz in den Wagen hineingetragen, als wenn wir auf einem Sommerweg stehen oder sonst auf nacktem Grund, besonders wenn es dann noch regnet. Ein so kleiner, so völlig ausgenutzter Raum wie die Arche, muß aber tadellos sauber sein, wenn man sich in ihm wohlfühlen soll.

So kommen wir denn selten vor 9 Uhr zum Frühstück und haben dann schon jeder drei Stunden Arbeit hinter uns.

Die Frühstücksstunde, vor der Arche in der Morgensonne, ist eigentlich die schönste des Tages. Mit gekreuzten Beinen hocken wir wie Türken um die Teekanne herum; nur die Rolle thront in unserer Mitte auf einem Hocker mit einer Fußbank als Tischlein-deck-dich vor sich, denn sie kann nicht so wie wir die ebenen Stellen für Tasse und Teller finden.

Vieles müssen künftige Wohnwagenfamilien anders und besser machen als wir. Natürlich war es falsch, Porzellangeschirr auf die Reise zu nehmen; viel besser ist das neue, unzerbrechliche Gerät aus Galalith.

Unbegreiflich ist mir aber, daß so viele Zeltwanderer und Faltbootwanderer irgendwelche Klappstühle und Klapptische mit auf die Fahrt nehmen. Wenn der Mensch seinen Leib nicht mehr der Erde anbequemen kann, dann ist er für ein Leben in der Natur im Grunde schon verdorben. Ich kannte einmal ein Faltbootehepaar, zwei nette junge Leute, begeistert für das Wasserwandern. Im ersten Jahr kauften sie sich zum Faltboot eine Zeltausrüstung. Das war vernünftig. Im zweiten Jahr ein Grammophon, das machte Spaß. Im dritten Jahr kauften sie ein Radio mit schwerer Trockenbatterie und Teleskopmast für die Antenne und eine vollständige Einrichtung an zusammenlegbaren Möbeln.

Im vierten Jahr gaben sie das Wasserwandern auf und wurden fett und spießig: Durch die ganze Ausrüstung war das Boot schließlich bis an die Grenze seiner Tragkraft belastet und nahm bei jeder Brise Wasser über. Das machte ihnen keinen Spaß mehr und sie zogen aus dieser Tatsache die falsche Folgerung.

Nach dem Frühstück folgt für uns Große der Abwasch und das Abnehmen der am Abend zuvor gewaschenen Wäsche. Wir haben eine ungewöhnlich große Wäsche, einmal wegen Baby, dann aber auch, weil Küchentücher und Handtücher sich im Wohnwagenbetrieb besonders stark verbrauchen und alle paar Tage gewaschen werden müssen.

Darüber ist es dann meist 11 Uhr geworden und hohe Zeit aufzubrechen, denn unser Wasservorrat ist erschöpft, wenn wir nicht das Glück haben, daß Wasser in der Nähe ist. Auch die täglichen Einkäufe werden fällig.

Notfalls können wir uns mit Bordvorräten drei, vier Tage halten, mit Ausnahme von Milch, die täglich frisch gekauft werden muß. Hat man keine Kinder an Bord, so ist das Archenleben natürlich zehnmal leichter, denn Erwachsene können schon mal wochenlang unbeschadet aus Konservenbüchsen leben, ohne das frische Obst und frische Gemüse, das die Kinder so notwendig brauchen.

Der Aufbruch ist jedes Mal ein Ereignis, denn er vollzieht sich selten ohne Schwierigkeiten. Es ist viel leichter, ein so schweres Fahrzeug ins Gelände hinein als wieder herauszubugsieren. – Endlich ist alles eingepackt und verstaut, wobei es Toms regelmäßig gelingt, das Wichtigste im allerletzten Augenblick zu finden, was ich vergessen habe. Vor allem muß man unterm Wagen nachforschen, wo meist unsere Vorräte an frischen Sachen im kühlen Schatten stehen. Mit Schmerz denke ich noch an den schönen Korb voll Eier und Zitronen, den ich gestern plattfuhr.

Dann wird eingekuppelt, das Spannschloß des Bremsseils vom Packard zur Arche wird festgezogen, die Bergstütze wird hochgezogen, und ich besteige meine Kommandobrücke hinterm Steuerrad, während Toms auf der Landstraße gegen Fahrzeuge sichert, die sich etwa nähern.

Mit dumpfem Anlassergrollen springt der Motor ins Leben.

Ein paar Minuten vergehen, bis die Maschine richtig warmgelaufen ist. Ich lasse ihr ruhig diese Zeit, denn sie braucht beim ersten Anzug alle ihre Kraft. – Langsam hebt sich jetzt die Arche aus den Löchern, die ihre Räder im Lauf der Nacht in den weichen Boden gepreßt haben. Alles geht klar, schon nähert sich der Wiesenhang, der hinauf zur Straße führt. Da werde ich einen Augenblick lang unsicher – ist da nicht ein Sumpfloch voraus? – Ich bremse ab, und das ist eben der Fehler: denn nun ist der Schwung fort, den der Wagen braucht, um den ziemlich steilen Hang hinaufzukommen. Wie ich wieder anfahre, mahlen die Räder leer im saftigen Gras, zerquetschen es, reiben sich durch die Grasnarbe – aus ist der Traum vom glatten Start.

Hat man das Glück, daß nun weder der Bauer kommt, dem die Wiese gehört, noch der Förster, weder der Gendarm noch der Mann mit den guten Ratschlägen, so ist die Sache ziemlich einfach. (Von den genannten vier ist der „Mann mit den guten Ratschlägen" übrigens am lästigsten.) – Dann wird ausgekuppelt; der Packard von der Arche befreit, fährt mit Leichtigkeit 20 m voraus, und nun wird zwischen beiden Fahrzeugen das zolldicke Schleppseil gespannt. Ich segne mein Schleppseil ganz besonders, weil es aus echtem Manilahanf besteht. Denn Manilahanf hat dem Drahtseil gegenüber den großen Vorteil der Dehnbarkeit. Wenn nun der Packard anfährt, braucht er nicht sofort die Arche mitzureißen, sondern das lange Tau reckt sich, nimmt die Zugkraft in sich auf; erst wenn der Schlepper richtig Schwung genommen hat, setzt auch die Arche sich in Bewegung.

Endlich stehen wir auf fester Straße, das Seil wird gelöst, es wird eingekuppelt, und ab geht es mit Vollgas aus der Gegend, wo sich hinter unserm Rücken möglicherweise ein bedrohliches Gewitter sammelt.

Ja, das Leben eines Archenkapitäns ist nicht leicht.

*

Wir fahren am Rand des Allgäus entlang durch grünes, saftiges Hügelland. Zur Linken wächst weiß und sehr klar die Alpenkette auf. Kühl weht es von den Bergen, in einer wundervollen Frische atmen unsere Lungen. Zum ersten Mal sehe ich richtige, oberbayrische Bauernhöfe. Sie liegen in großen, wohlgepflegten Obstgärten. Vom Giebel aus strecken sie lange, hölzerne Regenrinnen vor; das kennzeichnet sie, das gibt ihnen etwas sehr Herzliches, Willkommen-Heißendes, es erinnert an die Treuherzigkeit der steif ausgestreckten Arme von Nürnberger Holzpuppen. Das steinerne Erdgeschoß ist kleiner als das hölzerne Obergeschoß mit seinen umlaufenden Altanen, und dieses wieder ist an Fläche kleiner als das riesige Dach, das gute anderthalb Meter die Hauswand überragt. Die Tragbalken des ausladenden Obergeschosses sind in drei Lagen gestaffelt und untereinander verzapft, eine überaus starke Bauart. Diese Häuser erscheinen gewachsen, nicht gebaut, gewachsen nach dem Vorbild der

Oben: Schön war es im Schwarzwald – aber die Bremsen wurden bei der Talfahrt heiß. – Toms waschecht im Overall; so sah sie eigentlich meistens aus. Unten: Das erste schöne Sonnenbad. – Am Fuß des Kaiserstuhls.

Eichen mit breitausladender, schützender Krone. Ein weiteres Kennzeichen ist die Rampe, die steile Auffahrt zur Scheune im Dachgeschoß, das Urbild aller modernen Fabrikorganisation: Anwendung des Grundsatzes: schwere Lasten durch ihr Eigengewicht von oben nach unten zu befördern.

Zum ersten Mal auch sehe ich bemalte Hauswände; die meisten versuchen, durch perspektivische Wirkungen eine möglichst reiche, üppige Fassade hervorzuzaubern, andere zeigen Bilder aus der biblischen Geschichte mit Palmen und anderen Zugehörigkeiten südlicher Landschaft, die seltsam fremd und sehnsuchtsvoll wirken unter dem klaren, nordischen Himmel.

Beständig begleiten Kruzifixe, meist von zwei schönen Tujabäumen umrahmt, und Votivtafeln unsern Weg. Es lohnt sich sehr, bei diesen Bildern anzuhalten, denn in rührend einfacher Malweise schildern sie Gefahren der Landstraße, denen ein armer Mensch erlegen ist. Da geht ein Gespann durch und überfährt einen Mann, da kentert eine Fähre, wo heute eine Brücke über den Fluß führt und ertränkt den Reisenden. Selbst Automobile, die gegen einen Baum fahren, sehe ich dargestellt und Blitzschlag. So alt ist diese Landstraße und so weit reichen die überdachten Bilder in die Vergangenheit, daß beinahe auf jeden Kilometer solch ein Marterl kommt. Manchem Autofahrer würde es gut tun, sähe er sie etwas nachdenklicher an; aber ich weiß, das tut er nicht.

Wir sind in dem Land, wo die Milch fließt. Von den Almen herab tönt das wilde, erregende Läuten der Kuhglocken wie Frühlingssturm. Einfarbig mausgrau sind die Rinder, nur mit helleren Beinen und hellen Schnauzen. Leichter, zierlicher und stolzer sind sie als das Vieh der Ebene. Der Ausdruck ihrer Augen ist klug, ihre Bewegungen fast elegant wie die von Antilopen.

Im Mittelpunkt der schönen, wohlhabenden Dörfer liegt jedes Mal die Molkerei. Kühler, säuerlich-frischer Duft umfängt sie. Wenn man das Vieh gesehen hat und dann die blanken Milchkannen und dann die herrlich leuchtenden großen Kupferkessel und die Käser in ihren sauberen, rosa- und weißgestreiften Hemden – ja, dann begreift man, woher der Ruf des „Allgäuer Käse" kommt.

In den Abendstunden trifft man in den Dorfstraßen ein Gewimmel von winzigen Karren, meist von Kindern geschoben, im Galopp. Die Radgestelle tragen je eine Milchkanne, anzusehen wie ein dickes Wickelkind, zur Molkerei.

Es will schon dämmern, da gleitet die Arche mit angezogenen Bremsen aus den Bergen herab ins Tal des Bodensees. Genau wie wenn man im Flugzeug aus großer Höhe im Gleitflug niedergeht, so fühlen wir es um uns wärmer werden. – Wunderbar und zum Erstaunen warm. Die bisher einfarbig grünen Matten decken sich mit dem blassen Lila des Schaumkrauts und mit dem leuchtenden Gelb der Butterblumen, und wahrhaftig! – Hier blühen schon die Kirschen, jetzt im April!

Jäh wie der Aufschlag eines Auges öffnet sich jetzt vor uns eine fast endlose Fläche strahlendstem Blau: der See!

Die Bremsen fest; das ist der langersehnte Anblick, schöner als wir ihn uns erträumten. Wir brauchen Zeit, ihn in uns aufzunehmen.

Diese Landschaft ist der größte, der blühendste Garten, den ich je erblickte. Trinidad in Westindien oder Ceylon ist wohl ein Vergleich, aber dort ist es das Werk der Natur, nicht das der Menschenhand, das die Landschaft bestimmt. Wie Bänke von weißen Kumuluswolken, von sinkender Sonne rosig durchleuchtet, stufen sich blühende Obstgärten die Hänge hinab, Terrasse an Terrasse. Wo nackte Erde sichtbar wird, da ist sie schraffiert von den Stangen der Rebgärten aus frischem weißen Holz. Schwarz heben sich die mächtigen Gerüste der Hopfenfelder ab gegen die Glut des Abendhimmels.

Und aus dem Blau, dem Grün, aus den rosigen Blütenwolken hervor lugt allenthalben das Geranienrot der Dächer. Weiße Landstraßenbänder zwischen blühenden Hecken und Wänden von kunstvoll gezogenem Spalierobst durchflechten die Hänge, und in der Ferne ziehen weiße Dampfer silberne Furchen durch die unendliche Weite des Sees.

In erhabener Ferne, in kristallner Klarheit ragen die Alpen. Unvorstellbar ist es, daß der strahlende Glanz der weißen Gipfel nicht Wolke ist, sondern harter, kristallischer Firnschnee, - bei so viel sommerlicher Wärme, die uns umfängt.

Mit Rufen des Entzückens tauchen wir ein in dieses Blütenmeer, gleiten wir zu Tal. Längst sind die Mäntel ausgezogen, dann die Jacken – schon krempeln wir die Ärmel auf. Palmen wachsen im Freien, Pfirsich blüht und Mandelbaum – ist es zu glauben!

Gärten ohne Ende, strotzender Salat im Freien, Rhabarberstengel rot wie frisches Fleisch, glühende Malven, Platanen mit weitentfalteten Blättern; wie der Garten des Paradieses kommt uns Menschen des Nordens alles vor. Ich fühle mich wie verzaubert; fahre ich einer Nebelbank entgegen? Nein, es sind die verwitterten Mauern eines alten Klosters, täuschend ähnlich einer Nebelwolke.

Welches Glück, diesen Abend zu erleben!

Schwer finde ich zur Wirklichkeit zurück, aber der starke Verkehr, die vielen engen Kurven zwingen mich zum Zusammenreißen.

Wir fahren die große Uferstraße entlang durch Friedrichshafen mit Kurs auf Meersburg. Nur der Rolle fehlt etwas zu ihrem Glück: „Friedrichshafen heißt das hier? – Ja, aber wo ist denn der Friedrich?"

Leider können wir den säumigen Herrn nicht zur Stelle schaffen.

Natürlich versuchen wir, einen Ankerplatz unmittelbar am See zu finden, aber das hält sehr schwer: So reich, so dicht besiedelt ist diese Landschaft, daß jedes Stückchen Ufer Garten oder sonst Privatbesitz ist. Auch habe ich keine Karten dieser Gegend von genügend großem Maßstab mit.

Weiter und weiter in sinkender Nacht, im warmen Föhnwind, unter einem Himmel, der sich drohend gewitterlich bezieht. Verzauberte Dörfer ziehen vorbei, schon mit Lichtern besteckt, und eine Stadt aus dem Märchenbuch: Meersburg heißt sie.

Da endlich wird es einsamer um uns, die Ufer besäumen sich mit Pappeln, und über den Ufern wölben sich die dichten Augenbrauen des machtvollen blauen Seen-Auges: dunkle Buchenwälder.

Instinktiv lenke ich zur Linken von der großen Straße ab. Da führt ein Wiesenpfad zum Ufer, Wellen schlagen leise an kiesigen Strand. Eine Wand von italienischen Pappeln deckt uns gegen Sicht, eine Mauer von Schilf rauscht wogend vor uns auf: Da werfen wir den Anker. Voll gesogen sind alle Sinne, glücklich sind wir und sehr, sehr müde.

ZWÖLFTES KAPITEL

Von Alpträumern, vom Zeppelin, vom Maybach

Unruhig ist unser Schlaf in dieser ersten Nacht am Bodensee. Wild braust der Föhn von den Bergen, er fegt durch die Pappeln, daß die hellen Unterseiten ihrer Blätter sich nach oben kehren, er zischt durch die Schilfwände, und selbst die Asche unseres kleinen Herds wird raschelnd in das Schornsteinrohr gewirbelt. Ja, die Arche schwankt im Wind auf ihren nachgiebigen Lufteifen. Um Mitternacht beginnen die milden Glocken der alten Dorfkirche von Seefelden zu läuten, aber sie kämpfen vergeblich gegen den Sturm.

Daheim in Hamburg würde man vielleicht aus dem Schlaf fahren, mal nach dem Wetter sehen und mit der Feststellung, daß draußen ein „Kuhsturm" weht, beruhigt weiterschlafen.

Aber Föhnwind ist anders, und eine Arche ist kein festes Haus; Föhnwind reizt die Nerven der Haut, erzeugt eine Art Fieber im Hirn! Man wirft sich im Schlaf, und schwer sind die Träume.

Ich fahre und steuere im Traum die Arche durch ein höllisches Gelände. Da sind Abgründe, die sich jäh vor den Rädern öffnen, da sind Tunnels, deren Decke sich im Durchfahren senkt, deren Wände sich verengen, und kleiner und kleiner wird das Loch des Tageslichts, das ich erreichen muß. Da sind Steinmauern, die sich rings um uns türmen; ich fahre und fahre und finde den Ausweg nicht, da sind Haarnadelkurven, in denen sich die Arche verklemmt, da sind Langholzwagen, deren Stämme gegen unsere splitternden Scheiben rennen, und dann das Allerschlimmste: Kinder, immer wieder Kinder, die blindlings vor die Reifen rennen ...

Und ich fahre im Schlaf, ich fahre körperlich: die Füße zucken nach Bremshebel und Kupplung, die Hände drehen die Bettdecke zu Wülsten als sei sie ein Steuerrad, die harte Bettkante scheint der Griff der Handbremse – und ich fahre empor mit einem Schrei, schweißgebadet vor Angst.

Auch Toms träumt, aber sie träumt glücklicher als ich: Sie träumt ein fabelhaftes Luxushotel. Farbige Lichtsignale rufen wie durch Zauberei dienstbare Geister herbei. Heißwasserströme fließen in eine riesige Badewanne, die Dusche braust, schöne Seifen duften, riesige weiße Badetücher sind über beheizte, verchromte Röhren gehängt. Unbeschreibliche Pflege und Sauberkeit strahlt von den Dingen aus. Es erscheint eine Maniküre. Es erscheint ein Friseur mit einem Arsenal von Apparaten, die einen wundervollen Seegang in ihrem Haar erzeugen. Es erscheint ein Kellner; er schiebt ein fahrbares Tischchen mit einem tollen Frühstück ans Bett ...

Und da gerade habe ich Toms geweckt mit meinem Schrei, das war sehr traurig.

Die Rolle träumt von einem gescheckten Pony, auf dem reitet sie der Arche voran und von einem süßen kleinen Ferkel, das nachts neben ihr im Bett schlafen darf.

Der Pieps kann nicht erzählen, was er träumt, aber er schmatzt im Schlaf: eine Milchstraße, eine große, süße Milchstraße muß ihm erschienen sein.

*

Ein Entenjäger hat nicht weit von unserm Hafen seinen Ansitz. Die Kanzel ist ein Pfahlbau am Rand des Schilfgürtels, dicht am offenen Wasser aufgerichtet; über einen schwankenden Steg erreicht man sie. Hier hat man einen weiten Blick über See und Alpenkette, hier ist man ungesehen und ungestört, und darum habe ich hier meine Schreibmaschine aufgestellt.

Zu meinen Füßen hat ein Volk von Wasserhühnern seine kleine Welt. Alte, erfahrene Familienväter stehen gern in Denkmalspose auf einem Treibholzbalken, anzusehen wie verdiente Parlamentarier hübsch rund und mit schwarzen Bratenröcken und ganz wie beim Photographen mit Standbein und Spielbein. Die zahlreiche Nachkommenschaft, deren man sich erfreut, gründelt fleißig, Köpfchen im Wasser und Schwänzchen in die Höh. Die Mütter sind ganz Betriebsamkeit mit viel Gerudere und aufgeregtem Gepiepe, bald ängstlich, bald schimpfend – wie halt Mütter sind. Es ist ganz lustig und lehrreich, in so ein fremdes Familienleben hineinzuschauen, wenn man selbst eins im Rücken hat.

Im Übrigen haben es die Wasserhühnchen gut: traurige Beschaffenheit hat sie bei den Menschen in Verruf gebracht, darum können sie sich ihres Lebens freuen.

Hinter mich schauend, sehe ich das eigene Nest, die Arche, dahinter, als hätte sie über die Toppen geflaggt, die zwischen Pappeln ausgespannte Wäscheleine. Davor den Pieps in der Sonne, nackt, braun und knusprig wie ein Brot frisch aus dem Backofen. Toms wandelt gebückt unter riesigen Ballen, viel größer als sie selbst: ein Anblick, geeignet Mitleid zu erwecken oder sogar Kavaliergefühle, - wenn ich nicht wüßte, daß das nur Betten sind, die sie auf der Wiese sonnen will. Die Rolle läuft auf der Wiese, ein bißchen zögernd und vorsichtig, weil die Sohlen ihrer nackten Füße noch leicht verletzlich sind; eine Kette von Butterblumen um den Hals. – Ein hübscher Anblick, sozusagen ein

Idyll das Ganze. – Ich habe nicht die Absicht, es sobald zu stören: der Hafen ist gut, hier bleiben wir eine Weile.

Ich hole mein Logbuch vor und mache einen Strich unter die bisherige Reise:

Pieps: Verluste: Zwei zerbrochene Milchflaschen. Ein Trichter. – Zunahme: 435 Gramm (normal und in Ordnung).

Rolle: Verluste: Drei Haarspangen. Eine völlig zerrissene Trainingshose. Ein grünes Wollhäschen (auf den Namen Mucki hörend).

Toms: Verluste: Zwanzig Fingernagelspitzen. Brandwunde am Arm. Zahlreiche Messerschnitte quer über die Fingerspitzen. Viele blaue, grüne, gelbe Flecke an Knien und andern Körperteilen.

Kapitän: Verluste: Mehrere Pfund Gewicht. Alle im Winter aufgestaute schlechte Laune. Ein rotes Taschentuch. Ein Schusterschemel (liegt auf einer Wiese bei Bayreuth). Eine wichtige Schraubenmutter. Eine Türklinke.

Im Ganzen sind die Verluste klein. Die gesammelten Erfahrungen sind wertvoll; die Reise kann fortgesetzt werden wie geplant.

*

Mich reizte am Bodensee die eigentümliche Verbindung von Landschaft, von alter Kultur mit so weltberühmten Werkstätten wie dem Luftschiffbau Zeppelin, den Maybachwerken und dem Flugzeugbau von Dornier.

Die Zeppelinwerke, von allen Seiten frei in einem weiten Wiesengelände gelegen, erwecken auf den ersten Blick einen starken und ganz eigentümlichen Eindruck. Die Ausmaße der Hallen sind so ungeheuer und die Formgebung, besonders der vorgewölbten Tore, erscheint so kühn, daß man die Augen nicht mehr von ihnen wenden kann. Die magnetische Wirkung dieses Baus ist ähnlich wie die der Pyramiden oder der Sphinx.

Am unteren Rand der nackten, aluminiumgrauen Wände scheinen Schwalbennester zu kleben. – Im Näherkommen entdeckt man, daß das große, drei- und vierstöckige Häuser sind. –

Ist man am Fuß der Hallen angekommen, erlebt man das Gefühl des „Auf-der-Stelle-Tretens", des „Nicht-vom-Fleck-Kommens". – Es müßte doch nun nah sein bis zum Tor – und man geht und geht und endlos wandert die Hallenwand vorbei.

Endlich öffnet sich eine kleine Seitenpforte. Man steht in einem unfaßbar weiten, dämmernden und stillen Raum. Man blickt, den Kopf im Nacken, hinauf zu einem Gebilde, das sich zunächst mit nichts vergleichen läßt als mit einem ungeheuren, blauen Spinnengewebe. Ein matter Glanz, ein seltsames Lichterspiel geht von ihm aus, eine Art Wetterleuchten, wie es durch dunkle Wolkenbänke zuckt. Das ist das Duraluminiumskelett des neuen Zeppelins.

Der Anblick ist zuerst ganz unwirklich, ja magisch. Denn es erscheint undenkbar, daß dies wolkenhaft zarte, gigantische Gespenst eines Schiffsrumpfs ein festes Skelett sein sollte, wehrhaft gegen alle Stürme. Es erscheint nicht als Menschenwerk, sondern als Zauber der Natur, als Geisterbau. Plump, schmerzhaft plump für das Auge, hängen in den blauen Spinnenfäden, in dem hauchzarten Spitzenschleier des Duraluminiums Baugerüste. Sie scheinen im Nichts zu schweben. Man kann sich nicht denken, daß das Spinnennetz die Last erträgt. Und weiß doch: es wird noch ganz andere Belastungen tragen müssen.

Jetzt schält das Auge aus dem Netz die einzelnen Spantenringe, die Längsträger, den Kiel heraus. Man erkennt die Konstruktion. Sie ist so vollkommen wie das Zellgewebe in einem Knochen. Aber in seinen Ausmaßen ist das Gebilde so ungeheuer, daß es sich mit nichts in der Natur vergleichen läßt.

Stille, tiefe Stille im Raum. Ein paar kleine Elektromotore summen irgendwo wie Mücken. Plötzlich ertönt das Kreischen einer Säge wie eine Entweihung. Man strengt die Augen an im Dämmerlicht: wo kommt es her? – Da hängt unter dem Dach an fadendünner Strickleiter ein Mensch – der ist es, der da sägt. Nun sieht man wie bei einem Vexierbild, dessen Lösung man gefunden hat, mit einem Schlag überall Menschen. Menschen, die an Fäden hängen, Menschen, die an Leitern klettern, Menschen, die auf den Gerüsten balancieren. Die ganze Luftnummer eines Zirkus ist beisammen. Nun sieht man sie auch am Boden. Ganze Werkstätten sind unter dem Bauch des Schiffes aufgebaut. Es sind nicht sehr viele, die da arbeiten, ein halbes Hundert vielleicht: Es ist auch nicht sehr deutlich, daß sie arbeiten, so umsichtig-langsam, so vorsichtig zart regen sie ihre Glieder. So lautlos vollzieht sich ihr Tun, auf leisen weichen Sohlen, mit leise summendem und singendem Gerät.

Da ist kein Ruf, kein Singen, kein Kommando. Jeder Mann scheint selbständig zu arbeiten, abgeschlossen für sich wie in einer Gelehrtenstube. Der Bau des Luftschiffs vollzieht sich still wie das Wachsen eines Kristalls, wie ein chemischer Prozeß.

Das Schiff füllt in den Mittelspanten die gesamte Breite und Höhe der Halle wie in Kork den Flaschenhals. Um keinen Zentimeter hätte man es größer bauen können. Und in der Länge erscheint die Halle tatsächlich zu kurz. Vielleicht muß man die Spitze aus der Halle schieben, um die Heckspanten einzusetzen. Geheimnisvoll wie ein Herz leuchtet aus der Mitte seines Leibes hervor die große, blaue Scheibe des Überdruckventils.

Fast eine Stunde habe ich bei ihm verweilt, ich wußte gar nicht, daß in der

Zwillingshalle mich noch ein zweites Schiff erwartete: Der alte „Graf Zeppelin", der jetzt zu neuen Reisen ausgerüstet wird.

Er glich mit seinen geöffneten Bugklappen einem ungeheuerlichen Hai, so glatt, so lang gestreckt, so „schnell" sah er aus. Zweimal hatte ich ihn schon erlebt. Das eine Mal nur als dumpfes Dröhnen in der Nacht, als je zwei rote und zwei grüne Lichter, das zweite Mal auf See, fast genau am Äquator. Als der Ausguck das Luftschiff meldete, glaubte ich anfangs an einen Scherz Neptuns, der ja am Äquator aus dem Meer zu steigen pflegt. Aber da war er wirklich: eine kleine Wolke inmitten des Passatgewölks, nur schneller als die andern. Sein Anblick löste in uns eine schwer zu beschreibende Erehebung und Begeisterung. Es lag eine Größe in seinem einsamen Flug, die wir Seeleute besser verstanden als die meisten Menschen, Es machte stolz und demütig zugleich.

Seither hast Graf Zeppelin viele Male Ozeane überquert und Kontinente. Er hat eine Meilenzahl hinter sich gebracht, vor der sich manches Seeschiff mit jahrzehntelanger Fahrzeit verstecken muß. Die ganze Welt kennt ihn, und sicher kennt ihn fast jeder Deutsche. Er ist das berühmteste Luftschiff der Welt; wäre er nicht etwas groß, man müßte ihn ins Deutsche Museum hängen.

Nun sah ich ihn zum ersten Mal nahe, greifbar nahe. Wie ein Schiff im Dock, so ruhte sein Kiel auf hölzernen Gerüsten. Es waren aber dünne Stangen, die die schwebende Leichtigkeit des Riesenleibes empfinden ließen.

Ich ging unter seinem Bauch entlang, einen weiten, wunderbaren Weg. Ich stellte mir vor, wie dem Mann zumut sein mußte, der bei voller Fahrt vom Rumpf in die Motorengondel kletterte. Dort, wo die silbrigen Stoffbahnen der Hülle entfernt waren, sah man in tiefe Schächte schlaffer Gaszellen wie in gigantisches Gedärm. In der elektrischen Zentrale rumorten Motore. Aus einer Öffnung kam geheimnisvoll, Ruck um Ruck ein langes Drahtseiltau hervorgekrochen. Herausragende Streben, die ich für fest gehalten hatte, schnappten plötzlich wie Kiefern zurück. Das Schiff war voller Leben, ohne daß man eine Menschenseele in ihm sah.

Bei Kapstadt tauchte einmal ein Pottwal dicht an unserer Schiffswand auf; mit einem mächtigen Schlag seines Schwanzes verschwand er wieder in der Tiefe. Dies einzige Mal, wo ich aus der Nähe einen Wal erblickte, fiel mir wieder ein, als ich unter der Leitflosse und unter dem Höhenruder stand. Das waren völlig organische Tierformen. Als gewaltiger Dorn lief die Schwanzspitze nach achtern aus.

Ich blickte in das Ruderhaus der Führergondel. Dort war alles sehr ähnlich wie auf der Kommandobrücke eines Schiffes, und jedes Instrument trug die Spuren von langem Gebrauch, die Zeichen langer Fahrten, die ein Schiff ehrfurchtweckend machen.

Vorsichtig strich ich mit der Hand über die zarten Goldschlägerhäute[5] der Gaszellen, die an der Seitenwand der Halle lagen, über die stark gummierte Leinwand der Wasserhosen und über den Briefkasten, auf dem stand: „Post für Südamerika."

Ist es nicht seltsam, daß von diesem Friedrichshafen aus, mitten im Binnenland, umriegelt von Bergen, der Gedanke wuchs und die Gestalt gewann, die uns heute über alle Berge und Meere trägt?

*

Dem Luftschiffbau Zeppelin benachbart und verbunden ist die Motorenfabrik von Maybach.

Ich möchte dies Werk gar nicht als Fabrik bezeichnen: Fabrik meint einen Gegensatz zum Handwerk, und dieser Gegensatz besteht bei Maybach nicht.

Es ist ein großes Werk, bei uns kennt jedes Kind seinen Namen, wie es den Zeppelin kennt. Er ist der Inbegriff von Präzision, von Zuverlässigkeit; in der Welt der Motoren nimmt er den Rang ein wie der Chronometer in der Welt der Uhren.

Und trotzdem gibt es hier keine Wälder von rauchenden Schloten, keine Arbeiter-„Massen", keine großen Produktionsziffern.

Der Betrieb ist weder besonders groß, noch besonders modern, es arbeiten etwa tausend Menschen hier. Aber der bestimmende Eindruck ist der einer ganz eigentümlichen Atmosphäre: es arbeiten Maschinen wie anderswo, mit dem gewohnten Arbeitsgeräusch, und doch ist eine eigentümliche Ruhe und Stille in den Hallen. Sie geht von den Menschen aus, die in ihrer Arbeit vertieft und versunken sind, wie ich das nur beim Handwerker, nie zuvor in einer Fabrik gefunden habe.

Ich habe viele Fabriken kennengelernt und, ich kann wohl sagen, studiert. Jede einzelne hat ihre Persönlichkeit, ihren Geist. Aber alle, die ich kenne, haben etwas gemein: die Vorherrschaft der Maschine. Die Maschine bestimmt das Arbeitstempo, ihr Rhythmus bemächtigt sich des Menschen an der Maschine; die Maschine treibt, der Mensch wird angetrieben.

Hier ist es umgekehrt: die Maschine ist dienenden Umstands, nur Hilfsvor-

---

[5] Der Name Goldschlägerhaut kommt von ihrer früheren Verwendung beim Goldschlagen, bei der Herstellung von Blattgold. Zwischen die einzelnen Lagen Blattgold wurden Goldschlägerhäute gelegt, damit die Blattgoldschichten nicht aneinander kleben. Anfang des 20. Jahrhunderts stieg der Bedarf an Goldschlägerhäuten durch die Luftschifffahrt enorm an, da gummierter Stoff durch statische Aufladung Funken erzeugen kann, wurden die Gaszellen aus Goldschlägerhäuten genäht, die in bis zu sieben Lagen auf eine Trägerschicht aus Stoff aufgebracht wurden. Für eine einzige Gaszelle wurden die Häute von rund 50.000 Rindern benötigt. Später konnte die Goldschlägerhaut auf 4 Lagen reduziert werden. Heute werden für gasdichte Zellen synthetische Materialien verwendet.

richtung; nichts anderes dem Sinne nach als die einfachen Werkzeuge, wie Hammer, Feile, Schraubstock. Es herrscht der Mensch, ein überwiegend jugendlicher Typ, sehr gesund, nach viel Bewegung in frischer Luft aussehend, doch nachdenklich, sehr in sich gekehrt: der geborene Mechaniker.

Und wie der Werkmann, so erscheint auch das Werkstück vergeistigt. Die Motoren, die hier entstehen, mächtige Diesel für Triebwagen, Lastwagenmotoren stark wie Büffel, elegante V-förmige für schwere, schnelle Personen wagen zeugen in jeder Einzelheit von der Persönlichkeit eines großen Konstrukteurs in der Anlage und eines in Generationen geschulten Handwerks in der Ausführung. Sie sind Verkörperung eines technischen Ideals, nicht Ware für eine weite Käuferschicht. So überwiegt denn auch Forschungs- und Versuchsarbeit beinahe die Arbeit der Erzeugung.

Dröhnenden Lärm kennt diese Werkstatt nur in schalldicht abgeschlossenen Motorenprüfständen; dort aber gründlich: wenn so ein 600pferdiger Diesel losdonnert, könnte man jauchzen über so viel gebändigte Urgewalt. Man sieht in ihm die fliegenden Blitzzüge der Zukunft.

Der Doktor Maybach arbeitet und lebt mit seinen Leuten, und so halten es auch seine Ingenieure. Der Mann, der da im blauen Arbeitskittel vor dir steht, kann ebenso gut der Chefingenieur wie ein Monteur sein. Sonntags fährt man gemeinsam zum Schilauf in die Berge.

Hier habe ich den Packard untersuchen lassen von einem Mann, der den Motor abklopfte und abhorchte wie ein Arzt den Brustkorb eines Patienten: „Bloß nichts anrühren an der Maschine – sie ist gesund", sagte der Mann.

Ich fuhr fort mit dem Gefühl, eine vollkommen sichere Entscheidung erhalten zu haben. Dies war in ihrem Wesen die deutscheste Werkstatt, die ich kannte. Hier ist er schon am Werk, der Arbeiter, den wir für Deutschlands Zukunft brauchen: der Arbeiter der Faust und der Stirn, der Arbeiter als Handwerker. Der Handwerker ist hier schon ein Künstler – der Modelltischler, der die Entwürfe Doktor Maybachs in plastische Wirklichkeit übersetzt, besitzt durchaus diesen hohen Rang. Der geniale Geist des alten Doktor Maybach wirkt noch lebendig durch den ganzen Betrieb.

Dreizehntes Kapitel

Schwarzwaldzigeuner

Ich bin nach Meersburg gefahren und habe eingekauft: Eine große Gießkanne, 25 Liter Inhalt, dunkelgrün gemalt. Sie erhält an der Vorderwand der Arche im Ring des Reservereifens ihren Platz.

Wenn auch im Fahren viel Wasser überschwappt; 15 Liter schätzungsweise bleiben doch darin, und diese Wassermenge ist es gerade, die unser Tank zu wenig hat. Es ist nicht schön, wenn man mit jedem Tropfen Wasser geizen muß.

Dann 10 Pfund neue Kartoffeln: Toms wird glücklich sein, wenn sie eine Weile nicht zu schälen braucht. Einen großen Hecht außerdem erstand ich und zuletzt 2 Liter Seewein eines guten Jahrgangs, zur Erinnerung an Scheffels Ekkehard und an den Kämmerer Spazzo, der da schwärmt vom „hundertschlündigen Meersburger".

Vorsichtig steuerte ich den Packard durch die engen Gassen; ganz feierlich war mir zumut mit frischem Haarschnitt, mit Schlips und Kragen und mit einem Wagen, der, befreit von der Arche, vor Temperament durchzugehen drohte.

Nachmittags schicke ich Toms und Rolle den gleichen Weg. Wir leben wie Vogeleltern, Toms und ich können niemals gemeinsam ausfliegen, einer muß immer das Nest hüten, wo der Pieps drinsitzt.

Es war mir recht, allein zu sein, denn Vorbereitungen waren zu treffen: Abschiedsvorbereitungen für den letzten Abend am Bodensee. Ich schuppte den Hecht und nahm ihn aus, stopfte ihm den Bauch voll Kräuter, die ich vom Bauern holte, und tränkte sie mit Zitronensaft. Dann schnitt ich einen starken Weidenzweig, schälte ihn ab, spitzte ihn zu, spießte den Hecht auf durch sein großes Maul hindurch und deckte ihn dann im Schatten mit Lattichblättern zu: jetzt konnte er warten. Aus trockenem Schilf und Treibholz baute ich mir am Strand eine Feuerstelle auf. Den Wein tat ich in eine Kanne, wickelte ein feuchtes wollenes Tuch darum und hing das Ganze mit einer Leine an einen Baum. Das ist der beste Ersatz für Eis, die Feuchtigkeit im Tuch verdunstet rasch und kühlt den Wein.

Da tutete es auch schon von Ferne, und meine kleine Mannschaft kam zurück: ich legte die Hand über die Augen, - waren sie's, waren sie's nicht? – zwei junge Damen, wie aus dem Modenheft geschnitten, herrlich frisiert und

Oben: Der beste Helfer, wenn wir stecken blieben: der starke Flaschenzug.
Unten: Frühmorgens wurde immer zuerst der Wagen gepflegt; der Pferdekopf vorm Kühler war unser Talisman.

duftend. Eigentlich hätten sie nur den Kodak[6] zücken, das Zigeunerlager knipsen und weiterfahren dürfen, aber nein: sie blieben!

Warm war der Abend und gewitterschwül. Wolken krochen von Süden über die Berge wie gewaltige Würmer: dunkle, unheimliche, senkten sich zu Tal, als seien sie lebendig; folgten sie den Faltungen des Bodens. Gierig drangen sie vor wie Raupen über Blätter. Weite, dunkelblaue Wälder fraßen sie auf, weiße Kirchlein auf grauen Felsen, unsere vertrauten Merkpunkte. Sie löschten das fahle Sonnenlicht, das noch an den Hängen geisterte. Andere, als seien sie verwundet von den scharfen Graten der Alpenkämme, bäumten sich auf; quollen nach allen Seiten, erblühten wie ungeheure Rosen, durchgluteten sich mit Abendrot, wucherten und wurden Wand. Und die Wand wuchs in den Zenit hinein und verschlang die Sterne.

Unruhig warfen sich die Kinder im Schlaf; wir spürten es am leisen Schwanken der Arche, so feinfühlig vermerkten die Ballonreifen jede Regung drinnen. Aber sie erwachten nicht, als Toms sie neu bettete und die Wolldecken von ihnen nahm; sie schlugen nur einmal die Augen auf, sahen die Mutter, seufzten befreit, ließen sich nehmen und wiegen, während ich die Betttücher glättete, alles im Traum.

Dann saßen wir am Strand, unser Feuer loderte und fraß, von kurzen Windstößen angefacht; Funken wirbelten seewärts. Und wie die Flammen sanken und aus dem Kranz weißer Asche die dunkle Glut glomm in der Tiefe, da warfen wir Kartoffeln hinein und hielten den Fisch darüber. Die heiße Asche hüllte die Erdäpfel ein, sie zischten, sie knackten, sie pufften; sie wehrten sich gegen die Glut mit aller Feuchtigkeit in ihrem Fleisch. Sie begannen zu duften, und weißer Rauch stieg auf. Der Fisch krümmte sich an seiner Stange und wurde braun; die Butter lief an seinen Flanken entlang und verbrutzelte knisternd.

Unsere Gesichter glühten vor Hitze, Toms drehte den Spieß, ich hegte das Feuer, indem ich die halbverbrannten Scheite tiefer in die Glut schob. In unserm Eifer vergaßen wir das nahende Wetter.

Ein großer flacher Stein war unser Tisch und Lattichblätter unsere Teller. Wir rollten die heißen Kartoffeln von Hand zu Hand, weil wir sie nicht halten konnten, wir pusteten sie an und brachen sie auf und aßen das dampfende, mehlige Fleisch aus der schwarzen Kruste der Schale. Die salzige Asche, die

---

[6] Die Kodak-Boxkamera mit ihrem Rollfilm eroberte nach Amerika auch Europa und wurde erst zu Hausers Zeiten allmählich von der Kleinbildkamera verdrängt. Die Aufnahmen der Opel-Werke etwa, die Hauser in seinem Buch „Im Kraftfeld von Rüsselsheim", mit dem er 1938 begann, gehören zu den frühen farbigen Industriefotos und wurden fast ausschließlich mit Kunstlicht aufgenommen. Im Vorwort beschreibt Carl T. Wiskott die technischen Probleme, die der „Fanatiker der Qualität" Paul Wolff für die Aufnahmen für dieses erste mit Farbphotos illustrierte Sachbuch zu bewältigen hatte.

wir mit in den Mund bekamen, würzte sie. Wir zerteilten den Hecht mit dem Taschenmesser und hielten die Stücke auf den kühlen Blättern in der Hand. Oh, es war herrlich, abzukochen wie die Fischer und Jäger in fernen, wilden Ländern. Das war das Leben, das ich mir gewünscht hatte, der Traum, den zu erfüllen ich die Arche baute.

Wir tranken den Wein: er war so frisch, so gletscherhaft kühl und spritzig, als sei er oben im ewigen Schnee gewachsen. Er war wie ein klarer Gebirgsbach, der in Kaskaden fällt, man konnte ihn nicht aufhalten, es war schon das Beste, ihn einfach in die Kehle hinablaufen zu lassen, wie er wollte. Er machte den Kopf nicht schwer, sondern leicht, er entzündete helle, strahlende Lichter im Gehirn und weckte Tatendrang.

Wir saßen auf Schilfbündeln, starrten in die erlöschende Glut, die unseren Durst befeuerte und machten Pläne: Immer mehr wollten wir die Städte meiden und die großen Landstraßen, immer mehr die Einsamkeit suchen, überall, wo sie in Deutschland noch zu finden war. Ob das möglich war, ob wir die beiden großen Wagen mit ihren 4000 kg Gesamtgewicht durch wirkliches Gelände schaffen konnten? – Wir wollten es versuchen.

„Komm schwimmen!"

Hand in Hand tasteten wir uns vorwärts über den steinigen Grund, eisig durchschauert von der Kälte des Wassers. Im Frühling füllt sich der Bodensee mit Strömen von Schmelzwasser. Wir warfen uns vorwärts, wild arbeitend mit Händen und Füßen, denn es war, als müßte uns der Atem stocken unter dem jähen Anprall der Kälte. Ich glaube, wir waren die ersten, die hier in diesem Jahr geschwommen sind. Aber nach wenigen Minuten brannte die Haut wie Feuer, ein scharfes Prickeln überlief sie von Kopf bis Fuß. Wir warfen uns auf den Rücken und trieben. Die Wellen hoben uns, es taumelte die hohe schwarze Wolkenwand, wir sahen keine Ufer mehr, wir trieben in die Unendlichkeit.

Da plötzlich: ein schwacher Schrei von Toms, ein blendendweißes Licht den ganzen Himmel füllend: der erste Blitz. Jäh fühle ich die große Tiefe unter mir, ich meine, einen Strom zu spüren, der uns hinausträgt. – Angst packt mich, wo ist Toms, wo sind die Ufer und das Licht der Arche? Sekundenlang kann ich nichts entdecken, habe die Richtung verloren im Treibenlassen. Da schwimmt Toms laut plätschernd, schutzsuchend, auf mich zu, und jetzt höre ich auch wieder die Wellen fern gegen die Ufer schlagen und sehe unser Licht.

In mächtigen Stößen schwimmen wir an Land; gottlob kein Gegenstrom, aber wieder und wieder fahren Blitze nieder, und der Wind schralt hohl im Schilf, schnell naht das Gewitter.

Toms schwimmt, als ginge es ums Leben, schon hat sie mich überholt und jetzt läuft sie, tropfensprühend und ganz ohne Rücksicht auf die Steine, der

Arche zu: Die Kinder sollen nicht erwachen von dem Gewitter, ehe sie da ist.

Ich kann noch alles bergen, was im Freien liegt, dann sehen wir durch unsere kleinen Fenster, wohlgeborgen, wie der Schilfwald wogt, wie die Pappeln sich biegen, wie der blanke Schild des Sees jäh stumpf wird im Anprall schwerer Tropfen. Und lang nachhallend kracht und grollt der Donner von den Bergwänden.

Das war unsere letzte Nacht am Bodensee.

Zum Glück hatte ich mit dem Packard vor dem Aufbruch zum Schwarzwald eine Patrouillenfahrt in Richtung Überlingen gemacht. Gewisse Erfahrungen haben mich mißtrauisch gemacht gegen alte Städte mit niedrigen Stadttoren und richtig: „Lichte Höhe 2,50 m" stand darüber.

Künftige Wohnwagenbauer sollten eine Bauhöhe von 2,40 m nicht überschreiten; mit einem niedrig gebauten Chassis müßte das auch ohne weiteres möglich sein. Schornsteine auf Wohnwagen sollten einziehbar sein wie das Periskop beim U-Boot, der unserige bringt uns beständig in Schwierigkeiten. Zwar können wir unsere Bauhöhe um etwa 20 cm verringern, indem wir notfalls die Luft aus den Reifen lassen, aber das ist ein umständliches und zeitraubendes Verfahren. Es ging uns wie den Kölner Kaufleuten des Mittelalters, die für die Handelsstraße nach Venedig ihre Wagen besonders schmal erbauen mußten, um die engen Gassen von Limburg zu passieren.

Wir umgehen Überlingen, indem wir uns schon vorher in die Berge schlagen, über Salem nach Heiligenberg. Tiefer und tiefer sinkt unter uns der See, die flammendgrünen Fackeln der Bergwälder nehmen uns auf, aber stark ist die Steigung und viele Kilometer lang. Ich mache an solchen Bergen nur sehr ungern Halt; die Handbremse ist zu schwach, um die schweren Wagen zu halten. Im Augenblick, wo ich die Fußbremse loslasse, rollen wir dann schon rückwärts, und Toms ist nicht kräftig und kaum gewandt genug, die Bremsklötze im richtigen Augenblick unter die Hinterräder zu legen.

Der Motor singt hoch wie eine Dynamomaschine, immer im zweiten Gang, gespannt beobachte ich das Kühlwasserthermometer; die rote Säule steigt und steigt – will denn der Berg gar kein Ende nehmen?

Da schnappt auch schon der federnde Bügel vom Einfüllstutzen des Kühlwassers – die Verschlußkappe springt auf und eine Dampfwolke entströmt. Gleichzeitig läßt die Kraft der Maschine reißend nach, ihr Lauf wird unruhig, sie stottert. Es ist das erste Mal, daß uns das geschieht.

Rechts ran und warten, den Fuß krampfhaft auf die Bremse gepreßt. Es wäre falsch, den Motor sofort abzustellen, das würde die Kerzen verölen; eine Zigarette lang lasse ich ihn im Leerlauf gehen.

Eine Viertelstunde vergeht, mein Fuß wird langsam lahm. Toms will mich ablösen, hat aber nicht genügend Kraft, so wechsle ich denn ab mit dem rechten und dem linken Fuß, und eine Geschichte fällt mir dabei tröstend ein, die ich Toms erzählen muß:

„Einmal fuhr ich an der Küste von Galway mit einem alten irischen Fischer in einem Curragh zum Angeln. Curraghs sind Boote, so alt, so primitiv, daß schon die irischen Heiligen damit zum Kontinent gesegelt sind (und wunderbarerweise sind sie tatsächlich angekommen, wie man weiß). Ein schwaches Skelett aus Wrackholz und Ästen ist mit Lederriemen zusammengebunden und außen mit Segeltuch oder mit Häuten bespannt.

Wie wir nun schon weit draußen waren, die Steilklippen umrudernd, an denen die Brandung kochte, da fiel mir auf, daß der alte Fischer seinen Fuß in sonderbar verkrampfter Haltung immer auf die gleiche Stelle preßte. - ‚Warum er das denn täte' - ‚Ja, da wäre nämlich ein Leck im Curragh, und wenn er nicht den Fuß drauf hielte, müßten wir absaufen.' - Mir war nicht besonders wohl zumute, aber der Alte dachte sich gar nichts dabei, wahrscheinlich schipperte er schon wochenlang auf diese Weise."

Jetzt ist der Motor schon genügend abgekühlt: mit einem letzten langen Blick nehmen wir Abschied vom See und fahren an.

In der Gegend von Pfullendorf beginnt der Schwarzwald. Die bunte Üppigkeit der Baumblüte und der blühenden Wiesen versinkt, schwärzer und höher wachsen die Wälder, einfarbig grün werden die Wiesen; es gibt nur noch die Farben schwarz und grün. In 600 m Höhe ist der Frühling um gut drei Wochen gegen den Bodensee zurück.

Aber wie ragen die Wälder! Prachtvolle Stämme, dicht an der Wurzel sauber abgeschnitten, liegen in den Schneisen, jeder einzelne ein Mastbaum! Weiß leuchten Balken für den Hausbau, schon im Wald zurechtgeschnitten, und Schwellen für die Reichsbahn. Überall fahren die mächtigen Langholzwagen, mit Ketten und Hebebäumen sind die Stämme festgezurrt, vollkommen seemännisch; Jungens führen das Abfallholz auf Handkarren zu Tal.

Diese Jungens! Sie haben da eine vorzügliche Bremse erfunden, ein nachahmenswertes Patent: Wenn der Hang so steil wird, daß der Karrenführer sich nicht mehr gegen die Deichsel stemmen kann, dann rutscht der Bremserjunge, der oben auf dem Holz sitzt, ganz einfach weiter nach hinten auf die am Boden nachschleifenden Äste. Damit erhöht er die Bodenreibung und bremst ganz kunstvoll das Gefährt auf die gewünschte Geschwindigkeit. Der Karrenführer braucht dann nur die Deichsel zwischen die Beine zu nehmen und sausend geht's bergab.

Die Schwarzwälder sind ein Erfindervolk, das beweisen die Industrien, das zeigt sich aber auch an vielen kleinen Zügen. Wir sahen einen „Hund am laufenden Band". Er hatte einen großen Stall mit mehreren Toren zu bewachsen. Um diese große Fläche zu bestreichen, war seine Kette an einer Laufschiene befestigt. Laut kläffend rannte er die ganze Länge des Stalls neben uns her; auf der Straße konnte er keinem in die Beine beißen, aber an den Stall kam kein Dieb heran.

Unser Kurs ist auf Freiburg abgesetzt. Zwischen Tuttlingen und Donaueschingen liegen keine großen Wälder, das einzige landschaftliche Ereignis von Bedeutung ist die Donau, die hier noch auf den Namen „Bregach" hört, ein rascher, wasserreicher Bach in stark gewundenem Lauf.

Hinter Donaueschingen steigen Welle auf Welle wiederum die großen Wälder vor uns auf. Schöner kann es nicht mehr werden, die Nacht bricht an, hier wollen wir Anker werfen. Ein idealer Seitenpfad führt uns dicht an den Waldrand, er endet in einer Schneise, die sogar Wenden erlaubt, ohne Auskuppeln – eine große Seltenheit; ein Bach ist in der Nähe, es könnte gar nicht besser für uns passen.

Schon habe ich für Toms den Herd entzündet, und Rolle sucht Kienäpfel im Wald, da naht sich das Ereignis, auf das ich eigentlich schon längst gewartet habe: Die erste unfreundliche Begegnung.

Im Eilschritt kam der Förster den Hang hinauf. Ich habe nie einen Mann gesehen, der dem wilden Jäger aus dem Struwwelpeter so aus dem Gesicht geschnitten war. Ein glitze-kleines Männchen mit einem riesengroßen Schießgewehr; es war ein Drilling, und das Gesicht des Männchens sah genau so dreieckig und böse aus wie der Drillingslauf.

Ganz erhitzt kam er bei uns an und so mit Zorn geladen, daß er schon von weitem immerfort rief: „Fort hier, fort hier - ! Zigeunerpack! – Das wäre ja noch schöner."

Ich machte meine Arbeit weiter und kümmerte mich zunächst nicht um ihn – sollte er ruhig erst mal seinen Dampf abblasen und sich die Arche etwas näher ansehen. Er stand in achtbarer Entfernung und schimpfte in seinen Bart hinein, aber immerhin schon leiser.

Ganz langsam kam ich auf ihn zu, Hände in den Hosentaschen, gut zwei Köpfe größer als er: „Was denn eigentlich los sei und wozu die Aufregung."

„Ob ich denn nicht wüßte, daß dies der Wald der Gemeinde Hüfingen sei?"

Ich, sehr ernsthaft und scharf nachdenkend: „Nein, das sei mir in der Tat ganz unbekannt."

„Ja, es sei doch der Wald der Gemeinde Hüfingen, und es sei verboten, hier zu parken und überhaupt ‚Zigeuner'."

„Es ist aber kein Verbotsschild da."

„Ja, das hätten die Buben letztes Jahr herabgerissen."

„Das sei ja nun sehr zu bedauern, aber dafür könnte ich doch nichts – und überhaupt: jetzt fort, er sähe doch, daß wir gerade zu Abend essen wollten."

Ja, das sah er denn auch und wurde etwas milder. Wichtig und stirnrunzelnd zog er eine mit gelbem Zelluloid armierte Uhr: „Eine halbe Stunde gäbe er uns Räumungsfrist – widrigenfalls brächte er mir den Gendarmen auf den Hals."

Ich winkte ab, ich hatte keine Lust, mich rumzustreiten. Der Vorfall stimmte mich nicht ärgerlich, sondern traurig. Es war so viel echte Angst in dem Gesicht des Männchens, Angst um seinen Wald, als könnten alle Tierlein paarweis in die Arche steigen und damit entschwinden. Alles, was keinen festen Wohnsitz hatte, alles, was sich nachts im Wald oder auf der Landstraße herumtrieb, alles Irreguläre überhaupt, war ihm ein Greuel. Sicher meinte er, seine Pflicht zu tun – so wie der Hofhund an der Kette, wenn er jeden Fremden böse anklafft. Es war kein größerer Gegensatz denkbar als zwischen mir und diesem Mann. Und alle Macht war dabei auf seiner Seite. Wie er sein Ultimatum gestellt hatte, jeder Zoll eine Großmacht!

Das schlimme war: es war kein einzelner, der in diesem Förster mir gegenübertrat, es war ein Typ; von ihm konnte der Archenreise ernsthafte Gefahr drohen.

Zum ersten Mal empfand ich wie ein Zigeuner: gehetzt zu sein, vertrieben zu werden, ohne Schutz zu sein. Wie schön, daß wir wenigstens viele Kilometer Raum legen konnten zwischen uns und diesem Mann. Sehr weit würde das Reich der Gemeinde Hüfingen ja wohl nicht reichen.

Wir aßen schweigend. Dann zog ich die Bergstütze wieder hoch, unsern Anker, und schaltete die Scheinwerfer ein. Da sah ich sie: unten an der Straße standen sie lauernd, der Gendarm, der Förster und eine Hilfsmacht mit einem Feuerwehrhelm. Ich stellte die Scheinwerfer auf größte Lichtstärke und fuhr geradewegs auf sie zu. Geblendet wandten sie sich ab und sprangen beiseite. Würdevoll, wie eine alte Tante im Schwarzseidenen, rauschte die Arche an der Streitmacht der Hüfinger vorbei. Voll trat ich den Gashebel durch, und wie ein Komet entschwand ihnen das rote Schlußlicht.

Es war wie eine Flucht.

Vierzehntes Kapitel
Kameradschaft der Landstraße – Traumfahrt zum Rhein

Vom Hafen vertrieben, in die Nacht gejagt, braust die Arche durch die Schwarzwaldberge. Das Dröhnen des Motors hallt von den Tannenmauern wider; ich fahre wie durch enge, tiefe Schlucht; ein schmaler Streif bestirnten Himmels windet sich über mir durch die schwarzen Gipfel, es ist als führe ich auf dem Grund eines Flußes.

Ich bin allein im Schleppwagen; sehe im Rückspiegel den schwachen Lichtschein, der die Vorhänge der Arche durchdringt. Sehe in der Kurve die gewölbte Seitenwand mit ihrer Fensterreihe, sehe den breiten, trotzigen Bug auf- und niederstampfen, sehe den rötlichen Lichtnebel des Schlußlichts im wirbelnden Straßenstaub. – So hingen wir als Kinder aus den D-Zug-Fenstern und beobachteten, wie die lange Wagenschlange sich durch die Landschaft wand, glücklich, wenn wir einmal die Lokomotive erblickten. Ja, und viele Rußkörnchen flogen uns in die Augen.

Aber man vertieft sich besser nicht zu sehr in den Blick nach rückwärts, wenn man mit Siebzig-Kilometer-Fahrt nach vorwärts saust.

Wie mögen jetzt die Schiffslampen drinnen schaukeln. Toms, eingeklemmt am Herd wie ein erfahrner Schiffskoch, wird den Abwasch trocknen. Die Rolle liegt wohl schon in der Koje und lauscht mit offnen Augen in der Dunkelheit der kleinen Kammer dem Sausen der Luft, dem Klirren der Ketten, dem Stoßen der Kupplung, dem dumpfen Dröhnen des Auspuffrohrs.

Bergauf, bergab, Kilometer auf Kilometer fegen wir mit einer der behäbigen Arche völlig unwürdigen Geschwindigkeit. Lange kann das nicht mehr so weitergehen, ich brauche dringend einen Ankerplatz. Ich muß scharfen Ausguck halten, um keinen Nothafen zu verfehlen in diesen fremden Gewässern hier.

Da tauchen weiß ins Licht der Scheinwerfer geschälte Langholzstämme auf, ein Holzweg leitet an ihnen vorbei und führt im Bogen zur Straße zurück: jetzt oder nie! Ich nehme mir nicht mal die Zeit, die Strecke mit der Taschenlaterne abzugehen; es wird schon klargehen.

Mächtig rumpelt die Arche in tief ausgefahrenen Geleisen. Rein in die Kurve: da glitzert plötzlich eine Wasserfläche; ehe ich an Bremsen denken kann, mahlen die Räder leer im Sumpf. Wer hätte das gedacht bei solcher trockener Straße!

Viel zu müde, um uns heute noch die Sorgen von morgen zu machen, schlafen wir.

Der andere Morgen ist ein Sonntag. In aller Frühe erwachen wir von einem hellen Juchzen und sehen eine ganze Kolonne von Schwarzwaldmädels auf Rädern an uns vorbeisausen, im Freilauf zu Tal. Wie ein Schwarm von hübschen bunten Schmetterlingen, so sehen sie aus, rot die fliegenden Röcke, weiß die Unterröcke vom Fahrwind hoch von den Beinen aufgebläht, schwarz die Mieder und mit Gold verschnürt, weiß die kurzen Ärmel über braunen Armen, rot die Wangen und flatternde bunte Bänder an den Hüten wie Matrosen.

Wohin sie wohl fahren? – Zur Kirche vermutlich: da werden die Burschen Augen machen!

Aus purem Trotz kümmere ich mich zunächst mal überhaupt nicht um den festsitzenden Wagen. Es ist doch Sonntag heute; man muß dem lieben Gott auch mal eine Chance geben, vielleicht geschieht ein Wunder.

Stattdessen kochen wir Kakao, rösten uns Weißbrot, hegen freundliche Erinnerung an Tuttlingen in Gestalt seiner wundervoll marmorierten Würste und sind hauptsächlich häuslich.

Es könnte ein wunderschöner Sonntag sein: Im Heidekraut liegen, Pfeife rauchen, in die Sonne blinzeln, den wandernden Wolken nachschauen – wäre nur die Neugier der Menschen nicht!

Die Straße ist belebt von Autoausflüglern, und obwohl der Holzstapel die Arche teilweise verdeckt, fährt kaum ein Wagen vorüber, ohne haltzumachen. Meist höre ich nur irgendwelche Ausrufe des Staunens: „Sieh mal, Willi, Zigeuner mit Auto" oder so, und dann schnappt irgendein Photoapparat aus seinem Gehäuse und knipst. – Schön, soll er knipsen.

Wenn aber dann der Motor abgestellt wird und die Wagentür klappt, dann wird es ernst; dann muß ich aufstehen, die Halme von den Kleidern schütteln und mich bereit machen, den Neugieransturm von Toms und den Kindern abzufangen.

Es ist erheiternd zu beobachten, wie die Besucher meist etwas scheu verlegen sich nähern und Gespräche anzuknüpfen suchen. Meist kommen sie nicht gradlinig auf uns zu, sondern gehen zunächst in weitem Bogen um die Arche herum: „Zigeuner; da kann man doch nicht wissen ..."

Toms und ich sehen ja als Zigeuner ganz passabel aus, aber es sind die blonden, gut gepflegten Kinder, die uns regelmäßig entlarven.

Da fassen sie denn Mut: „Immerhin können die Leute ja deutsch, wie es scheint", und es beginnt der Wortwechsel.

Ein dicker, würdiger Herr: „Neugierig bin ich zwar nicht, aber sehen möchte ich ihn doch" – den Wohnwagen nämlich.

Obwohl wir nun durchaus mit unserm Haushalt und den Kindern vollauf beschäftigt sind, möchten wir ungern unfreundlich erscheinen. Also lasen wir sie einsteigen, wenn sie den Wunsch äußern, obwohl sie regelmäßig Toms frischgebohnertes Linoleum beschmutzen. Verlegen schauen sie um sich und äußern Verwunderung, daß es so nett und sauber drinnen ist, ohne zu ahnen, wie viel Beleidigendes in solchen Äußerungen steckt. Die Damen interessieren sich für den Herd, ja, wir haben es erlebt, daß sie unaufgefordert die Deckel von den Töpfen hoben, wohl in der angenehm-gruseligen Erwartung, eine Katze oder ein Eichhörnchen darin schmorend vorzufinden. Nicht ohne Angst verfolgen wir dann, wie sie sich zu zweit oder zu dritt auf die krachenden Kojen niederlassen, um die Polsterung zu erproben. – Sonderbar, wirklich sonderbar: immer sind es die ganz dicken Damen, die von der Wohnwagenidee am meisten begeistert sind. Es geht ihnen damit genau wie mit ihren Kleidern: sie wünschen sich immer das, was sie nicht tragen können.

Es sind stets die gleichen Fragen, die wir beantworten müssen, das wirkt auf die Dauer so ermüdend, daß ich beschlossen habe, ein Plakat neben der Arche aufzustellen, das von vornherein auf diese Fragen Auskunft gibt. Es müßte etwa folgendermaßen aussehen:

„Jawohl, dies ist ein Wohnwagen."
„Jawohl, der kleine Wagen zieht den großen."
„Nein, wir verkaufen keine Postkarten."
„Die Autonummer I P bedeutet nicht ‚Pommern', sondern Altona."
„Nein, wir sind nicht zu Reklamezwecken da."

Grob geworden bin ich nur einmal: das war, als eine sehr hochnäsige Madam uns fragte: „Ob uns nicht unterwegs das Geld ausginge – wir sähen doch gar nicht so aus, als könnten wir uns ‚so was' leisten."

Im Übrigen: Hätten wir wirklich Postkarten verkauft, wir hätten uns glattweg von dem Geschäft ernähren können.

Ich möchte nicht, daß dieser Ausbruch gegen die Überfälle eines Sonntagspublikums ins allgemeine mißverstanden werde: Wir haben mit viel Freude die nettesten Besucher bei der Arche gesehen, Bauern, Waldarbeiter, Handwerksburschen, Mönche, Förster, sogar Gendarmen und Bürgermeister. Einfache Menschen, arbeitende Menschen, herzensgut und voller Taktgefühl. Es ist ja eins der Ziele unsrer Fahrt, im Volk und mit ihm zu leben; nur mit dem satten Bürgertum haben wir uns nie befreunden können.

Wie hilfsbereit und nützlich Besucher sein können, das zeigt sich gleich am Nachmittag beim Aufbruch: Eben mache ich den ersten Startversuch, den Wagen aus dem Sumpf zu ziehen: vergeblich, die Räder des Packard mahlen, der Dreck spritzt viele Meter weit, die Arche rührt sich nicht. Da kommt eine ganze Motorradkolonne angefahren, stoppt ab: im Augenblick sind die Jungens bei uns. Alle Mann angefaßt! „Hau-Ruck! Hau-Ruck!" – Schon sind wir aus dem Sumpfloch raus. Ganz selbstverständlich geschieht das, ohne ein Wort darüber zu verlieren. Kaum, daß ich ihnen danken kann, schon sind sie auf und davon.

Von der ganzen, motorisierten Menschheit ist die Brüderschaft der Motorradfahrer mir die liebste. Denn das ist wirklich eine Brüderschaft; nirgends findet man mehr Liebe zur Maschine, nirgends ist der Motor dem Menschen enger verbunden, nirgends ist er beseelter als in ihr. Das uralte Verhältnis zwischen Mensch und Pferd hat hier seine gradlinige Fortsetzung gefunden; nur leider hat uns noch kein Dichter davon gesungen. Es gibt überhaupt wenig Dichter, die Motorrad fahren, was ein bedauerlicher Umstand ist. Der moderne Dichtertyp ist immer noch recht zartbesaitet, das Motorrad geht ihm auf die Nerven und würde ihm vermutlich auch an die Nieren gehen, setzte er sich etwa darauf.

Hierzu wäre zu sagen, daß Schlachten schlagen, Helme spalten, bis zu den Knöcheln im Blut waten, Drachen töten und Riesen fällen auch nicht eben zarte und feine Beschäftigungen gewesen sind, und doch haben die größten Dichter aller Zeiten herrliche Gesänge daraus geschmiedet. Und wer schreibt, was in unserm Leben groß und stark und herrlich ist? – Ja, wer schreibt uns das!

Die Talfahrt vom Titisee in die fruchtbare Ebene von Freiburg ist eines der schönsten landschaftlichen Erlebnisse, die man in unserer Heimat haben kann. Prachtvoll ist schon die Straße, ein glänzendes Stück Ingenieurarbeit, den besten Alpenstraßen gleich. Es ist interessant, sie mit der Trasse der Bahn zu vergleichen. Wie immer wieder die Schlangenlinien des weißen Straßenbandes und des Schienenstrangs sich überschneiden, werden zwei Prinzipien offenbart: Der Bahnbau hat den Berg bezwungen mit Gewalt, hat ihn durchstochen mit den Dolchen seiner Tunnels; die Straße aber hat ihn besiegt mit List: wie eine Schlange schmiegt sie sich den Hängen an, raubt ihnen ihre schroffe Gewalt durch kühne Kehren.

Dunstig ist die ferne Tiefe wie meist an schönen Tagen. Wie aus dem Grund der See leuchten die Wiesen, Smaragden gleich. Wie Seide schimmern die weißgeschälten Stämme, wie Silberfäden glitzern die Wildbäche.

Von Kehre zu Kehre spüren wir es wärmer werden. Die Wiesen gleichen dem umgekehrten Sternenhimmel, so leuchten die Blumen, und die Obstbäume erblühen so üppig, daß sie großen Rosensträußen gleichen aus der Vogelschau.

Die ganz aus Holz gebauten Bauernhöfe haben ihre mächtigen Schindeldächer wie Schlapphüte tief ins Gesicht der kleinen Fenster gezogen. Das Holz ist nicht bemalt, sondern verwittert zu wundervollen grauen Tönen mit einem Glanz im schrägen Sonnenlicht wie das Gefieder großer Möwen. Die Höfe sind am Hang erbaut, und die Schräge der Bergwand ist zur Einfahrt ins obere Geschoß der Scheune ausgenutzt: uralte, beste bäuerliche Technik. Auch die Bewässerung der Wiesen mit bis zum Rand gefüllten Gräben zeigt einen hohen Stand der Wasserbaukunst. Unbegreiflich, daß man es je unternommen hat, den Bauern und die Technik in Gegensatz zu bringen und miteinander zu verfeinden!

Uralt müssen die meisten dieser Höfe sein: die holzgeschnitzten Heilandsbilder, die hier nirgends fehlen, sind umrahmt von ganz unglaublich dicken, knorrigen Rosen und Glyzinienstöcken, zu Lauben beschnitten seit Jahrhunderten. Ich kann mir keine Kennerschaft anmaßen in Dingen der Kunst, aber ich liebe diese verwitterten, primitiven Bildwerke mit ihrem seelenvollen, starken Ausdruck.

Flieder blüht, schon Flieder! – Wie weit war die Natur zurück, als wir aufbrachen aus dem grauen Hamburg.

Vor uns liegt Freiburg wie ein schöner Edelstein in grünem Samt gebettet.

Wir kümmern uns nicht um die Wegweiser; es ist unmöglich, hier einfach durchzufahren, wir suchen den Dom, der immer wieder uns zuwinkt mit dem ungeheuren steinernen Geranke seines Turms beim schwierigen Durchfahren enger Gassen.

Wir dürfen die Arche auf den Domplatz stellen, und eine halbe Stunde dürfen wir wandern durch die Altstadtgassen über den rauschenden Bächen, die der Stadt so viel Frische und Gesundheit geben. Wie wundervoll war das Mittelalter in seiner Blütezeit. Nehmen wir diese Häuser als Wesensausdruck ihrer Bewohner – wie anders könnte man sie auffassen –, so waren jene Menschen uns heutigen an Rang hoch überlegen. Welche Fülle von Literatur, wie viel Geschrei heute von Raumkunst und von Stil! Wir wissen viel, und wir empfinden wenig; früher war es umgekehrt, und damals hat man bauen können.

Am späten Nachmittag rheinab nach Breisach.

Zur Linken gleiten die Schwarzwaldberge zurück und hüllen sich in blaue Nebel ein; an den Feldberghängen schimmern noch die Schneefelder. Der Abend sinkt in eine Landschaft, die uns unwirklich und märchenhaft erscheint – sind wir in Deutschland? – Schreiben wir den 27. April?

Die Blütentrauben der Glyzinien an den uralten Mauern der Weinbergsterrassen duften schwül, schon dem Verwelken nahe. Auf den Wiesen liegt es wie Abendnebel – das sind Millionen grauer Wölkchen der Pusteblumen. Reif sind ihre Samenkapseln. Das Korn steht hoch im Halm – vor wenigen Stunden sahen wir auf Schwarzwaldhöhen die ersten jungen Triebe aus braunen Feldern brechen.

Kann ich meinen Augen trauen: da ist schon Futterkorn geschnitten! Der

Oben: Mit der schreibmaschine verzog ich mich am liebsten abseits.
Unten: Der Pieps wird „ausgesetzt" mit seinem Sonnenschirm.

Mäher mit dem spitzen, zuckerhutförmigen Strohhut steht im Feld. Geruhig käut das Ochsengespann dicke Bündel junger Gerste, schiebt sie hin und her zwischen den Kiefern; satt, feucht, unendlich würdevoll blicken die schönen Tieraugen.

Verfallenes Gemäuer, ornamental geschnittenes Gerank des Weins, Kapellen hoch auf Bergen, scharf abgezeichnet im roten Abendhimmel. Schwere, warme, duftbeladene Luft. Weit hinten unter lang gestreckter Wolkendecke Reihen hoher, schmaler Pyramiden: Pappeln; sie zeichnen den Verlauf des Rheins.

Durch das alte Breisach, dessen Pontonbrücke zum Elsaß so still und leer geworden ist, fahren wir und wenden rechts, zur schmalen Uferstraße, die rheinabwärts verläuft am Fuß des Kaiserstuhls.

Schwach-bläulich zeichnen sich die Höhen der Vogesen jenseits der lichten Pappelwälder ab.

Wie einsam ist es hier! Die wenigen Dörfer liegen versteckt in den sich öffnenden Tälern des Kaiserstuhls oder verborgen in der grünen Wildnis, die kilometertief den Rhein begrenzt.

Bauernwagen fahren heim im langsamen Schaukeln des Ochsenschritts. Auf den grünen Hügeln des geschnittenen Futters sitzen die Schnitterinnen, weiß die Kopftücher, blau und weiß gepunktet die Blusen, hellblau die Schürzen, dunkel das Haar, dunkel-sonnenverbrannt die Gesichter, strahlend blau die Augen. Sie grüßen mit freundlichem Nicken, und doch achten sie unserer kaum. Eine wundervolle Würde, eine Neugierlosigkeit ist in diesen Menschen, wie wir sie nie zuvor in Deutschland getroffen haben. Adlig sind hier Mensch und Tier in ihrer Haltung, fast möchte ich sagen: römisch. Sie brauchen nicht große Taten zu verrichten, um sich bestätigt zu sehen, sie wirken durch ihr bloßes Dasein.

Fast haben wir über allem Schauen und Staunen den Ankerplatz vergessen: es wird höchste Zeit.

Ob sich wohl irgend jemand in die Spannung hineinversetzen kann, die uns erfüllt, wenn wir inmitten einer Fremde wissen: in zehn Minuten müssen wir den Hafen gefunden haben; den Idealhafen, womöglich mit Wald und Wasser. Ob wir diesmal vorstoßen können zum Rhein?

Über ein höchst verdächtig bullerndes Brückchen biegen wir in einen Feldweg ein. Weites Wiesenland ringsum mit alten Nußbäumen und Obstbäumen locker bestanden, ein Park. Wir steuern auf den hohen Erdwall zu: den Binnendeich des Rheins. Nun geht es nicht mehr weiter. – Aber da liegt ja ein Brunnen unter einem Nußbaum dicht am Weg! Wir haben unsern Hafen!

Die Nacht ist unbeschreiblich. Die Kinder schlafen; der blaue Luftballon der Rolle, in Freiburg auf der Kirmes erstanden, hält Schildwache an der Arche, angebunden an die Türklinke.

Wir wandern, Toms und ich, verschlungenen Wandpfaden nach dem Strom entgegen. Lebendig ist die Nacht, es brummt, es summt um uns, es rührt uns an mit schwirrenden Flügeln, prallt gegen unsere Hände und Gesichter: Maikäfer. Tausend, aber Tausende!

Da liegt der Strom. Dunkel mit schwachen Silberstreifen seiner Schnellen. Wie schnell er fließt, wie er rauscht, noch mit dem Schwung der Berge erfüllt. Milchiges Licht, Vollmond, der durch dicke Wolken schimmert.

Schwarze Schatten von Fischerbooten mit hochgekurvtem Bug vor ihren Ankerketten reitend, die Netze an Auslegerbäumen gespannt im Strom.

Das gelbe Licht der Ankerlaternen wirft goldene Streifen über Wasserwirbel. Welche Nacht! Käuzchen in lautlosem Flug begleiten unsern Heimweg. Wir haben immer einen „Heim"weg, wo immer wir auch sind; wie schön das ist. Warm ist die Nacht, gewitterschwül. Kein Vogel kann schlafen; die Drosseln schluchzen, der Kuckuck ruft. Über den Wiesen trillern Lerchen – jetzt, um Mitternacht.

Zur Nordsee geht der Strom, er mündet in die großen Meere ein. Ich fühle mich hier sehr zu Hause, sehr glücklich: auf geheimnisvolle Art vereinigt sich hier die Heimat mit den warmen, milden Südländern, nach denen ich Sehnsucht im Herzen trage wie wohl jeder Seemann.

Wenn irgendwo in Deutschland: Hier möchte ich meine alten Tage verbringen.

Fünfzehntes Kapitel
Der liebe Gott braucht blaue Luftballons

Das waren kaum mehr als drei, vier Stunden Schlaf in dieser Nacht, trotzdem bin ich hellwach, wie die Sonne am Schaft einer großen Pappel entlang in den Himmel klettert. Ein dunstiger Glutball, grau gestreift von einer verwehenden Wolkenbank; davor das feuchte Laub der Pappel, zitternd im Morgenwind.

Wenn der Frühling mit seiner ganzen Gewalt über die Erde kommt, wenn alles Leben empordrängt, quillt und schäumt, dann brauchen auch wir Menschen wenig Schlaf. Nebel hängen über den Wiesen, wie durch ein weißes Meer wate ich, Kopf und Schultern im blauen Himmel, die Füße im nassen Gras, das aussieht wie bereift.

Natürlich ist der erste Ganz zum Brunnen; er besteht aus einem vielleicht tausendjährigen Steintrog und einer modernen, grüngemalten, gußeisernen Pumpe. Ich versuche den Schwengel: er zieht nicht. Wie zu erwarten war. Der uralte Steintrog ist heute noch genau so gut wie an seinem ersten Tag, die neuzeitliche Pumpe muß erst wieder in Ordnung gebracht werden, denn von ihr hängt es ab, wie lange wir hier bleiben können. In einem solchen Fall gießt man Wasser oben in den Pumpenzylinder und vertraut darauf, daß die vertrocknete Kolbendichtung dadurch aufgeweicht wird und quillt, damit die Pumpe zieht. Bei unserm knappen Wasservorrat bedeutet das „die Wurst nach der Speckseite werfen", denn der Rhein, die nächste Wasserquelle, ist weit.

Mit einiger Spannung wird also nun gegossen und gleichzeitig gepumpt, und wirklich: Es gurgelt und blubbert verheißungsvoll im Innern. Es kommt Widerstand in den Schwengel, immer höher wird der Ton des Kolbens, man hört förmlich, wie das Wasser drinnen emporsteigt und da: schießt ein dicker Strahl aus dem Pumpenmaul. Erdig zuerst, vermengt mit kleinen Steinchen, dann klar und gut. Es füllt sich der steinerne Trog; wir werden in Wasser schwelgen und sogar baden können.

Jubel schallt über die Wiese; die Rolle ist wach geworden, die Morgennebel sind schon wie durch Zauberei verdampft; und da kommt sie schon über die taufunkelnde Wiese gelaufen, ihren blauen Luftballon wie ein Banner hinter sich. Sie breitet die Arme aus, damit ich sie auffangen soll. Plötzlich ein Schrei: der Luftballon schießt in den Himmel; das Kind hat losgelassen.

Ein großes Unglück ist über mein kleines Mädchen hereingebrochen: „Ach, Vater", schluchzt es, „wärst du doch ein bißchen schneller gewesen! Dann hättest du ihn noch fangen können, den schönen blauen Luftballon."

Hell kullern die Tränen; ich nehme es auf den Arm das kleine Menschenkind, hocke mich mit ihm auf den Brunnenrand und will trösten: „Sieh mal, jetzt freut sich doch der Luftballon, daß er ganz frei fliegen kann. Er fliegt so hoch, in den Himmel, daß die Engel mit ihm spielen können, und vielleicht schenken sie dir bald einen neuen Luftballon."

Das Schluchzen, das den kleinen Körper schüttelt, verebbt. Einen Augenblick schaut sie auf in die Richtung, wo der blaue Luftballon im Himmel dem Blick entschwindet, dann schüttelt sie heftig den Kopf, schiebt mich sozusagen ganz beiseite: „Nein, es ist ganz anders. Ich will es dir erklären: Also, der liebe Gott braucht blaue Luftballons, nur blaue, Die fängt er sich und macht aus ihrer Haut den blauen Himmel."

So geht es uns, den so genannten Dichtern: eines jeden Kindes Phantasie ist wunderbarer als die unsere.

*

Gegen Mittag besucht uns ein Herr Feldgendarm mit einer schönen grünen Uniform und einem Helm, der genau wie Milchschokolade aussieht – so findet wenigstens die Rolle. Auf einem Fahrrad kommt er daher, den Säbel kunstvoll am Rahmen festgeklammert.

Erst macht er ein strenges Dienstgesicht, vertieft sich in Papiere, geht um die Arche herum, notiert und – lächelt dann: „Er hätte ja nichts gegen unseren Aufenthalt an diesem Fleck; der Platz sei ganz schön ausgewählt. Aber gestern Abend sei im Nachbardorf große Aufregung entstanden – unseretwegen."

„Aufregung – unseretwegen?"

„Jawohl; ich wüßte doch, wie die Menschen seien, nämlich abergläubisch. Ein altes Mütterchen sei zu später Stunde noch auf dem Friedhof gewesen, dem einzigen Punkt, wo man vom Dorf her uns erblicken könnte, und da habe sie Lichter gesehen, gelbe und ein sehr unheimliches rotes."

„Aha, die Schlußlaterne."

„Da sei sie ganz erschrocken zu den Nachbarn hingerannt und hätte noch ein paar alte Weiber mobil gemacht – männlichen und weiblichen Geschlechts. Die seien denn auch zum Friedhof gegangen, und ein großes Gruseln habe angefangen. Über die Gräber hinweg habe man die weißen Wiesennebel wogen und mitten darin das gespenstische rote Licht – (die gelben seien schon erloschen gewesen). Da habe ein Flüstern angefangen, und einige hätten gebetet für die arme Seele, die keine Ruhe finden könnte, denn es sei einst einer erschlagen worden an dem Weidebrunnen.

Er, der Gendarm, sei leider auf einem Dienstgang gewesen und habe die ganze Sache erst heute früh gehört, sonst hätte er natürlich schon in der Nacht eine Untersuchung angestellt."

Jetzt lachen wir beide, der Gendarm und ich.

Es ist wie eine Geschichte aus meiner Lausbubenzeit: Damals habe ich im Spätherbst, wenn die Runkelrüben reif wurden, von den Feldern meines Vaters aus das Nachbardorf oft mit Gespensterfurcht erfüllt. Ich höhlte ein paar große Rüben aus, schnitt Mund und Augen in sie ein, erleuchtete die Popanze mit Kerzenstummeln und setzte sie den Vogelscheuchen als Köpfe auf. Es sah wirklich sehr unheimlich aus, so daß ich manchmal selbst erschrocken bin vor meinen eigenen Gespenstern.

*

Vierundzwanzig Stunden dürfen wir hier bleiben; zum ersten Mal ankern wir mit amtlicher Erlaubnis.

Nachmittags mache ich zu Fuß eine kleine Expedition in das Kaiserstuhlgebirge. Von Kind auf hat es meine Phantasie bewegt: hier soll die wärmste Gegend Deutschlands sein, hier sollen Orchideen wachsen und andere Pflanzen, die es sonst nirgends in unserer Heimat gibt.

Ich durchwandere Dörfer, die schmal und lang gestreckt in Bergfalten sich aufwärts ziehen. Als wollten die Menschen ihre Wohnungen verbergen, so dicht sind die kleinen Häuschen mit Wein und Glyzinien berankt; kaum lugen noch die Fensteraugen durch die Brauen der Blütenbüschel. Bäche durcheilen die grobgepflasterte Gasse, stauen sich in langen Sandsteintrögen, die das Vieh umdrängt; durstig recken hellhäutige Kühe die langen Hälse, Wolken von Fliegen und Bremsen umschwärmen sie.

Die angeschirrten Ochsen, die mit schlingernden Leibern Schritt für Schritt die hochbeladenen Futterwagen ziehen, tragen große Kleebüschel zwischen den Ohren am Geschirr befestigt. Angenehm mag ihnen der süße Duft in die Nüstern steigen, die Blätter kühlen ihnen die breite Stirn, und die schwankenden Blüten scheuchen Fliegen von ihren Augen.

Die Dörfer, das phantastisch aufgezäumte Zugvieh, die Menschen mit ihren hohen, spitzen Strohhüten, mit ihren nackten, tiefbraunen Armen. Alles macht einen südlichen Eindruck.

Eine starke Wärme entströmt den Steilhängen, als sei der Berg von innen her geheizt. Dreißig Grad im Schatten haben wir – und schreiben den 30. April! Vielleicht bin ich zu wenig Botaniker, um Orchideen und andere Wunderpflanzen zu erblicken. Aber der Anblick der Farnkräuter ist wunderbar genug: wie ihre Blätter eingerollt sich langsam aufkrümmen, animalisch wie Würmer. Wie sehr sehen sie doch Bischofsstäben gleich. Eidechsen einer großen, grün und gold schimmernden Art sonnen sich auf Steinplatten. So flach wie möglich breiten sie sich aus und liegen reglos, nur die hornumrandeten Augen funkeln wie Edelsteine, und der Kehlsack bläht sich rhythmisch; es ist, als pumpten sie sich damit Wärme ein. Jählings, ohne Übergang, huschen sie plötzlich davon mit einer unglaublichen Beschleunigung. Sekundenlang zittern noch die Wolfsmilchbüschel in ihrem Kielwasser.

Ich schiebe eine Hand tief in die warme, feuchte Erde: ein fast unheimliches Gefühl, als griffe man in Lebendiges, es saugt, es drängt sich brutwarm an die Haut. Ich kann es nicht lange aushalten, es ist, als müßten die Finger drinnen Wurzeln schlagen, ließe ich sie zu lange in diesem Leib der Fruchtbarkeit.

Von Wärme wohlig betäubt zwischen den Steinen liegend fühle ich mich für Augenblicke in die Urzeit zurückversetzt. Ich brauche ja nur die Maßstäbe zu verhundertfachen – dann sind die Schachtelhalme, die über mein Gesicht sich recken, dann sind die Wolfsmilchbüschel und die Farren, Riesenwälder der Kohlezeit, und Heuhüpfer, Eidechsen und Ameisen kämpfen als Saurier darin ihren wilden Daseinskampf.

Es ist ein Traumtag heute, und es ist gut, daß es so ist. Die Arche darf sich nie vom Alltag gänzlich überwuchern lassen. Wenn Sorgen uns übermannen wollen, die Menschen nicht verstehen können, die Milchmann und Fleischer um die Ecke wohnen haben und womöglich gar ein Bankkonto; dann schalten wir einfach einen Traumtag ein, und alles bekommt ein neues und phantastisches Gesicht.

Die meisten Menschen träumen viel zu wenig. Sie behaupten, sie hätten keine Zeit dazu, und so ertränken sie ihre Seele in äußerlicher Vielgeschäftigkeit. Ist es nicht seltsam, daß die größten und abenteuerlichsten Expeditionen unserer Zeit, ausgerüstet mit allen Hilfsmitteln der Technik, oft ein so auffallend mageres Ergebnis haben, mager nicht an Wissenschaft, sondern an Erleben?

Nicht Strapazen, sondern Hetze und Materialismus haben die Schuld daran. Man erreist sich die Fremde nach einem Fahrplan, beinahe schon nach der Stoppuhr, statt den Menschen in sich zu erreisen. Man hat eine Unmenge von Apparaten um sich herum, man geht ganz auf in ihrer Anwendung und Pflege: die Apparate sind es, die die Natur beobachten und registrieren, nicht mehr der Mensch.

Fast alle Spannkraft dieser Reisenden sammelt sich darum, ob die Automobile durchhalten, ob das Flugzeug nicht kaputt geht, ob die Filmapparate laufen, ob der Film sich rechtzeitig entwickeln läßt, ob das Geld auch reichen wird. – Und so kehrt man dann heim, beladen mit „Material", aber ausgebrannt innerlich und leer. Die Zuschauer im Kino erleben die Wunder Afrikas – jene, die den Film gemacht haben, fühlen sich zerrauft wie nach einem peinlichen Verhör.

Nein, die Arche soll keinen Fahrplan haben, und keine großen Abenteuer gibt es von ihr zu berichten. Aber das, was sie erlebt, soll stark sein und echt.

Sechzehntes Kapitel
Spukhafte Gewitternacht

Am 1. Mai um die Mittagszeit nehmen wir Kurs auf Rastatt, so nah wie möglich am Rhein entlang.

Ich glaube, man kann die ganze Welt bereisen und trifft doch kein so festliches Land wie Deutschland an diesem Tag. Dörfer und Städte haben sich geschmückt wie Bräute, junge Birken umrahmen die Haustore als sei überall Hochzeit. Auf dem Marktplatz ist der Maibaum aufgerichtet; ein Wetteifer ist entbrannt zwischen den Ortschaften um den größten Baum, am schönsten geschmückt mit bunten Bändern.

Als sei das ganze Volk in einem Festzug begriffen, so wimmeln die Straßen von Lastautos und Omnibussen voller Menschen. Sie gleichen rollenden Lauben, lachende Gesichter lugen aus dem Grün. Selbst die Radfahrer haben Kränze von Butterblumen durch die Speichen ihrer Räder geflochten. Die Jungmannschaft der Dörfer reitet hoch auf schweren Pferden, die an die Turnierpferde der Ritterzeit erinnern. Die roten Röcke der alten Bauerntrachten leuchten, die blanken Knöpfe funkeln. Wie farbig ist das Leben geworden, seit der Bauer wieder auf seine eigne Art sich trägt in einer stolzen Haltung, wie seit Jahrhunderten nicht mehr. Auf Schritt und Tritt begegnen uns ergreifende Einzelheiten: Bahnschranken mit Blumen geschmückt, Frauen, riesige Bündel von Birkenlaub freischwebend auf den Köpfen tragend, Autos über und über mit Flieder und Feuerblumen bedeckt, Umzüge mit wehenden Fahnen und Bannern. Wein wird aus blauen Steinkrügen auf offner Straße ausgeschenkt, und überall in den stillen Heckenwegen, den Weinbergen, den Feldern wandeln die jungen Paare Hand in Hand und haben sich lieb.

Der 1. Mai, das ist keine amtlich verordnete, befohlene Feier, sondern die auferstandene Hoffnung des ganzen Volkes, das den Frühling begrüßt und den Anbruch einer beßren Zeit.

Zur Linken ragt jenseits der Rheinbrücke von Kehl das Straßburger Münster auf; weitaus der bedeutendste Blickpunkt der ganzen Ebene. Der Turm wirkt wie eine große Nadel, die ein flachgespanntes Tuch durchsticht. Lange scheint der Turm an unsrer Seite mitzuwandern, eine ähnliche Täuschung, wie sie auch die Sonne und der Mond erzeugen.

Nie ist mir Grenzland so klar geworden wie damals, als ich in der tiefen Herbstfarbendämmerung dieses ungeheuren Münsters die zweisprachigen Beichtstühle sah. Ich war vor einem Jahr mit dem Wagen auf dem Weg nach Paris; der französische Beamte jenseits der Drahtverhaue auf der Rheinbrück fragte mich, ob ich im Krieg Offizier gewesen sei – ich sähe so aus.

Ich verneinte.

„Dann sei es ja gut – als ehemaliger Offizier hätte ich den Wagen nicht durchs Elsaß fahren dürfen."

„Warum denn nicht?"

„Ja, nach dem Kriege von 1870 hätten die Deutschen für französische Offiziere ein derartiges Verbot erlassen gehabt, und das sei nun die Revanche dafür."

Wann werden die Völker aufhören, so kindische Vergeltung aneinander zu üben bis ins dritte und vierte Glied?

*

Eine Gewitterwand steigt auf im Westen, steigt drohend über den Münsterturm und ballt sich schwarz; schwefelgelb sind ihre Ränder. Sie beginnt uns zu verfolgen.

Ich beschleunige die Fahrt, der Münsterturm bleibt langsam zurück, taucht endlich ein in die Pappelreihen der Rheinufer.

Immer drohender wird die Luft, wir geben Gas, wir fliehen, aber das Gewitter ist schneller als wir. Schon durchzuckt Wetterleuchten die schwarze Wand, mächtige Staubwolken wirbeln die ersten Windstöße. Die Menschen flüchten in die Dörfer, die Hühner eilen im Laufschritt ihren Ställen zu, die kleinen Vögel ducken sich in Hecken und plustern sich auf. Pferde werden scheu, bäumen sich mit schnaubenden Nüstern vor dem Wagen, gehen durch; breitbeinig stehen die Bauern auf den ratternden Leiterwagen, die Zähne zusammengebissen, den Oberleib zurückgeworfen, gegen die straffen Zügel gestemmt. – Jetzt heißt es aufpassen beim Fahren, auch für mich; die Arche läuft mit 70 km Schnelligkeit, mehr darf ich nicht wagen, sonst schlingert sie zu stark. Ich habe Frau und Kinder mit nach vorn in den Packard genommen, damit sie sich nicht schutzlos fühlen; Pieps schläft.

Wie Vorboten der Blitze so jagen Schwalben, niedrig fliegend, vor dem Kühler her; beweglich wie Degenklingen zucken ihre Schwingen.

Schneller als sonst bricht die Nacht herein, wie Sterne leuchten die Obstblüten, scharf abgehoben gegen die dunkle Wand. Durch einen riesigen Garten fahren wir, durch endlose Obstplantagen, durch die schmalen Teppiche der Tabakfelder, durch die Deichlandschaft der Spargelkulturen, durch Hecken des Beerenobstes. Unter den Dächern der Häuser hängen in dicken Bündeln die Maiskolben der letzten Ernte.

Näher und näher rücken die Schwarzwaldhöhen, und immer zahlreicher und größer werden die Wegweiser, die nach Baden-Baden zeigen; sie haben eine überredende, saugende Kraft, es ist, als könnte man gar nicht dort vorbeifahren.

Die Gewitterluft hat mich mit Nervosität geladen; ich weiß, daß Toms sich vor den Blitzen und dem Donnern fürchtet; in einem unklaren Wunsch, ihr Sicherheit zu bieten, bin ich unwillkürlich eingebogen in Richtung Baden-Baden. Da sind schon Bühl und Iffezheim: Zum Donnerwetter, ich will ja nicht nach Baden-Baden! Soll die Arche etwa vor der Spielbank parken oder vor Brenners Kurhotel? Nein, da gehören wir nicht hin, wir müssen auszuweichen suchen.

Die ersten schweren Tropfen fallen dröhnend schon auf unser Dach. Der erste Donner grollt, gefangen zwischen Schwarzwaldhöhen. Mit einem Schlag, als würde ein Licht ausgeschaltet, ist die Luft ganz schwarz geworden: Regenfäden, ein Gewebe so dicht, daß man knapp 50 Meter weit sieht. Schwarz ist die Straße, die Bäume spiegeln sich in ihr, als seien sie verdoppelt.

Der Pieps ist aufgewacht und wimmert, es wird hohe Zeit, daß er sein Abendbrot bekommt, wir müssen in den nächsten zehn Minuten unsern Ankerplatz erreichen.

Ich bin in einen Nebenweg eingebogen, weil er in einen Wald hineinführt. Laut rauschen über uns die Baumkronen, wie Hagel prallen die Tropfen auf das Laub. Hier bleiben wir.

Aber: was ist denn das für ein sonderbarer Wald? Was für fremdartige, schöne Bäume? Mächtige Tujas, Araukarien, Edeltannen und Platanen. Was ist das für ein wundervoll geschorener Rasen auf dem Grund? Wie gepflegt sind die Wege, geharkt, mit gelbem Kies bestreut!

Eine unheimliche Ahnung dämmert mir: „Toms, wir sind in den Baden-Badener Kurpark hineingeraten!"

Sicher ist hier für Automobile und ganz besonders für Archen alles streng verboten. Sicher lauert ein Parkwächter hinter jedem zweiten Baum, sicher wandeln überall die eleganten Kurgäste. – Nur das Gewitter hat sie jetzt vertrieben.

Aber Toms, in Sorge um ihr Kind, voll Angst vor dem Gewitter, erklärt: „hier bleiben wir". – Und während ringsum Blitze zucken, Donner grollt, Nacht und Regen jede Sicht versperren, versuche ich etwas ganz Unmögliches: ich will die Arche verstecken. Die Arche verstecken im Kurpark von Baden-Baden! – Genau so hätte ich versuchen können, einen weißen Elefanten im Berliner Tiergarten zu verbergen.

Ich wähle einen Reitweg, in der Annahme, daß da wenigstens keine Fußgänger kommen würden. Er verläuft zunächst durch einen lockren Buchenhain, biegt dann in ein Gebüsch von Jasmin – eben hoch genug und eben dick genug, uns gegen die Straße hin zu decken. Schwer duften die Blütensterne, von beiden Seiten pressen sie sich gegen unsre Fenster an. Stockdunkel ist es geworden, wir entzünden die Lampen. Wir verhängen die Fenster mit Decken, damit kein Schimmer durchdringt. Wir fühlen uns wie Gefangene auf der Flucht. Es darf uns jetzt niemand vertreiben. Die Kinder werden gefüttert, gewaschen und zu Bett gebracht. Alles in drangvoller Enge, weil wir nicht einmal die Tür zu öffnen wagen. Sie schlafen. – Gott sei Dank!

Toms und ich atmen auf; Blitz und Donner haben nachgelassen, nur das Wetterleuchten durchflammt noch den ganzen Himmel, und der Regen strömt und dröhnt in schnellen Wirbeln auf unser Dach.

Wir werden frech wie Spitzbuben nach einem gelungenen Streich: „Komm Toms, wir duschen draußen!"

Wir laufen über die Wiesen; entkleidet rollen wir uns im nassen Gras und treten an den Saum der Baumkronen, von denen Regen wie aus Traufen trieft: Herrliche Dusche, herrliche, wilde Gewitternacht! Die Erde singt und zischt, so stark saugt der Boden die Nässe ein. Der Wald macht ein Geräusch wie ein durstiger Mund, der schlürft.

Abgerieben, die Haut brennend vor wohliger Wärme, und wieder angezogen, haben wir nicht die geringste Lust zu Bett zu gehen. Der Regen verebbt, es wird eine schöne Nacht, der Mond wandert durch zerrißne Wolken, stark duftet der Jasmin.

Da klingen aus der Ferne Trommelwirbel und Fanfaren: Raketen steigen auf, streuen feurige Blumensträuße in den Himmel, silberne Wasserfälle, Feuerkugeln. Flammen lodern auf den Gipfeln unsichtbarer Berge: Im Kurpark wird der 1. Mai gefeiert.

Eine unbezähmbare Neugierde erfaßt uns. Wie Diebe schleichen wir uns näher, vorsichtig sichernd und immer wieder rückwärts blickend nach der Arche. Wenn wir sie nur wieder finden. –

Mit einem Male glühen Lichter durch das dunkle Laub und werden mehr und mehr bei jedem Schritt, grüne, rote, gelbe, blaue Lampions wie große Früchte an den Bäumen hängend. Der Park ist verzaubert; Musik ertönt, leise, tänzerische Rokokomusik wie aus einem Elfenhügel hervor, und – wahrhaftig: da sind Elfen!

Sie tanzen auf dem Rasen, kleine, zarte Gestalten, schwerelos schwebend, in weiße Schleier gehüllt. Geheimnisvoller Lichtschein durchdringt wie aus Erdspalten hervor das Gras, rot wie Rubinen. Wir stehen atemlos, weit vorgebeugt, durch Büsche spähend; wir wagen uns nicht, dies ist Märchenland.

Die Elfen ziehen ihre Kreise, fassen sich an den Händen; in die Nebel ihrer

Schleier gehüllt, wehen sie durch die Girlanden von Licht, durch die Schatten der Bäume, ihre weißen Glieder schimmern im Sprung. Kein Laut, nur die leise Traummusik der unsichtbaren Geister.

Ich höre Toms zitternde Atemzüge und fühle, daß sie dem Märchen glaubt, daß sie wieder Kind geworden ist in diesem Augenblick. – Es soll ein Märchen für sie bleiben. Ich halte ihre Hand fest in der meinen; sie soll nicht näher gehen, nicht die Drähte sehen, an denen die Lampions hängen, nicht die rubinroten Gläser mit den Lichtern im Gras, nicht die Ballettmeisterin im Hintergrund, nicht die Kapelle hinter dem Gebüsch und nicht die Masse der Zuschauer, die als dunkler Hintergrund die Wiese säumt.

Schritt für Schritt ziehe ich sie langsam rückwärts in das Walddunkel, und die Musik verklingt.

*

Ich erwachte in aller Frühe, wie ich mir vorgenommen hatte; ich ließ die andern schlafen. Leise schloß ich die Archentür und kletterte in meinen Führersitz. Soeben ging die Sonne auf; Schatten und Sonnenflecken streiften den Reitweg, ein wirkliches Dschungellicht.

Hufschlag ertönte hinter mir; im Rückspiegel sah ich eine Kavalkade eleganter Reiter und Reiterinnen antraben, gerade auf die Arche zu. Die Pferde schnoben in den frischen Morgen, helle Frauenstimmen lachten wie kleine Glockenspiele. –

Ich ließ den Motor an und hielt den Rückspiegel im Auge. Die Kavalkade machte halt, die Pferde tänzelten nervös, ein Dutzend Augen starrten weitaufgerissen auf das Hinterteil der Arche.

Ich fuhr an; laut sang der Motor in den kleinen Gängen. Von links her kam ein Parkwächter gelaufen, einen Besen in der Hand. Es sah zu komisch aus, wie er versteinert dastand, den Mund weit offen.

Ich erreichte den Hauptweg. Der Parkwächter begann hinter uns herzulaufen und schüttelte immerfort die Faust.

Ich schaltete den großen Gang ein: „Lauf du nur, mein Junge!"

Baden-Baden schlief; das einzige Lebende war ein Verkehrsschupo, in strammer Haltung wies er uns die Ausfahrt nach Rastatt. Ich danke mit besondrer Höflichkeit.

SIEBZEHNTES KAPITEL

Durch den Pfälzerwald zur Mosel – durch die Eifel zum Rhein

Die Rheinpfalz ist eine gesegnete Landschaft. Zum ersten Mal sehen wir Wein in der Ebene, Weinfelder, die Ranken sorgsam an Drähten entlanggezogen, die straff über große Feldsteine gespannt sind. Im Schatten hoher Platanen fahren wir. Mit ihrer hellgefleckten, blätternden Rinde, mit ihren schlankspitzigen Blättern, die, bewegt im Wind, gezackte Sonnenflecken über die Straße tanzen lassen, geben sie der Landschaft einen Hauch von Südland. Im Hintergrund erheben sich die langen Wogen des Hardtgebirges. Die Ähnlichkeit ist tatsächlich täuschend; nie habe ich diese Berge in ganz klarer Luft gesehen, immer umschwebte sie ein bläulicher Nebelschleier; die Atmung der großen Wälder, die die Höhen bedecken.

Und wie die gezackte Schaumkrone auf dem Kamm der Woge, so türmen sich auf diesen Gipfeln die alten Burgen. Schartig geworden sind ihre Mauern, zernagt von den Jahrhunderten, und doch bewahren sie die alte Kühnheit, den alten trotzigen Stolz.

Ein Schimmer von Süden liegt auch über den Menschen; die Haut der jungen Winzer, die mit der bedächtigen Vorsicht guter Gärtner zwischen den Weinstöcken sich bewegen, erscheint dunkler und glühender als nur von unsrer Sonne gebräunt. Es steckt viel Römerblut in diesem alten Römerland.

Seltsame Gefährte begegnen uns: Karren mit Faß und Schlauch und motorisch angetriebenen Pumpen, kleinen Löschwagen der Feuerwehr sehr ähnlich: Spritzen für Kupfervitriol und andre Schutzmittel gegen die Schädlingen des Weins. An jeder Wegkreuzung ragt die Gestalt eines Gekreuzigten, oft in unheimlicher Symbolik nur angedeutet durch Hände und Füße. In den Dörfern, die oft so grün umrankt sind, daß man kaum die Umrisse der Häuser erkennt, liegen zwei Gewerbe in einer Hand, wie wohl nirgends sonst in Deutschland: der Weinwirt und der Bäcker. Urgemütliche kleine Kneipen, in denen es ebenso angenehm nach Wein wie nach frischem Weißbrot duftet. Tatsächlich passen sie gut zusammen: der helle Wein, das weiße Brot.

Von Landau klettert die Arche in die Berge; schon auf der Karte wirken sie lockend durch große, ununterbrochen grüngemalte Flächen, ohne menschliche Siedlungen. Und wirklich: wie der Wald uns aufnimmt, da ist es, als schlösse sich hinter uns ein Tor zum Tal, in dem die Menschen wohnen. Auf langer Serpentinenstraße ist das Pochen des Motors der einzige Laut. Auf einmal öffnen

Oben: Glücklich war ich, wenn ein Wasserschlauch zur Hand war – Ein Bauer melkt uns Milch vor der Archentür.
Unten: So gut trafen wir es selten: mit der Wasserpumpe gleich vor der Tür. – Die Rolle abends abzuseifen, war meine Sache.

sich die grünen Wände; auf dem Kamm einer mächtigen Woge schweben wir und blicken über ein Meer von anderen Wogen, stürmend in Licht und Schatten großer, eilender Wolken. Hier sind die herrlichsten Buchenwälder, die ich je erblickte. Wälder, so hell im Laub, so märchenhaft verzaubert, daß Sagen und Heldenlieder in ihnen lebendig werden.

Durch einen solchen Wald mag Siegfried geritten sein und, - ja natürlich: „Der Jäger von Kurpfalz".

Keine Siedlung, keine Menschenseele auf Meilen weit und breit. Rehe, noch immer grau in der Decke, wechseln schattenhaft still über den Weg, der Häher kreischt, der Kuckuck weckt das Echo, kleine Bäche murmeln aus Brunnentrögen im Schatten roter Sandsteinfelsen.

An einem solchen Brunnen, tief, tief im Wald, lagern wir. Lautes Schnauben und Schnobern weckt uns früh noch vor Tau und Tag. Unheimliches Geräusch: sollte es noch Bären geben? Vorsichtig schiebe ich den Vorhang auf: Pferde sind es, die am Brunnen trinken. Vor Langholzwagen sind sie geschirrt; drei, vier Gespanne halten hintereinander. Um Mitternacht sind die Holzknechte von fernen Dörfern aufgebrochen, beim Schein der Stallaternen sind sie durch den Wald gefahren zur Höhe. Sie brauchen den vollen Tag zur Arbeit und dann noch mal die halbe Nacht, bis sie daheim sind. Ein schweres Brot.

Sonderbar, wie die Neuzeit selbst in diese Berge dringt: Die Pferde zweier Gespanne sind schweißnaß und sichtlich angestrengt. Die Gäule der beiden anderen Gespanne sind so frisch, als seien sie eben erst aus dem Stall gekommen und haben doch die gleiche Last. Wie kommt das? – Ihre Wagen sind einmal Autos gewesen. Die Achsen wenigstens und die Räder sind Autoteile; auf ihren Kugellagern, mit ihrer Gummibereifung laufen sie weit leichter als die Wagen alter Art. Tote Autos können oft die sonderbarste Auferstehung feiern.

*

Ich habe in letzter Zeit so viel von mir erzählt, daß es hohe Zeit wird von Toms zu berichten.

Toms erlebt tagtäglich die wunderlichsten Abenteuer, denen man sämtlich eine gemeinsame Überschrift geben könnte: „Der kleine Toms und die große Natur."

Die beiden, Toms nämlich und die Natur, lernen sich auf dieser Archenfahrt zum ersten Mal richtig kennen.

Wir haben einen wundervollen Lagerplatz im Wellbachtal. Vor uns, am Berghang, weidet eine Herde des schönen, falben Pfälzer Viehs; es ist Mittag, warm brütet die Sonne, weit und breit ist kein Mensch zu sehen. Ich habe wieder einmal die Muttern der Federbriden an der Archen-Vorderachse nachzuziehen und liege, von Schraubenschlüsseln umrahmt, halb unter dem Wagen. Da kommt Toms, ganz keck und unternehmungslustig, zu mir, ein Milchkännchen in der einen Hand schwenkend und in der andern einen kleinen Schemel: „Unsre Milch ist sauer geworden, ich gehe mal eben zu den Kühen da drüben und melke sie ein bißchen."

Klirrend fällt mir der Schraubenschlüssel aus der Hand. Toms vernimmt aus der Tiefe unterm Wagen unartikulierte Laute, die sie aber zum Glück nicht zu deuten weiß: „Ja, schon gut Toms, geh mal ruhig hin, ich passe so lange auf die Kinder auf."

Mit einiger Anstrengung, das leichte Sommerkleid sehr hoch gerafft, überwindet Toms zunächst einmal den Drahtzaun zur Weide. Mit viel Glück und Ungeschick gelingt das auch, und nun strebt sie mit energischen Schritten zur Höhe, wo die Kühe weiden.

Toms hat natürlich nie im Leben eine Kuh gemolken, ja, es will scheinen, daß sie auch noch niemals eine Kuh so richtig angesehen hat, denn das was da oben weidet, ist Jungvieh.

Toms naht; die jungen Kühe haben die Köpfe aufgeworfen und sich Toms zugekehrt, in höchstem Grade interessiert: so komischen und optimistischen Besuch haben sie noch nie erlebt auf ihrer einsamen Weide. Toms verlangsamt ihren Anmarsch, wahrscheinlich sucht sie sich ein geeignetes Opfer aus; aufmunternde Koseworte dringen zu mir herüber: „So – bleib mal ruhig stehen – ich tu dir nichts. Ich will dich nur mal melken, das hast du doch gern nicht wahr?"

Jetzt ist die ganze Herde aufmerksam geworden. Die vordersten Tiere schnobern mit hellen, feuchten Schnauzen an Toms mutig ausgestreckten Händen. Die hinteren muhen und wollen auch den Toms sehen, und nun geschieht etwas, was Toms nicht erwartet hat:

Nämlich das Vieh drängt vor, schnaubend und schnuppernd mit mutwillig aufgeworfnen Köpfen und richtig angreiferisch mit den Hufen stampfend. Toms schwenkt die Arme wie ein Dirigent, der sein Orchester abzubremsen sucht: „Du! Du! Du sollst das nicht! Pfui, schäm dich! Nein, ich will's nicht haben!" und rückwärts weicht der mutige Toms, den Hang hinunter Schritt für Schritt.

„Aha", denken nun die Kühe, „dieser komische Mensch hat ja nicht mal einen Stock und scheint auch sonst ein minderes Exemplar." Sie drängen nach. Immer schneller läuft der Toms den Hang hinab, und immer schneller jagen ihn die Kühe, die Schwänze unternehmungslustig hochgehoben, und einige schon in plumpem Galopp mit gesenkten Hörnern.

Toms Schreckensschrei ertönt, das Milchkännchen klappert, das Schemelchen kollert zu Tal. Längst bin ich über den Zaun gesprungen, die Stahlstange des Wagenhebers in der Hand. Aber im Laufen muß ich lachen, trotz ernstlicher Gefahr für Toms: wie er da galoppiert mit gerafftem Röckchen.

Ein paar milde Hiebe über die Schnauzen brechen die Angriffslust: Friede zieht wieder ein auf der Weide. Toms kollern noch die Tränen über die Backen: „Ich hätte sie doch warnen sollen!"

Aber warum? Man soll den Menschen seine Erfahrungen mit der Natur möglichst allein machen lassen.

Jetzt müßte ich nun eigentlich den Packard ausspannen und ins nächste Dorf fahren, Milch zu kaufen. Seit es warm wird, ist das Sauerwerden der Milch ein richtiges Problem für uns. Da kommt ein Mann des Wegs mit einer Kuh, ein Viehhändler wie es scheint oder eher noch der Knecht eines Händlers, ein alter Mann mit vielfach geflicktem, rotweiß gestreiftem Arbeitszeug.

Kopfschüttelnd macht er bei der Arche halt, sieht den Pieps auf seiner Butterblumenwiese liegen, ein winziges Bündelchen, strampelnd, lachend, mit den Fingern nach den Hörnern der Kuh greifend, die sich schobend zu ihm niederbeugt.

„Ach so a kloans Bubele, so a herziges." – Der Alte pflockt die Kuh an der Archendeichsel an, geht ein paar Mal um den Pieps herum, kopfschüttelnd, als könnte er sich nicht genug verwundern.

„Frau, hast du einen Topf?"

„Einen Topf, wozu?"

„Zum Melken."

Toms, ohne zu ahnen, was das Ganze heißen soll, gibt einen Topf. Der Alte hockt sich vor die Kuh und melkt den Topf voll schäumender Milch.

„So, da hast du Milch, Frau, für dein Bubele, das herzige. Hab' auch ein Enkelkind, sechs Wochen ist's alt."

Toms nimmt die Milch, erstaunt, erfreut, innerlich unsicher, ob sie nicht doch Geld holen soll. Da macht der Alte eine unbeschreibliche Bewegung, die die Geldfrage abschneidet, ein für allemal: „Nein, ich kenn' die Wanderschaft – ich weiß, wie die Fremde tut, ich tu's für's Bubele. Daß du mir ja gut aufpaßt, Frau, auf's Bubele!"

Wie großherzig ist die Armut, wie wundervoll weiß der zu schenken, der Not kennt. Auch das gehört zu der Natur, die Toms erst richtig kennen lernen muß: das große Herz des Volkes.

*

Mit heißen Bremsen und stotterndem Motor (dessen Kerzen verölt sind von der langen Talfahrt im ersten und zweiten Gang) stoßen wir vom Obsburger Hochwald nach Trier hinunter.

Dort steht die Arche auf dem Marktplatz, abgeschlossen, von viel Volk umringt, sorgsam bewacht von einem bärtigen Polizeibeamten, der zur Feier unsrer Ankunft frischgebügelte weiße Hosen und eine enorme goldne Helmspitze angezogen hat.

Neugierig bin ich ja, was der Brave sagen wird, wenn demnächst der Pieps mit seinem Gebrüll loslegt und ihm klar wird, was er eigentlich bewacht: Toms, Rolle und ich können jedenfalls beruhigten Herzens einkaufen gehen.

Zwei Dinge gibt es in Trier, an denen ich einfach nicht vorbeigehen kann: das eine ist die „Porta Nigra", das andere ein vor Altersgicht ganz schiefgezognes Haus mit Bogengängen, deren Säulen wohl aus Römerfundamenten wachsen. – Von ihm wird noch die Rede sein.

Die „Porta Nigra" ... Sie ist das größte Römerbauwerk außerhalb Italiens, aber es ist nicht die Wucht der Masse, die mein Herz klopfen machte so oft ich durch das Tor gegangen bin, ein Herzklopfen, das sich nicht gewandelt hat seit meiner Kinderzeit. Es ist das unheimliche Schwarz dieses Steins, seine labyrinthische Gestalt und die Kraft der Bezauberung, die von ihm ausgeht.

Steht man vor der Porta, so erscheinen die Automobile, die vorüberfahren, die Menschen, die Telegraphendrähte, die neuern Häuser völlig wesenlos. Es ist etwas Großes, an einem Punkt zu stehen, von dem aus einst die Welt bewegt worden ist; Trier, zweit Hauptstadt des Römerreichs, ist ein solcher Punkt, und die Porta ist das Herz von Trier.

*

In das Haus mit den Bogengängen gehe ich lieber allein, denn wenn Toms ahnen würde, was ich vorhabe ...

Es ist ein Weinkeller, einer der ältesten, die wir in Deutschland haben. In tiefer Dämmerung lagert Faß an Faß, Licht fällt durch Fensterläden an der Decke; wie ganz fernen, schwachen Donner hört man den Verkehr. So still ist es hier unten, daß man den Most in seinen Fässern blubbern hört und den eintönigen Fall der Tropfen von irgendeinem Zapfhahn. Ich sitze auf einem zum Sessel ausgeschnittenen Faß, und tiefer Friede zieht in meine Seele ein, wie der Küfer mit der großen Lederschürze mit bedächtig Probe auf Probe reicht, vom Wein der Saar, der Mosel und der Pfalz. Nicht die bekannten Namen und Jahrgänge suche ich, sondern die unbekannten Bauernweine, von denen es Hunderte gibt und deren Mengen nur zu klein sind, um einen Markenbegriff zu schaffen. Sie sind die Spezialität dieses Hauses, und köstliche Funde kann man unter ihnen machen.

Ich habe ihn. Er ist – ganz unbeschreiblich ist er[7], er prickelt auf der Zunge, er duftet, er schmeckt wie der erste, süße Kuß.

In eine mächtige grüne Korbflasche füllt ihn der Küfer, zehn Liter, ein stattliches Gewicht: „Wohin er schicken sollte?"

„Schicken? – Beileibe nicht!" Und sorgsam wie ein Baby nehme ich den Demijohn in meine Arme.

Toms wird sagen, daß ich ein Verschwender sei.

„Toms, du hast keine Ahnung! Zehn Liter Wein kosten kaum mehr als zehn Liter Benzin. Zehn Liter Benzin bringen uns knapp fünfzig Kilometer weit. Zehn Liter Wein aber – die führen uns schon fast bis in den Himmel!"

*

Auf uralten Militärstraßen der Römer fahren wir durch die Eifel, Deutschlands geheimnisvollstes Gebirge. So grade, wie der Vogel fliegt, schneiden diese Römerstraßen über Berg und Tal, ein Ausdruck der Macht und ein Ausdruck der Furcht zugleich. Wie wild, wie drohend muß dies Vulkangebirge den römischen Legionären erschienen sein. So schnell als möglich marschierten sie von Trier zu den Kastellen des Rheins, Furcht im Nacken, vor den Speeren, die aus der dunklen Wand des Waldes fliegen konnten, jeden Augenblick gewärtig, wilden Schlachtruf zu vernehmen und dumpfen Hörnerschall.

Da war es gut, klare Sicht voraus zu haben und keine Wegbiegungen, daher rühren denn auch die außerordentlichen Steigungen und Gefälle. Manchmal wird wir angst und bange, wenn die Straße wie ein Scheitel über den Berg schneidet und die Arche vor dem Steilhang steht wie eine Fliege an der Wand. Oft geht es nur mit Anlauf; dann packe ich Frau und Kinder in den Schlepper, gebe Vollgas, daß die Arche schlingert wie ein Beiboot hinter einer Yacht – 80 km zeigt der Geschwindigkeitsmesser, und nun kommt der Berg: Wir beißen die Zähne zusammen, Toms ballt sogar die Fäuste vor lauter Spannung. Laut hämmert der Motor, immer langsamer wird die Fahrt. Blitzschnelles Schalten: wie eine Dynamomaschine singt sich der Motor in den kleinen Gängen hoch. Noch immer will die Wand kein Ende nehmen; schon fahre ich Zikkzack, um die Steigung zu ermäßigen. Wenn nur kein Fahrzeug jetzt entgegenkommt! Braver Motor: jetzt dröhnt er, als sollte er zerspringen; im Geist sehe

---

[7] Wohl eine Anspielung auf die berühmte Geschichte des Augsburger Prälaten Johannes Fugger, der im Zuge des Investiturstreites 1111 nach Rom reiste und seinen Diener Martin vorausschickte, um nach geeigneten Weinen Ausschau zu halten. Dieser kritzelte ein „Est!" („Hier gibt es!") an die Türen der Tavernen mit dem besten Trunk. In Montefiascone, was zu Deutsch so viel wie „Flaschenberg" bedeutet, malte er „Est! Est!! Est!!!" an eine Pforte. Der Prälat blieb und trank den Muskateller bis er starb und ward ebendort bestattet. Den Wein gibt's noch heute, und er erfreut sich immer noch großer Beliebtheit.

ich die Ventilfedern auf- und niederzucken, die Kolben und das spritzende Öl im Kurbelgehäuse. Wenn er nur durchhält!

Schon spähe ich nach großen Steinen aus, die man im Notfall unter die Räder legen könnte, schon macht sich Toms klar zum Abspringen, da mäßigt sich die Steigung, die Tourenzahl wächst, der Motor schöpft Atem: die Höhe ist erreicht.

Berg folgt auf Berg; Pieps kann von Glück sagen, daß er vorn bei uns ist: den sausenden Talfahrten sind meine besten Befestigungen in der Arche nicht gewachsen, die Petroleumkanne hat sich mit zwei Kochtöpfen in die Koje des Babys hinabgestürzt.

Natürlich muß bei solchem Fahren mehr als einmal Kühlwasser nachgefüllt werden. Wie wir bei einer Quelle halten, die frisch aus dem Felsen brechend über unsre Straße rinnt, koste ich das Wasser, mehr durch Zufall als durch Durst, und siehe da: es schmeckt wundervoll nach Eisen und kitzelt den Gaumen: eine Mineralquelle. Von jetzt ab erproben wir jede Quelle – und es gibt ihrer viele im Vulkangestein; fast alle sind mineralisch und von verschiedenstem Geschmack. Die Rolle fühlt sich wie im Schlaraffenland.

Wäre es Sommer, wir würden monatelang hier bleiben. Herrlich einsam sind diese Höhen, wahre Hexentanzplätze, auf denen ernst und mönchisch die Wacholderbüsche stehen, und Seen füllen die Krater der erloschenen Vulkane, Maare genannt, klar und tief wie große Kristalle.

Wir lagern diese Nacht am Pulvermaar und sehen von großer Höhe die Forellen springen und Wildenten ihre silbernen Kielwasser ziehen.

Aber kalt sind die Nächte.

Toms erwacht schlotternd um Mitternacht, und ich muß heizen, obwohl zur Mittagszeit die Steine glühten.

Nein, wir haben ganz genug vom Winter; wir nehmen Kurs auf das zweite, wärmere Vulkangebiet, dem Rhein zu und dem Laacher See.

Achtzehntes Kapitel
Viel Unglück und viel Glück am Laacher See

Nie kann ich müde werden, das Leben der Landstraße zu beobachten. Es ist ein großartiges und ewig wechselndes Schauspiel; es liegt nur an der eigentümlichen Blindheit, von der so viele Menschen und besonders Autofahrer befallen sind, daß sie so wenig davon erleben. Sie sind die Sklaven ihrer Maschinen, statt Herren zu sein. Sie haben Wagen, die 100 km in der Stunde fahren können, und halten es für Verschwendung, das kleinste bißchen Schnelligkeit zu verschenken. So wird ihnen jede Fahrt zur Wettfahrt mit andern Untertanen der Maschine oder mit der Zeit. Ihr Blick haftet wie mit Scheuklappen gerichtet am Straßenband, an dem Tunnel der Chausseebäume, höchstens schielen sie noch nach dem Geschwindigkeitsmesser nebenbei.

So kommen sie denn auch meist nur zu Zielen, die sich von ihren Ausgangspunkten wenig unterscheiden. Man vergleiche die Fülle der Parkplätze beliebter Ausflugshotels mit der fast völligen Leere der Seitenstraßen, die auf der Landkarte nicht mit dickem Rot eingezeichnet sind.

Ich habe nichts gegen hohe Geschwindigkeit, im Gegenteil, sie kann ein herrlicher Rausch sein. Aber ich habe viel gegen die krampfhafte Schnelligkeit der Hast, gegen eine Betriebsamkeit ohne Schau.

Wie die Arche die Eifelhöhen hinuntergleitet mit fast lautloser Maschine, nur in das Sausen des Fahrtwinds eingehüllt, vergleiche ich unwillkürlich diese Landstraße mit der von einst.

Ich bin heute 33 Jahre alt. Die ersten Radtouren machte ich als Junge von 10 Jahren. Damals waren die Landstraßen in Deutschland fast ohne Ausnahme nur mit Wasser gebunden. Jedes schnelle Fahrzeug brauste in einer Wolke von Staub dahin, aber es gab ihrer wenige; die Landstraßen waren verödet, leer.

Auf den Autotouren, wo mein Vater mich zuweilen mitnahm, mußte alle Stunden gehalten werden. Dann stieg der Chauffeur aus und begoß die Reifen mit Wasser; sie vertrugen keine Hitze. Oft sperrten Schranken die Straße, an denen wir Straßenzoll oder Brückenzoll bezahlen mußten, Wenn wir eine größere Reise unternahmen, mußten vorher Benzinfässer an die Punkte beordert werden, wo wir tanken wollten. In Italien mieteten wir einen Hilfschauffeur, der draußen auf dem Trittbrett hockte mit der einzigen Aufgabe, die große Messinghupe zu bedienen, die aussah wie ein Waldhorn.

Es kam die Nachkriegszeit, wo unsre Landstraßen Ketten von nie endenden

Schlaglöchern waren. Ihr einziges Verdienst war, daß sie das deutsche Kraftfahrzeug konstruktiv weiterbildeten zum geländegängigsten und widerstandsfähigsten der Welt.

Und jetzt das große Erwachen, der brausende Frühling der Landstraße! Überall queren die Spruchbänder der Baustellen unsern Weg, und schon von fern erkennen wir die Arbeitskolonnen, fast alles junge Menschen; mit nackte Oberkörpern schwingen sie die Hacken in den klirrenden Schotter, stemmen sie die muskelstarken Rücken gegen die Kipploren; wie blankes Kupfer schimmert die sonnenbraune, schweißnasse Haut. Und überall wühlt der Straßenhobel die alten Steinbetten auf, Straßenwalzen rollen ihre gewaltig breiten, eisenblanken Räder über knirschenden Kies; Teer sprüht aus Düsen und glänzt wie Lack in der Sonne. Sprengschüsse hallen, die Wolken der Explosionen steigen auf, wo Berghänge Raum geben müssen. Dämme überqueren tiefe Täler, weiße Betonbrücken schwingen sich Bogen an Bogen über Flüsse, wo einst langsame Fähren auf uns warteten. Gewaltig rumoren die Mischtrommeln für Zement, es lodern die Feuer unter den Teerkesseln. Feldmesser wandern mit Stangen und mit Wasserwaagen, Lastautos keuchen heran mit Kies beladen; von den Steinbrüchen der Berge gleiten in endloser Kette die Tröge der Seilbahnen. Am Abend sehen wir die Lichter aus den hölzernen Baracken schimmern und hören den Gesang der jungen Arbeiter; an Ketten roter Lampen fahren wir die Baustellen entlang. Ja an vielen Stellen arbeiten sie auch des Nachts im geisterhaften weißen Licht der Bogenlampen, durch das der Rauch der Feldbahnlokomotiven weht.

Es stärkt und es erhebt das Herz, die junge Mannschaft an diesem großen Werke zu sehen.

Erinnern wir uns daran, wie nackt und kahl noch vor einem Jahr die Arbeitslager aussahen mit ihren behelfsmäßigen Baracken oder notdürftig auf verfallnen Gütern, Schlössern und Fabriken untergebracht?

Ist es nicht fast ein Wunder, sie heute schon in Blumen und in Grün gebettet zu sehen, mit selbstgegrabnen Brunnen, mit selbsterbauten Elektrizitätswerken, mit vorbildlichen Küchen, Bädern, Sportplätzen und Schlafsälen, alles aus eigner Kraft errichtet?

Beobachtet die Dörfer, die Güter, die Bauernhöfe: Überall ist Großes mitten im Werden; da wandert der neue Trecker über den Acker, dort klappert die nagelneue Dreschmaschine, farbenfreudig rot und blau. Ein Silo wird errichtet, der eine Umstellung des ganzen Betriebs bedeutet, die geklinkerten Bretterwände einer neuen Scheune werden aufgenagelt, daß die Drahtstifte singen. In der neuen Molkerei werden die Maschinen installiert, die Versuchsfelder tragen die Schilder der verschiedenen Saaten und Düngestoffe.

All das gehört zu dem prachtvollen Schauspiel der Landstraße, zu dem Wunder des Erwachens unsres Volkes; es ist eine große Zeit.

*

An den langen Mauern des Klosters Maria Laach fahren wir vorbei und suchen einen Zugang zum See, aber alle fahrbaren Wege tragen das Drei-Punkt-Zeichen. Laienbrüder sind beim Heumachen auf den Wiesen; das Bild, wie die langen braunen Kutten Gabeln und Rechen schwingen, gibt einen Begriff von der Kolonisationsarbeit der Klöster im Mittelalter. Sie passen gut zusammen: der stille, weite See, das ernste Grün der Wiesen, der Wälder und die ernsten, aufrechten Gestalten der Mönche, das Bärenbraun der Kutter, die bleichen Gesichter, die langen Bärte. Viele Nachtwachen und viele innere Kämpfe haben die Züge dieser Männer geprägt; sehr still, sehr in sich gekehrt ist der Blick der Augen. Ich frage nach dem Weg -: höflich, präzise gibt man mir Auskunft – aber die Augen bleiben nach innen gewandt, sie sehen nicht in diese Welt; ein etwas unheimlicher Eindruck.

Am Rand des Hochwalds finden wir einen Weg, er führt am Ufer entlang unter mächtigen Buchen und sieht fast aus, als ob man ihm die Arche anvertrauen könnte. Toms – mein Beiboot, das ich immer aussetze, wenn es einen Ankerplatz zu finden gilt – hat klargewinkt, und bedenkenlos holpert die Arche über große Wurzeln an den Busen der Natur.

Weiter und weiter läuft Toms voraus, ganz aufgeregt, weil ein Platz schöner als der andre ist und immer noch näher am See: und da sitzen wir auch schon fest an einer Sumpfstelle zwischen riesigen Wurzeln, die wie Wälle uns den Weg verlegen. Auf Waldwegen kann man seine Wunder erleben, wenn man mit 4000 kg Gewicht darüber rollt!

Kind und Kegel werden ausgepackt und an den Strand verfrachtet, die Lage der Arche macht mir keine Sorge; wir wollen hier eine ganze Weile bleiben und haben Zeit, sie langsam wieder auszugraben. Viel wichtiger ist es jetzt, den Packard loszukoppeln und damit nach Andernach zu fahren, denn Andernach ist unsre langersehnte Poststation.

Es ist jedes Mal eine recht lange Liste von Besorgungen, die Toms mir mitzugeben hat; ich hatte früher nie eine Vorstellung davon, was eine vierköpfige Familie an Lebensmitteln und an Waren braucht. Ich schätze, es muß ungefähr ein Zentner sein, den ich allwöchentlich heranzuschleppen habe.

Aber es macht so viel Freude, für Proviant zu sorgen und nicht nur das Bestellte mitzubringen, sondern auch das Unerwartete: eine Büchse mit Keks etwa oder die ersten Kirschen, oder, in ganz seltnen Fällen, Torte aus der Konditorei.

Und dann die Post! Beinahe mit Herzklopfen trete ich an den Schalter und suche schon unter den Fächern nach dem Buchstaben H und nach bekannten Briefumschlägen. Nicht ohne Mühe findet der Beamte sich zurecht unter den vielfach durchgestrichenen und umgeschriebenen Adressen. Was für ein Bündel sich doch anhäuft in drei Wochen, sogar Pakete und angenehme rosige Formular einer Postanweisung.

Es ist fast wie Geburtstag, aber ich will die Freude nicht allein haben, so schnell wie möglich fahre ich zu Toms zurück.

Schon von weitem sehe ich zwei höchst merkwürdige Gestalten vor der Tür der Arche sitzen, Tippelbrüder von reinstem Wasser, ein langer dünner, ein kurzer dicker, kurzum: Pat und Patachon, wie sie auf der Leinwand stehen. Sie springen auf, machen höflich Reverenz mit ihren Schlapphüten und stellen sich als arbeitslose Stuckateure vor. Klöster seien ihre Spezialität, dort gäbe es öfters etwas auszubessern. –

„Und warme Suppen", füge ich hinzu.

„Es sei ihnen eine Ehre", sagt Pat, „Kollegen kennen zu lernen, die es weit gebracht hätten in ihrem Beruf. Den Zirkus hätten sie bereits in Andernach gesehen, und morgen sei die erste Vorstellung. Toms sei doch sicherlich die ‚Ikareia', die Königin der Lüfte, die den Todessprung von der Zeltkuppel aus vollführte, und ich, was könnte ich wohl sein? – Vielleicht der Kapitän Armstrong, der die Königstiger bändigt? Daß wir in jedem Fall eine ‚bessre Nummer' seien, das hätten sie gleich gesehen, denn wir hätten es nicht nötig, beim Zirkus zu lagern, wir führen sicher nur zur Vorstellung in die Stadt."

Nie hätte ich es übers Herz gebracht, die beiden zu enttäuschen, aber Toms in unpassender Ehrlichkeit klärt auf: „Leider sei es nicht an dem, ich sei nur ein Schriftsteller."

Pat und Patachon machen zunächst das geheimnisvolle Gesicht, das Menschen oft aufsetzen, wenn sie eine Sache nicht recht verstehen, dann aber breitet sich unendliche Enttäuschung über ihre Züge.

Patachon (tiefes Mitleid in der Stimme): „Ach – wenn wir das gewußt hätten..."

Pat (trauervoll): „Dann hätten wir die Zigaretten natürlich gar nicht angenommen."

Patachon (seufzend): „Schriftsteller – das ist ein schweres Brot: immer was Neues erfahren, und dann muß der Herr Gemahl auch noch aufs Geld warten." Goldne Worte, Pat und Patachon, goldne Worte!

Nunmehr vertraut mit unsrer bedauernswerten Lebenslage, wollen uns die beiden eine Güte antun, und sei es mit Gewalt. Scharfäugig hat Pat bereits unser Festsitzen entdeckt. „Da wollten sie doch nun mal anpacken und die

Karre aus dem Dreck ziehen."

„Ausgezeichnet, dann bin ich noch heute abend meine Sorgen los."

Ich spanne den Schlepper wieder ein, stelle Toms und ihre beiden Kavaliere auf die Plätze: „Hau-Ruck!" – Die Räder mahlen, die Arche schiebt sich ein klein wenig an dem Wurzelwall empor und sackt zurück.

Ausgekuppelt. Jetzt fahre ich den Packard auf festeren Grund und vertäue das Schleppseil, das uns schon oft geholfen hat: „Noch mal."

Der Motor heult, Pat und Patachon stemmen sich stöhnend an das Archenheck, fast ist es schon geschafft, da rutscht die Arche wiederum zurück in das immer tiefer werdende Loch.

„Versuchen wir's mal mehr von der Seite."

Ich manövrierte den Schleppwagen, daß er jetzt im Winkel angreift.

Diesmal scheint es ganz leicht zu gehen; das Seil strafft sich, der Schlepper bewegt sich leichter, ich spüre keinen sonderlichen Widerstand. –

Da tönt ein Schrei: „Halt, halt!" – Zu spät: das schräg angreifende Schleppseil hat die Zuggabel der Arche (sie ist aus starken U-Trägern zusammengeschweißt) um 90 Grad verbogen!

„Aus."

Das ist der schwerste Schlag, der uns bisher getroffen hat. Die ganze Reise steht jetzt auf dem Gipfel.

Denn: das mindeste, was meiner Meinung nach geschehen muß, ist folgendes: Ausbauen der Deichsel, wahrscheinlich der ganzen Vorderachse. Zu einer Werkstatt fahren, die einen autogenen Schweißapparat besitzt, die Deichsel warm machen und richten lassen. Dann wieder einbauen und (wahrscheinlich durch Pferde) die Arche abschleppen lassen.

Unsre Reisekasse besteht, trotz eben erhaltener Postanweisung, nur aus 8 Mark; wir haben keine Reserven, das Benzin kaufen wir mit Hilfe von früher gelösten Tankschecks. Das ist die Lage.

Wie ich unterm Wagen liege, um die Befestigung der Deichsel zu untersuchen, sehe ich klar, daß ich dies schwere Werkstück mit meinen zwei Händen und meinem geringen Werkzeug kaum werde bewältigen können.

Mir ist nicht wohl zumut; Pat und Patachon stehen mit hängenden Ohren und irgendwie schuldbewußt, obwohl sie doch wahrhaftig unschuldig an der Sache sind. Schüchtern raten sie mir dies und das, aber da ist im Augenblick gar nichts zu machen.

So nehmen denn die beiden betrübten Abschied, wie von einem offnen Grab, und in der Tat: der Anblick der immer tiefer versackenden Achse ist einem Begräbnis nicht unähnlich.

*

Wir sind allein. Jeder Gedanke an Post, an Auspacken, an Abendbrot ist mir verflogen. Ich weiß, daß ich keinen Augenblick Ruhe haben werde, ehe ich nicht, wie Münchhausen, am eigenen Zopf uns aus dem Sumpf gezogen habe. Aber wie?

Nachdenklich durchwandre ich den Wald und mache halt bei einem Stapel von frischgefälltem Jungholz. Ein paar schöne, schlanke Eschen sind darunter, Stämme von Schenkelstärke und gut 10 m lang: „Einen Hebebaum könnte das geben, jawohl, einen Hebebaum. - In der Not muß man selbst das Unmögliche versuchen, auch Dinge, über die man selbst den Kopf schüttelt."

Den Baum auf der Schulter kehre ich zur Arche zurück. Toms, der gescheite, kleine Toms, stellt keine Fragen, gibt keine Ratschläge, hält nur die Kinder aus dem Weg; das ist das allerklügste, was sie tun kann.

Jetzt stecke ich das dicke Ende meines Baums zwischen die Träger der verbognen Zuggabel. Aus Steinen baue ich ein Widerlager, und nun versuche ich, vorsichtig den langen Hebelarm ergreifend, die Gabel zu biegen.

Das kann nicht klargehen, das weiß jeder Schmied. Stahl läßt sich nicht in dieser Weise biegen ohne zu brechen, wenn man ihn nicht zuvor in Rotglut bringt.

Ich weiß, ich weiß das ganz genau: trotzdem muß ich es versuchen.

Der junge Eschenstamm biegt sich und wippt, er gibt einen elastischen Widerstand; man kann die Kraft schön regeln, die man in diesen Hebelarm hineinlegt. Stahl, wenn man ihn mit Gefühl behandelt, läßt sich manches gefallen, wo er sonst spröde sich versagt.

Langsam, auf breiter Fläche greift der Hebel an, er schmiegt sich den verbognen Trägern an, ertastet spielend ihren Widerstand und nun: Die Gabel regt sich, sie beginnt sich aufzurichten!

Sie kommt, Zoll um Zoll kehrt sie in die alte Form zurück. Jetzt könnte man schon fast wieder damit fahren! Soll ich's noch einmal wagen? – Fast grade ist sie jetzt und doch kein Riß an ihr zu sehen, und jetzt: ganz wagrechtgrade, als sei nichts gewesen!

„Uff!" Toms bringt mir einen Becher Wein, der kluge, der verständnisvolle Toms. Zuversicht kehrt wieder in unsre Herzen ein: ganz auf uns selbst gestellt, kommen wir weiter als mit allen guten Ratschlägen von außen. Die Aufgabe, die Arche aus dem Sumpf zu ziehen, wird jetzt rein seemännisch angepackt.

Die meisten seemännischen Arbeiten, das Löschen und Laden, das Heißen und das Bewegen der Segel beruhen auf dem uralten Gesetze: „Arbeit ist gleich Kraft mal Weg." Reicht die Kraft nicht aus, dann muß man den Weg verlängern; das hat soeben erst der Hebebaum getan und jetzt: her mit dem Flaschenzug!

Der Steertblock der großen Talje wird an einem starken Buchenstamm befestigt, der Haken greift an der Arche an, die „holende Hand" wird an das Heck des Packard angebunden.

Toms leitet das Manöver, während ich den Packard sehr vorsichtig und langsam anfahren lasse. 6 m geht die Fahrt voraus, es geht ganz leicht, - um 2 m hat sich die Arche fortbewegt, schon ist ein Räderpaar jenseits der Wurzelbarre auf festem Grund.

Noch einmal und noch einmal reiben sich die Seile knirschend durch die Blöcke, und jedes Mal ist ein andrer Buchenstamm der Stützpunkt; dann ist's geschafft.

Auf festem Boden steht fahrbereit die Arche.

*

Mit welcher Wollust stürzt man sich nun in den See und taucht und läßt den salzigen Schweiß abstreifen von der Haut in mächtig ausholenden Schwimmstößen. Die Abendnebel ziehen überm Wasser, das Springen der Fische ist fast der einzige Laut; fern im Wald schreckt ein Reh.

*

Wie herrlich ist dann hinterher die Wärme der Kajüte, der milde gelbliche Schein der Schiffslampen, das Abendbrot und – endlich, endlich: die Post!

Was für sonderbare Vorstellungen sich doch manche Leute vom Leben in der Arche machen. Schreibt da ein Ingenieur, den ich um einiger technischer Dinge willen um Rat gefragt habe:

„Im Waschen von Windeln kann ich keinerlei praktische Erfahrung aufweisen, stelle mir aber vor, daß man unter Anwendung von reichlich Benzin, das Sie ja jederzeit dem Benzintank entnehmen können, recht gute Erfolge erzielen kann.

Für Anfänger ist dabei folgende theoretische Forderung meines Erachtens wichtig: Windeln müssen so lange gewaschen werden, bis sie windelweich sind.

Wenn Sie mit dem Rückwärtsmanövrieren Schwierigkeiten haben, dann fahren sie besser vorwärts.

Ihr treuer B."

Da haben wir an diesem erlebnisschweren Abend doch noch mal herzlich gelacht.

Oben: Am Steinhuder Meer geht Rolle Wasser holen.
Unten: Kläglich klang ihr „Mäh-Mäh", sie meinten zu ertrinken – sie wurden aber nur gewaschen.

Neunzehntes Kapitel
Schiffbruch im Taunus und ein Engel vom Himmel

Das waren schöne, unvergeßliche Tage am Laacher See; nur der Proviant, der zur Neige geht, und die Ebbe in der Schiffskasse zwingen uns, das Lager abzubrechen und einen Eroberungsfeldzug gegen die Stadt Frankfurt zu führen.

Belebten Gegenden fahren wir nach Möglichkeit aus dem Weg; großen Städten nähern wir uns auf strategische Art; also wird der Kurs so angesetzt, daß wir zuerst Koblenz anlaufen und, die großen Straßen am Rhein entlang vermeidend, das Lahntal hinauffahren. Wir nähern uns dann Frankfurt vom hintern Taunus her und behaupten von vornherein eine beherrschende Stellung über die Stadt, indem wir die Höhe besetzen.

Nie fährt man vorsichtiger als bei schmalem Geldbeutel, und niemals ist die Wahrscheinlichkeit größer, daß eine Panne eintritt, wie eben dann; wie jeder alte Fahrer weiß.

Zum Glück besitzt die Arche eine Art von Zwangssparkasse, und die plündern wir jetzt. Es ist die bequemste Sparkasse, die ich kenne, ja sie entsteht überhaupt nur aus Bequemlichkeit: Der Führersitz im Packard nämlich ist tief und angenehm; er bewirkt, daß mir im Fahren fast immer irgendwelches Kleingeld aus der Tasche rollt und sich in den Falten des Lederpolsters oder unterm Sitz versteckt. Ich weiß das und lasse den Dingen ihren Lauf. Nur im Notfall hebe ich den Sitz auf, schüttle ihn ordentlich und kratze zusammen, was herausgefallen ist: 15 Mark und 70 Pfennig sind es diesmal und der Hekkpfennig natürlich, der mit großer Sorgfalt wieder unter den Sitz gelegt wird.

Das müßte für unser nächstes Unternehmen reichen.

In Koblenz fahre ich in den Hof einer großen Reparaturwerkstatt. Die Arche muß sich ihre Werkstatt mit Umsicht wählen, denn selten ist die Einfahrt groß genug und der Hof genügend weit, um ein Wendemanöver zu gestatten. Hier wird jetzt eine große Stahlplatte unter unsre Zuggabel geschweißt, denn das Glück vom Laacher See wollen wir nicht zum zweiten Mal erleben.

Zwei Stunden liege ich mit dem Monteur neben und unter dem Wagen, halte die Stahlplatte fest und die dünnen, kupferfarbigen Stangen des Schweißmetalls. Die Knallgasflamme zischt und braust, ich starre in ihr weißes Feuer und auf die Hände des Schweißers. Der Mann arbeitet wie ein Chirurg. Stahl tropft wie Blut, und Stahl bindet sich mit Stahl; die weißglühenden Nähte werden fest; was für ein höchst befriedigender Anblick. Jetzt kann der Zuggabel wenig mehr geschehen; es wäre besser gewesen, man hätte sie aus Stahlrohren, statt aus Trägern konstruiert.

Wie gern hätte ich auf der Rheinbrücke gehalten, um der Rolle die Schleppzüge zu zeigen, wie sie sich stromaufwärts wühlen mit ihren gewaltig breiten Paddelrädern, mit fünf, sechs Kähnen im Tau, fast einen halben Kilometer lang. Aber wir dürfen nicht halten. So kann ich nur ganz langsam fahren und den kleinen, aufgeregten Rufen von Staunen und Entzücken lauschen, wie die Pontonbrücke tief unter uns ausschert, um die Durchfahrt freizugeben. – Wie winzig sehen die Menschen und die Wagen aus. Wie wunderbar, daß eine Brücke in Stücke reißt wie eine Halskette, und ein Stück schwimmt fort und kommt zurück, und die Brücke ist wieder ganz!

Fast immer liegt ein Dunst über dem mächtigen Strom, wenn Sonne scheint und schafft ein Licht wie am Meer, und ebenso allebendig wie die Schiffe in ihrer feuchtleuchtenden Farbenpracht sind die grünen Wellen, unaufhörlich sich überrollend, tauchend, steigend, wie Rücken großer Fische in mächtigen Schwärmen.

Ein starker Hauch von Frische steigt auf unter den Brückenbögen, es rauscht die Flut um die wuchtigen Eisbrecher der Pfeiler.

Das Stück Uferstraße von Ehrenbreitstein bis Niederlahnstein ist uns weniger erfreulich mit seinen gewundenen Engpässen durch eng aneinander gereihte Orte. Meist troddeln wir hinter kleinen, plumpen Trambahnen her, die unaufhörlich bimmeln, als ob es ihnen ans Leben ginge, die wie Mäuse quietschend mörderisch die Kurven schneiden. Brav machen wir jede Haltestelle mit, so brav, daß ein altes Mütterchen sogar bei der Archentüre einzusteigen sucht, sehr entrüstet über die hohe Stufe. Ich muß sagen, daß diese Verwechslung doch etwas recht Kränkendes hat.

Platz, um in Ruhe sein Mittagessen zu verzehren, findet der Wohnwagenfahrer hier nicht und ebenso wenig im Beginn des Lahntals, denn die Straßen sind schmal. Für die Schönheit des Lahntals fehlt mir, wie es scheint, das rechte Verständnis. Es hat für mich stets etwas Düsteres gehabt, etwas beinahe Bedrückendes, was man umso stärker spürt, wenn man die Weite und das brausende Leben des Rheins im Rücken hat. Aber von Dietz an lahnaufwärts wird es wirklich schön. Lustig ist es auf der ganzen Strecke, den Kampf der Wirtshäuser zu verfolgen; da streiten sich nämlich eine Vielzahl um die Ehre, „Das Wirtshaus an der Lahn" zu sein, die Heimat jener berühmten Wirtin, von der es in unsrer Studentenzeit so viel Sangbares zu berichten gab.

Es will schon Abend werden, als die steile Serpentinenauffahrt zu den Taunushöhen beginnt. Dem Rhein und dem Main zu kehrt der Taunus sein starkes Gesicht; dort steigen die Höhen in kräftigen Wellen aus der Ebene, dort entlang zieht sich auch die Kette der größeren Badeorte. Nach der Lahn zu ist er milder, stiller, einsamer und voll von guten Archenankerplätzen.

„Voll von guten Ankerplätzen", ja – aber das merkten wir erst am nächsten Morgen.

Denn ziemlich am Ende einer langen und steilen Serpentinenstraße erleben wir die dritte Reifenpanne des Tages. Reifenpannen sind nicht ungewöhnlich und auch nicht erwähnenswert; seit einiger Zeit fällt mir aber auf, daß wir ziemlich viele Nägel fangen, und zwar fast nur in der Bereifung der Arche.

Ich besprach den Fall mit dem Monteur in Koblenz, der meinte, es gäbe Fälle, wo die Räder des Schleppwagens die Nägel auf der Straße umkanteten, ohne selbst verletzt zu werden, so daß die Nagelspitzen sich in die Bereifung des Anhängers bohrten.

Ich habe den Verdacht: wenn es dies Phänomen überhaupt gibt, dann ist es bei uns. Ärgerlich gehe ich zum Packard und hole mein Werkzeug vor. Ich habe gute Lust zu schimpfen: „Na, Alter, bist du das gewesen?" brumme ich ihn an. Aber der breite Kühler, in dem jede Wabe voller Motten und Bienen steckt, und die mückenverklebten Scheinwerferaugen schauen mich so treuherzig an: Nein, ich kann nicht glauben, daß mein braver Wagen das getan hat.

Ein Radwechsel ist ein Kinderspiel und dauert im Allgemeinen nicht länger als 10 Minuten, obwohl die Arche schwerer hochzuwinden ist als ein gewöhnlicher Wagen. Wir haben Rudge-Räder – immer noch das beste Autorad -, hätte nur nicht jeder Fabrikant den Ehrgeiz, ein anderes Gewinde für seine Räder vorzusehen, und hätte dies eine Rad nicht eine Kappe mit dem falschen Gewinde angeknallt.

Die Nacht bricht ein. Wir stehen in einer Kurve. Die Straße ist schmal, wir können nicht weg. Keine angenehme Lage. Toms muß die hungrigen Raben füttern und kann nicht warten mit dem Abendbrot. Ich höre das Singen des Teekessels drinnen im warmen Nest, ich höre die Kinder lachen und das Knistern der Flamme im Herd, ich rieche den blauen Rauch unsres Holzfeuers.

Ich habe die rote Ankerlaterne hinter mich gestellt, damit mich wenigstens keiner anfährt, und hämmere und würge an der widerspenstigen Radkappe, was das Zeug hält. Kein Engländer will packen, zwei Dorne habe ich schon krumm geschlagen, einen Holzhammer in Stücke, einen Meißel schartig und vier Knöchel blutig. Die Radkappe sieht aus wie Hackfleisch, aber sie rührt und regt sich nicht.

Das dauert nun schon eine Stunde und ist wirklich ekelhaft; nichts reizt die Nerven mehr als aufgeschlagene Knöchel, schartige Stahlsplitter, die wie Pfeile mit Widerhaken durch die Haut sich bohren, und der ganze unsagbare Öl-, Fett- und Straßendreck, mit dem sich langsam alles überzieht.

In der Arche bin ich aufgetaucht wie der schwarze Mann und habe mir einen Schnaps geholt, und jetzt: „Maruschka, sei nicht bange, der Jakob kommt mit Stange" – jetzt geht's auf Biegen oder Brechen, denn ich habe mir den großen eisernen Kuhfuß unterm Wagen vorgeholt.

Der stille Wald dröhnt von den mächtigen Schlägen, ich habe eine Wut gegen das Rad gefaßt, gegen den Monteur, der die verkehrte Radkappe montierte, gegen den Fabrikanten mit seinem Spezialgewinde, und jeder kriegt ordentlich sein Teil von mir. Aber nur die Rehe springen schreckend ab.

Fertig. Mittlerweile ist es fast halb elf geworden.

Wir sind viel zu müde, um noch lange nach einem Ankerplatz zu suchen; nur ein paar hundert Meter fahre ich, aus der Kurve heraus und an eine Stelle, wo die Straße etwas breiter ist. Dort bleiben wir und lassen die Parklichter brennen die ganze Nacht. Aber wir schlafen schlecht, wir sind nicht mehr gewohnt, auf offner Straße zu kampieren, wir sind an Stille und an Einsamkeit gewöhnt. Jedes Mal, wenn Scheinwerferlichter durch unsere Fenster huschen, schrecke ich hoch und sehe, daß auch Toms mit offnen Augen liegt. Im Morgengrauen zieht ein ganzes Dorf mit viel Hü und Hott auf dem Weg zum Markt an uns vorbei. Deutlich merke ich, daß manch einer sich die Nase an unsern Fensterscheiben platt drückt. Nein, es ist keine schöne Nacht.

Sehr mißgelaunt trete ich am Morgen vor die Tür. Da liegt keine 30 m vor uns linker Hand ein Steinbruch. Ein verlaßner Steinbruch mit prachtvoller Einfahrt und Ausfahrt, mit einem Wäldchen in der Mitte, das uns gedeckt hätte gegen jede Sicht, und, um das Maß voll zu machen, mit einer Quelle, die aus der gesprengten Felswand bricht!

Da soll doch gleich ... Aber wenigstens gefrühstückt haben wir in diesem Idealhafen, mit Spiegeleiern auf Speck zum Trost für die durchwachte Nacht und mit einem Kaffee, in dem der Löffel stand.

*

Wir fahren die Königsteiner Straße hinab in Richtung Frankfurt. Ich bin mir noch nicht klar über den Ankerplatz; eine Gegend bei Oberursel schwebt mir vor, wo es Wiesen und dichte Hecken gibt. Mit dem Auto bin ich in dieser Gegend nie gewesen.

Die Königsteiner Straße geht recht steil bergab. Ich merkte das daran, daß ich immer mehr die Bremsen gebrauchen muß, obwohl ich schon zu Anfang in den zweiten Gang gegangen bin. Die Arche nimmt mehr Fahrt auf als mir lieb ist; der Verkehr ist stark, vor mir fahren zwei Langholzwagen, die ich überholen muß, andre Wagen kommen bergauf entgegen.

Da tönt uns wildes Tuten, aufgeregt, nervös, unablässig, drohend nahe. „Verrückter Fahrer", denke ich.

Da schießt er auch schon vorbei, ein mächtiger alter Autobus, schwankend und brausend mit mindestens 70 km Fahrt.

Himmel, was ist das? – Ich höre Menschen schreien drinnen, und im Vorbeilaufen habe ich das Gesicht des Fahrers gesehen, bleich vor Entsetzen, die Augen weit aufgerissen, die Hand auf der Hupe.

„Die Bremsen!"

Die Bremsen haben versagt – und die Nerven des Fahrers!

In den nächsten Sekunden, viel schneller als ich es beschreiben kann, fegt die Maschinenlawine an den beiden Langholzwagen vorbei. Die bergauffahrenden Autos haben die Gefahr erkannt, sie drängen sich an den rechten Straßenrand: im Augenblick sind vier Wagen teils in die Hecken, teils ineinander gerannt. Vor lauter Schrecken.

Knapp an ihnen vorbei tobt der wildgewordne Omnibus und jetzt: Krachend zersplittert ein Gartenzaun, die Latten fliegen, wie von einer Explosion geschleudert, ein Telegraphenpfahl sackt um, Hecken schwanken wild, und da: steht er, hält!

Aber ich sehe das nur sekundenlang im Augwinkel, denn in diesem Augenblick sind wir selbst in größter Gefahr.

Die Langholzwagen haben versucht rechts auszuweichen. Und wie das immer ist: Die weit überhängenden Enden der Stämme drehen sich dann nach links!

Ich kann nicht mehr vorbei, weder rechts noch links: Ich muß die Arche zum Stehen bringen. Die Bremsen rauchen, brenzlicher Geruch: die Beläge verbrennen. Ich spüre die unheimliche Wucht der nachschiebenden Gewichte, ich kann die Wagen nicht mehr halten. Und die Kinder, die Kinder hinten in der Arche und bei mir Toms und nur noch dreißig Meter bis zu den drohend ragenden Langholzstämmen, an denen der rote Wimpel weht.

Zurückschalten auf den ersten Gang, das ist die einzige Möglichkeit – wenn die Kupplung es aushält!

Ich beiße die Zähne zusammen: Wenn der Gang nicht sofort zur Wirkung kommt, - dann hört die Bremswirkung des Motors auf, und dann ...

Hart rätschen die Zahnräder, schrill heult der Motor auf, von der Wucht der Fahrt auf höchste Tourenzahl gerissen.

Die Arche schlingert und stößt gewaltig mit der Zuggabel auf den Schlepper auf. Nahe, ganz nahe ist der Langholzwagen, die Stammenden schwanken.

Schon habe ich den Schaltschlüssel umgedreht, die Zündung abgestellt, damit die Kiste beim Zusammenstoß kein Feuer fängt. Schon habe ich Toms am

Genick gepackt wie einen Hund und sie unter die Spritzwand gestaucht – der Glassplitter wegen: Da fängt sich der Wagen!

Das Motorgeheul schwillt ab. Dicht vor unsrer Windschutzscheibe pendelt der längste Baumstamm mit dem roten Fähnchen, die Motorhaube überragend. An den eisenbereiften Rädern kreischen die hölzernen Bremsklötze, die Kutscher blicken schreckensstarr.

Die Arche steht.

Der kleine Kamerad am Steuer schaut mich an, ich ihn: wir schütteln uns die Hände.

Dann müssen wir auf einmal heftig niesen: ein scharfer, beizender Geruch quillt unter unsern Füßen auf, der ganze Wagen raucht.

Nicht nur die Bremsen, auch die Kupplung ist verbrannt.

*

Den Menschen in dem durchgegangnen Autobus ist nichts geschehen, von ein paar Schnitten durch zersprungne Scheiben abgesehen. Aber das tröstet uns kaum; stumm gehen wir um unser rauchendes Wrack herum.

*

Was ich jetzt zu berichten habe, klingt wie das reinste Seemannsgarn. Aber was soll ich machen; es ist tatsächlich so gewesen, es geschehen eben noch Wunder in der Welt.

Rechts von uns ist eine Mauer, oder vielmehr ein Wall, der einen höhergelegenen Park begrenzt. Fast senkrecht über uns ragt die Kuppel eines kleinen Pavillons.

Von dort aus tönt auf einmal eine sanfte Frauenstimme: „Wollen Sie nicht zum Tee in den Garten kommen?"

Donnerwetter, ich kenne diese Stimme doch. – Und wie ich aufschaue, da kenne ich sie wirklich: Der Engel vom Himmel ist eine meiner ältesten Bekanntschaften.

Durch eine sanft geneigte Einfahrt, die weder Kupplung noch Bremse beansprucht, rollt die Arche in den Park wie ins Paradies. Edelkastanien und Eichen wölben über ihr ein dichtes Dach.

„Sieh mal, eine Garage!" sage ich. Da steht eine große, wohleingerichtete Garage vor uns, in der man alles reparieren kann.

„Sieh mal, eine Wasserleitung!" sagt Toms. Da ist tatsächlich auch eine Wasserleitung.

„Sieh mal, der schöne Sandhaufen!" ruft Rolle. Tatsächlich, es ist auch ein Sandhaufen da.

*

Es ist wohl besser, es gleich zu sagen, daß der Teebesuch acht Tage lang gedauert hat.

*

Ob sich wohl irgendjemand vorstellen kann, was das für uns bedeutet?
Es gibt Leute, die haben eine Wasserleitung! Unbegrenzte Mengen von immer klarem Wasser, das man nicht mal hochzupumpen braucht. Die brauchen sich niemals überlegen, ob ihr Tank noch bis morgen reicht.
Es gibt Leute, die haben sogar eine Badewanne! Da kann man bis zum Hals in heißem Wasser sitzen und obendrein den nassen Schwamm überm Schädel auspressen, wieder und wieder, stöhnend vor Behagen.
Und wie wir allesamt gebadet und wieder wie neu geworden sind, da ist immer noch Wasser im Haus; das reine Wunder.
Es gibt aber auch Leute, die haben einen Kamin! Kann es etwas Schöneres geben, als abends dicht an den süßduftenden, harzschwitzenden Scheiten sitzen und in die Flammen starren?

*

Natürlich bleiben wir der Arche treu, die Besatzung bleibt an Bord, auch wenn das Schiff im Dock liegt. Aber wir genießen alle Vorteile des Festlands: Der Bäcker hängt den Beutel mit den frischen Brötchen vor die Archentür, der Milchmann setzt die Gläser vor die Stufe, sogar die Waschfrau kommt zu uns.
Die Kinder haben den ganzen Park für sich: eine Wildnis von uralten Bäumen, Staudengärten und Wiesen, voll halbzahmer Eichhörnchen, Kaninchen und Vögel. Toms hat ein Sonnenbad und einen Liegestuhl, und auf der Werft da wird geschlossert, gehämmert, geleimt, gemalt mit einer wahren Lust.
Zusammen mit einem jungen Autoschlosser baue ich die Kupplung aus; ein neuer Belag wird aufgenietet, und während beide Fahrzeuge aufgebockt auf großen Klötzen stehen, werden sämtliche Bremsen überholt.
Aber das ist nicht alles: ursprünglich hatten wir nur drei Borde in der Arche, und die waren alle sehr unvollkommen, weil sie nichts festhielten. Nach der ersten Überholung hatten wir schon acht. Jetzt haben wir ein volles Dut-

zend und damit einen ganz unglaublichen Gewinn an Stauraum. Die Zahl der Schränke ist von drei auf sieben gestiegen, ohne daß an Bewegungsfreiheit etwas geopfert wäre. Dabei ist das Gepäck zum zweiten Mal neu eingeteilt und umgestaut worden, und zwar so, daß alles Schwere nach unten gelagert ist. Die Arche hat dadurch an Stabilität gewonnen.

Die Fenster haben Sturmhaken bekommen, so daß man sie jetzt während der Fahrt einen Spalt weit offen lassen kann: eine große Verbesserung trotz der schon vorhandenen Entlüftungsklappen.

Jeden Abend kann ich melden, daß wir wieder einen großen Schritt vorwärts gekommen sind; bald sind wir seeklar. Es geht uns gut wie noch nie. In völliger Freiheit des Tuns und des Lassens genießen wir die ideale Gastfreundschaft, und trotzdem: Eine geheime Sehnsucht sieht uns fort von Süddeutschland, dem Meer entgegen.

Zwanzigstes Kapitel

Nachtfahrt durchs Ruhrrevier

Im Schummern, wenn die Fledermäuse ihren Flug beginnen, besucht uns manchmal der alte Herrschaftskutscher. Vierundachtzig Jahre hat er auf dem Rücken, schon lange hat er keine Pferde mehr, aber seine Tauben sind sein Stolz und seine Ähnlichkeit mit dem seligen Kaiser Franz Joseph. In einer Hand trägt er eine Flasche Kronberger Mineralwasser, das die Ortsansässigen sich von der Quelle frei zapfen können, in der andern Hand eine Schüssel der berühmten, fast apfelgroßen Kronberger Erdbeeren. Er vertraut darauf, daß der Keller der Arche die noch fehlenden Bestandteile einer Erdbeerbowle liefern könne, und hierin irrt er nicht.

Ich höre den Alten gern erzählen von den alten Zeiten, als es noch keine Autos gab, als man noch weite Reisen mit dem Kutschwagen unternahm.

„Solch eine Fahrt, wie Sie mit Ihrem Wohnwagen, hab' ich auch mal gemacht, im einundachtziger Jahr war das, oder im zweiundachtziger. Ich hatte damals ein Mietfuhrwerk in Dresden, einen schönen, offnen Viktoriawagen und zwei flotte Hannoveraner davor. Kam da ein amerikanisches Ehepaar nach Dresden, junge Leute noch, die fuhr ich öfters nach den Museen und nach den andern Sehenswürdigkeiten. Sagt da doch eines Tages der Herr zu mir: ‚Wollen Sie uns nicht nach Italien fahren?' - ‚Nach Italien', sag ich, ‚da fährt doch die Eisenbahn hin.' ‚Nein', sagt er, ‚wir wollen nicht mit der Eisenbahn, wir wollen mit Ihnen fahren, oben übern Gotthard rüber.'

Na, ich war ein junger Kerl damals und wollte auch was sehen von der Welt, da überlegte ich mir die Sache, und wie wir einig waren über den Preis, da sagte ich ‚ja'.

Die Reise ging denn auch richtig los, mit acht Zentnern Gepäck, alles hinten aufgeschnallt und mit 'nem großen Futtersack vorn auf dem Kutschbock. Aber was das für komische Leute waren, das glauben Sie nicht. Beileibe wollten sie in kein Hotel, das war ihnen viel zu teuer. Tagtäglich legten wir so unsre fünfzig, sechzig Kilometer zurück; er, was der Mann war, lief oft vorneweg oder neben dem Wagen her, und wo er im Dorf oder in der Stadt etwas günstig kaufen konnte, da kaufte er's und verhandelte es wieder in 'ner andern Stadt. Ich glaube, er hat sich auf die Art das ganze Reisegeld zusammengekratzt. Abends machten wir dann halt an 'nem Bach oder auf 'ner Wiese, ich spannte aus und ließ die Pferde grasen, und sie, was die Madam war, kochte das Essen auf 'nem Spirituskocher. Später klappten wir dann das Verdeck hoch, und sie schlief drin im Wagen, und ich und der Mann, wir schliefen unterm Wagen.

Na, bis zum Schwarzwald rauf ging alles schön. Die Pferde waren gut zuwege, der Wagen hielt es auch aus, aber daß die junge Frau es aushielt, das wunderte mich, wo sie doch stark in der Hoffnung war.

Spricht eines Abends der Mann zu mir, wie wir mitten im Schwarzwald sind: ‚Benedikt', sagt er, ‚Sie müssen schnell mal ins Dorf reiten und die Kindsfrau holen.',Herr Jones', sag ich, ‚wollen wir nicht lieber die Frau ins Krankenhaus bringen?'- ‚Nein', sagt er, ‚dazu ist's schon zu spät.'

Na, ich kratz' mich nicht erst lange hinterm Ohr, und hin im Galopp und hol' die Kindsfrau. Wie ich mit der ankomme, ist das Kind schon da! – Ein strammer Junge. Die Kindsfrau hat bloß immer mit dem Kopf geschüttelt.

Und was glauben Sie, was der Mann gemacht hat? Bloß ein paar Windeln hat er schnell gekauft, und weiter ging die Reise!

Kommen wir an die Schweizer Grenze ran bei Basel unten. Sagt der Mann: ‚Augenblick mal, ich steig aus, ich will zu Fuß über die Grenze gehen.' Ich schau mich um, wie er aussteigt, und denk', ich seh nicht recht: Hat der Mann ein Priestergewand an und hält 'nen Rosenkranz in den Fingern.

Kommen wir zum Schlagbaum: Gepäck und alles wird untersucht, sogar mein Futtersack. ‚Nichts zu verzollen.' Wie wir da so stehen, kommt Herr Jones ganz langsam angewandelt in seinem Priestergewand, tut, als kennte er uns gar nicht und dreht immerfort an seinem Rosenkranz. Geht am Zollhaus vorbei, als sei es Luft, und der Beamte macht ganz ehrfürchtig den Schlagbaum auf. Gibt ihm Herr Jones doch tatsächlich den Segen, und schon ist er drüben in der Schweiz.

Wie wir nun endlich fertig sind und in die Schweiz reinfahren, steht da mein Amerikaner hinter der nächsten Straßenecke und lacht. Steigt ein, legt die Soutane ab, und was hat er drunter? – Schwarzwälder Uhren, mindestens fünf Dutzend Stück und goldne Ketten dazu aus Pforzheim und auch noch Mundharmonikas. Na, so ein Gauner, denk ich, da mußt du dich vor in acht nehmen.

Kommen wir nun richtig in die hohen Berge rein. Schön, großartig schön hat Gott die Alpen erschaffen, aber steil. Wie wir nun raufwollen zum Gotthard-Paß und sind schon hinter Göschenen, kann ich mit meinem Wagen nicht mehr weiter. Warum? – Ja, das glaubt gar keiner: weil die Deichsel so hoch aufragte an den steilsten Stellen, daß die Kummete meine Gäule bald erwürgten.

Hol' ich mir Rat bei einem von den Postillionen, die mit viere-lang die Paßstraßen runtergaloppierten, daß es man so raucht. Sagt er: ‚Das mußt du anders machen, so und so, und vor allem mußt du eiserne Bremsen an deinem Wagen haben, die hölzernen halten dich nicht, wenn du erst über den Gotthard rüberkommst.'

Sind wir darauf zum Schmied gefahren, der hat uns eine andre Deichsel eingebaut und die eisernen Bremsklötze. Die Gäule haben's gut geschafft, sind gut mit uns über den Gotthard-Paß gekommen, aber ohne die eisernen Bremsen wär's nicht gegangen. Schön, wunderschön ist es da oben, zwischen Mauern von Schnee bin ich gefahren, und viel Wasser ist die Felsen runtergefallen, wie der Donner. Erst war's so kalt, daß ich ordentlich Angst bekam für unsern Säugling. Aber der hat nichts gemerkt vom Gotthard, ganz zugedeckt mit Mänteln und bei der Mutter an der Brust, und drüben, auf der andern Seite, hat die Sonne gleich wieder gebrannt wie Feuer.

Sechs Wochen hat die Fahrt gedauert, bis wir glücklich angekommen sind in Florenz und haben kein Bett gekannt die ganze Zeit, außer zweimal, in Göschenen und in Airolo."

Soweit die Erzählung des alten Kutschers von seiner großen Fahrt.

Damit verglichen ist unsre Reise allerdings ein Kinderspiel; was muß das für eine tüchtige Frau gewesen sein. Toms schaudert bei dem bloßen Gedanken an eine solche Leistung, und ich schaudere mit; was haben wir es doch gut in unsrer Arche.

*

Am Abend hat das Radio ein großes „Tief" von Norden kommend angesagt, am andern Morgen fahren wir, beide Wagen frisch gewaschen, wohlausgerüstet und so gut im Schuß wie nie, nach Norden.

Über dem Westerwald ballt sich eine mächtige Wetterwand, tiefschwarz mit glühenden Silberrändern; die Sonne sticht wie mit Lanzen durch sie durch. Die Landschaft wird unglaublich weit und plastisch, Berge scheinen zu wogen, weil Nordwind im Laub und im Gras der Hänge wühlt; es leuchten die roten Felle der Bauernkühe im Tal, es leuchten die jungen Triebe der Fichten wie eine Spitzenkante über dem dunklen Kleid der Wälder. Haine junger Eichen schimmern wie gebleichte Knochen; man hat sie der Rinde entkleidet, um Lohe zu gewinnen für die Gerberei. Ein gemordeter Wald: ein unheimlicher Anblick.

Für kurze Augenblicke können aufsteigende Gewitter unsrer Heimat allen Glanz und alle Farbenpracht der Tropen geben.

Mitten am Tag suche ich uns einen Lagerplatz. Es gibt deren eine große Menge auf den Kämmen dieses Gebirges, das viel einsamer und wilder als der Taunus ist. Wie viel Übung haben wir doch schon in der Beurteilung von Archenhäfen. Vollkommen sachverständig läßt die Rolle ihre Blicke ringsum schweifen und gibt in Stichworten ihre Ansicht kund: „Gute Deckung da drü-

Oben: Toms friert nach dem ersten Bad im Meer.
Unten: Mitten im Wald fand uns der Landbriefträger

ben; keiner kann uns sehen." Oder: „Schönes Feuerholz, Axtsplitter und Rinde." Oder: „Hier sieht es sehr nach Blaubeeren aus."

„Weißt du eigentlich, Toms, warum wir jetzt schon haltmachen?"

„Damit ich meine Kinder füttern kann."

„Das kannst du auch; aber dann sollt ihr alle bis zum Abend schlafen, denn ich habe eine Nachtfahrt mit euch vor. Wir haben voraus das Ruhrrevier; wir könnten es umgehen, aber es ist kürzer, auf der Linie Hagen-Dortmund durchzustoßen. Tagsüber ist das mit der Arche scheußlich zu fahren; eine Stadt an der andern und ein riesiger Verkehr, aber eine Nachtfahrt durchs Ruhrrevier ist ein Erlebnis."

„Meinst du, daß die Kinder schlafen werden?"

„Die Kinder werden schlafen wie die Säcke, und wenn du hinterher mir sagst, es hat sich nicht gelohnt, dann brauchen wir nie wieder eine Nachtfahrt zu machen."

*

Gegen Abend ist die Gewitterwand über uns hinweggewandert, ohne Regen. Wir haben geschlafen, sind frisch und alle etwas aufgeregt. Nur der Pieps wird schon zu Bett gebracht, die Rolle darf noch für eine Stunde zu uns nach vorn in den Packard kommen.

In der Dämmerung gleiten wir ins Tal. Wir haben die kleinen Lichter eingeschaltet, weniger um zu sehen, als um gesehen zu werden; auch die Stadt dort unten läßt ihre Lichter glimmen durch blauen, dicken Dunst: Siegen, der erste Vorposten des Reviers. Es ist die Stunde, wo die Läden schließen, wo die vielen Menschen, tagsüber an die Fabrik oder ans Büro gefesselt, im letzten Augenblick voll Hast ihre Einkäufe machen. Keine Stunde ist gefährlicher für den Autofahrer als diese: geblendet vom Glanz der Schaufenster laufen die Frauen blindlings über den Straßendamm, eilig, die Markttasche am Arm, sie müssen nach Haus, sie müssen das Abendbrot bereiten für die müden Männer, das ist ihr einziger Gedanke. Die Kinder, entfesselt von Schule und Schularbeit, werden wild, genau wie junge Tiere um die gleiche Stunde; sie jagen sich, sie spielen Räuber und Indianer; ganz unvermittelt rennen sie um Hausecken über die Straße. Die Fahrzeuge, die eine Stadt tagsüber ausschickt, kehren heim; an den Haltestellen der Trambahnen stauen sich die Menschengruppen, und die Straßenschluchten sind erfüllt von dem irritierenden Geklingel der Elektrischen, der Ladentüren, vom Hupen der Autos, vom Kindergeschrei.

Ich muß scharf aufpassen und atme auf, wie die Dunkelheit der Landschaft uns endlich umfängt: Es ist nicht schön, dies Leben in den Städten. Es kommt mir vor wie das Leben der Fische hinter den erleuchteten Glaswänden eines Aquariums, so nackt, so enthüllt, jedem Einblick offen.

Um uns ein weicher, samtener Mantel, die Nacht.

Die Nähe des Reviers kündet sich an durch Vorzeichen. Wir fahren durch Täler kleiner Flüsse, deren Wasserkraft die alten Eisenhämmer treibt. Licht schimmert durch verrußte Scheiben, Moos deckt die Backsteinmauern, die Wasserräder rauschen, Eisen glüht und klirrt und Hämmer pochen. Sie wirken so geheimnisvoll, diese kleinen, verwunschenen Werkstätten mitten im Wald, der die Täler durchzieht; wie Märchen aus vergangnen Zeiten.

So mag den fahrenden Rittern zumut gewesen sein, wenn sie auf ihren Fahrten nächstens auf die Höhlen zauberischer Zwerge stießen, die unbesiegliche Schwerter schmiedeten, wovon die Sorgen melden.

Es beginnt der Wechsel der Straßenoberfläche, der für das Revier so typisch ist. Da sind wundervolle Autobahnen mit weißen Pfeilern in den Kurven, die Rückstrahler tragen. Man durchfährt sie wie einen Fackelzug. Gleich darauf Baustelle, schmal von Erdwällen begrenzt, mit roten Lampen besteckt. Dann wieder alte Chaussee mit hohen Bäumen, die ihre Kronen gegeneinander neigen; bis an die Stämme heran ist das Pflaster verbreitert und genügt doch nicht dem riesigen Verkehr.

Denn das Revier schläft nicht: Da leuchten in fast ununterbrochenen Ketten die bunten Tempelchen der Tankstellen. Da blenden unaufhörlich die Doppelsonnen der Scheinwerfer auf, begegnen sich, schlagen die Augen nieder, und donnernd gleiten die schweren Lastwagen vorbei mit glühenden Auspuffrohren; der heiße Dunst der Auspuffgase haucht uns an. Schon aus großer Ferne erkennen wir die Kurven an den Scheinwerfern, die wie mächtige Besen durch die Bäume fegen, schwankend, wippend.

Das Kind ist müde geworden und in Toms Arm entschlummert. Bei der nächsten Tankstelle wird es zu Bett gebracht. Ich lasse den Tank mit 50 Litern füllen bis zum Rand und alle Reifen kontrollieren; die Nacht wird lang, und wenige Tankstellen haben noch Dienst nach Mitternacht. Toms kehrt aus der Arche zurück mit der Thermosflasche voll Tee mit etwas Rum darin; das ist gut.

Gespannt nach allen Wegweisern ausschauend fahren wir durch Hagen. Noch sind die Kinos hell erleuchtet, noch strömen große Menschenschwärme vom und zum Bahnhofsplatz; wie rauh, wie laut die Stimmen sind.

Da gleiten wir schon auf der großen, hochgewölbten Brücke über das riesige Schienenfeld der Eisenbahn. Ohne Ende schieben Güterzüge sich vorbei, mit klappernden Achsen, in beiden Richtungen. Man wird schwindlig beim Zuschauen und meint, einen von Untiefen zerfächerten, wirbelnden Strom zu sehen. Unaufhörlich grollen die Räder, wehen die Rauchfahnen der Lokomotiven, gellen Pfiffe, schlagen Puffer aneinander. Das Schienenfeld gleicht einem Sternenhimmel; bis zum Horizont halten die Weichenlaternen mit ihren gelben Lichtbalken, schrägen und gekreuzten, über den blanken Schienen die Wacht. Immer neue Sternbilder steigen auf und erlöschen. Rote, grüne Lichter, aufgehängt an schattenhaften Stahlgerüsten, winken mit ernsthafter Gebärde den Zügen zu. Fern, hinter dem langsamen Geschiebe der Güterwagen, hört man das Brausen der Schnellzüge, sieht ihre Lichterschlangen um Kurven schwingen.

*

Die Kinder schlafen fest, vom Schwanken der Arche gewiegt, Toms hat nachgesehen.

*

Wir steigen wieder; unsichtbare Berge hinauf. Ein geheimnisvoller, brandigroter Schein färbt voraus den Himmel.

Ich erinnere mich gut, wie es war, als ich zum ersten Mal des Nachts ein Hüttenwerk erblickte. Das war vom fahrenden Zug aus; ich meinte, ein Unglück sei geschehen, eine riesige Fabrik stünde in hellen Flammen. Jetzt ist es Toms, die das zum ersten Mal erlebt.

Zuerst ist es wie ein Feuer speiender Berg in großer Ferne. Näher kommen wir und unterscheiden schon andere Vulkane am Horizont, zehn, fünfzehn oder mehr. Der Himmel ist ganz rosig über uns. Und jetzt ist der eine Vulkan ganz nahe: Da ragen schattenhaft, gestaffelt und in Reihen Türme, runde, eckige, Pyramiden, Kegel und Trapeze. Da sind Gebäude mit aufgespaltenen Dächern wie die gespreizten Kiemen von Fischen, schwarze Wände, streifig von roten Feuern, und leuchtende Wände, ganz aus Glas. Da sind Brücken und Stahlgitter, Schlangenleiber mächtiger Rohre. Da stehen hoch im Himmel ungeheure Räder und drehen sich mit fliegenden Speichen; Seile gleiten über sie, verschwinden wippend in der Erde: Fördertürme sind das.

Ich darf hier nicht vorüberfahren, ich muß halten, denn Toms staunt atemlos.

Denn alle diese Bauwerke sind mit Lichtern besteckt, viele schwanken im Nachtwind und werfen Schatten, und riesige Flammen schlagen aus den Dächern mit den gespaltenen Kiemen: Senkrecht werden sie in den Himmel gepreßt mit Druck. Funkenregen sprühen nieder, hoch im roten Himmel ballen sich Rauchwolken, riesenhaft, gelbschwarz. Ein Flammenstoß sinkt glastend zusammen, und schon steigt ihm der nächste auf. – Es ist das Thomaswerk der Hütte, und die brausenden Flammen bedeuten, daß ein paar Dutzend Tonnen flüssiges Eisen in Stahl verwandelt werden.

Vor uns ragt eine schwarze Wand, an der sich wie mit roter Leuchtschrift Türen abzeichnen. Da bricht eine Tür auf, wie ein Sonnenaufgang bricht Glut daraus hervor, wächst, rollt sich vorwärts, lawinenhaft und stürzt. Im nächsten Augenblick sprüht Wasser, und eine blendendweiße Wolke wächst über der Glut, rötlich durchleuchtet, ein Wolkenbaum mit weitausladender Krone, aber höher als jeder Baum. Langsam verweht er.

Das ist eine Koksofenbatterie, und zwanzig Tonnen frisch geglühter Koks sind eben ausgestoßen worden und gelöscht.

An einer andern Stelle rieseln weiße Feuerschlangen aus dem Dunkel, suchen ihren Weg wie Bäche; sie winden sich, sie legen sich in weite Schlingen, Sprühregen von Funken strahlen von ihnen aus. Andre Glutschlangen stürzen wie Wasserfälle in unsichtbare Tiefen, und aus den Tiefen steigen rote Sonnen auf, die schwanken und taumeln und fahren schließlich davon. Sie steigen hoch in den Nachthimmel, sie neigen sich, und Lavaströme stürzen aus ihnen, zerrinnend in hundert rote Adern.

Und ich erkläre Toms, daß das Hochofenabstich ist und wie die Schlacke ausgegossen wird über die Schlackenberge.

Aber da ist viel mehr, als man erklären kann: Aus Rohren und aus Schloten wehen Flammenzungen, bläuliche und gelbe. Windstöße neigen sie, tragen Fetzen davon, wie welke Blätter.

In düsteren Hallen vollführen mit Donnergepolter Glutbalken ein phantastisches Spiel: schleudern sich vorwärts und wieder zurück, spannen sich wie Bögen und längen sich, biegsam wie Schlangen. Ja sie beginnen sich zu schlingen wie Lassos, zu fliegen wie Peitschenschnüre, zu zucken wie Blitze.

„Das ist ein Drahtwalzwerk, Toms."

Das Brausen der Flammen, das Poltern mächtiger Gewichte, das Schrillen von Sägen, die Stahl schneiden, das Brummen der Krane, die Schatten, die Lichter, die Flammen ... es ist fast unmöglich, sich davon loszureißen.

Toms kann die Augen nicht von dem Schauspiel wenden.

Dortmund: Hoch im Himmel ragen riesige Kreise aus blauem und rotem Röhrenlicht. Die Leuchtschriften werden für Dinge, die das Revier erzeugt: für Kraftstrom, für Stahl, für nahtlose Rohre, für Erzeugnisse der Chemie. Diese Werbung ist phantastisch und imposant, weil sie reine Machtentfaltung ist. Denn wer von uns könnte sich wohl das Kraftwerk aussuchen, das ihn mit Strom beliefert? Wer von uns würde in einen Laden gehen und ein Stahlrohr verlangen von anderthalb Meter Durchmesser oder auch nur eins von einem Meter Durchmesser? –

Nein, diese prachtvollen Sternbilder aus eisigem Nordlicht sind Ausstrahlungen jener Kraft, die den Horizont ringsum wie eine glühende Wolkenbank des Sonnenaufgangs erstrahlen läßt.

*

Dortmund passiert, Kurs Münster. Toms ist mir eingeschlafen. Ihr Kopf ruht an meiner Schulter; so vorsichtig als möglich drehe ich das Steuerrad: er soll nicht aufwachen, der kleine Toms. Ich muß sehr wach bleiben, denn nirgends verfährt man sich leichter als im Ruhrrevier, wo alle Straßen überallhin zu führen scheinen.

*

Nebel und graue Dämmerung im Münsterland. Mir ist zumute wie einem Schwimmer, der nach langem Kampf gegen einen starken, forttreibenden Strom endlich das Ufer erreicht hat. Auch ich bin sehr müde. Es ist fünf Uhr.

Ich lenke die Arche auf einen Feldweg; der Mond geht unter, die Sterne erblassen, meine Augen brennen. Ich lösche die Lichter, und wie der Motor schweigt, dröhnt mir die Stille im Ohr. Ich trage Toms in die Arche; sie erwacht nicht, wie ich sie bette. – Jetzt will ich bis Mittag schlafen.

Einundzwanzigstes Kapitel
Nasses Westfalen

Wir fahren durch Westfalen auf der Straße Beckum, Wiedenbrück, Bielefeld durch einen Regen von wahrhaft westfälischer Deftigkeit. Schon am frühen Morgen sei es losgegangen, so sagt Toms, die natürlich nicht wie ich sich ausschlafen konnte nach der Nachtfahrt – der Kinder wegen.

Es sah ziemlich unfreundlich aus, als ich erwachend um mich schaute: Felder, regengepeitscht, mit Randzechen und Zementfabriken im Hintergrund auftauchend, wie Dampfer in bewegter See; Wind schlug den Rauch der Schlote nieder. – Nein, das beste war schon, dem Wetter geradewegs in die Zähne zu fahren, um es desto schneller hinter sich zu bringen.

Die Piepsenkoje haben wir mit einem Moskitonetz überspannt, auch eine unsrer neueren Errungenschaften. Denn die Fliegen und die Mücken sind ganz kluge kleine Tiere: draußen, so denken sie mit Recht, ist es naß und ungemütlich, in der Arche aber ist es warm und trocken, also „rein in die gute Stube".

Es läßt sich kaum etwas dagegen machen. Fenster und Türen sind natürlich dichtgemacht, nur die Ventilationsklappen stehen offen, sind aber mit Drahtgaze überzogen. Bleibt nichts als der Schornstein oder das Schlüsselloch zum Hineinschlüpfen.

Eintönig tickt der Scheibenwischer, eintönig ticken die Tropfen aufs Verdeck, eintönig spritzen die Reifen Wasser hinter sich; es klingt, als würde dünnes Tuch zerrissen. Die Stimmung hinter der Windschutzscheibe ist nicht die beste, ich finde, man spürt die Knochen im Leib gewissermaßen einrosten bei solchem Wetter. Ab und zu sprüht einem durchs offne Fenster ein unwirscher dicker Tropfen ins Gesicht, das schließlich ganz verkniffen wird. Nur der Motor liebt die feuchte Luft; als wollte er seine Kraft zeigen, so nimmt er Steigungen im großen Gang, die er sonst nur mit dem zweiten schafft.

Die Dörfer haben sich weiter und weiter auseinander gezogen; weitläufig sind sie geworden, aufgelöst in einzelne Höfe. Jetzt ist kaum der Hof mehr zu erkennen, so gut versteckt er sich in Hecken, unter hohen Bäumen. Der Westfälinger Bauernhof ist nicht gesellig; die dicke Waldkappe hat er sich aufgesetzt, damit ihm keiner in die Suppe gucken kann. Am liebsten umringt er sich noch mit breiten Wassergräben. Er hält auf „splendid isolation" – ja, so würde ich das wohl auch machen, hätte ich einen Bauernhof. Ein menschlich außerordentlich angenehmes Land, dies Westfalen. Kein Mensch kümmert sich um uns, kaum wendet der Bauer den Kopf nach der Arche, ein ideales Land, wenn es nur nicht so regnen würde.

Was für wunderschönes Fachwerk gibt es hierzulande und, was mich fast noch mehr freut: die kleinen Transformatorenhäuschen der Hochspannungsleitung, die an jedem Dorf, beinahe an jedem Hof, stehen, sind stilecht in Fachwerk aufgebaut. Daß Überlandzentralen ihre Bauten der Landschaft anzupassen suchen, ist selten und bemerkenswert.

Allmählich geraten wir, wie das bei Regen oft geschieht, in eine Art von Galgenhumor. Ich pflege dann Dinge zu erfinden, die mich eines Tages noch zum Millionär machen werden: „Ist dir schon aufgefallen, Toms, wie Hühner, Gänse, Enten sich doch in beständiger Lebensgefahr befinden, wenn sie auf der Straße in die Pferdeäpfel picken. Angenommen nun, wir rüsteten jedes Huhn mit einem Rückspiegel aus, damit es pickenderweise die von hinten ankommenden Autos rechtzeitig bemerkt. – Glaubst du nicht, daß das ein großer Fortschritt sein würde, ein gangbarer Massenartikel, empfohlen von sämtlichen Tierschutzvereinen der Welt?"

Aber Toms zeigt sich der Größe des Gedankens nicht gewachsen; sie ist nicht mit begeistert, sie wird es erst, als ich verspreche, daß wir heute mal nicht selbst kochen, sondern in einem Gasthaus essen werden. Denn wir sind in einem nahrhaften Land, und irgendein alter Spruch ist mir soeben eingefallen:

> Schlimm Wetter flieht, und helle Sonn' muß blinken
> Bei Becherklang und fettem Schinken.

Und als müßte es so sein, liegt da am Ende einer Pappelallee ein Gasthaus, breit, halb über die Straße gebaut mit riesigem Dach und einer Einfahrt darunter, in der sechs Archen Platz haben würden.

Trocknen Fußes kommen wir in die Diele. Ein mächtiges Kaminfeuer lodert darin an diesem frostigen Tag; wir sind die einzigen Gäste.

Nach einem Essen von westfälischer Herzhaftigkeit werden die Kinder schlafen gelegt, dann rühren Toms und ich mit den gläsernen Stengeln im heißen Grog. Ach, ist das schön, wenn die Heimat uns wieder begrüßt mit ihrer weiten, ernsten Landschaft, mit ihrem Wind vom Meer, mit ihrem norddeutschen Stimmklang, mit ihrem duftenden Grog.

Das ist ein Kamin, von dem die Städter sich nichts träumen lassen. „Anno 1740" steht auf den holländischen Kacheln seiner Wände. Das Feuerloch ist gut zwei Meter lang, und fast so lang sind auch die Buchenscheite, die auf eisernen Grätings darin lodern. Er hat keinen Blasebalg, behüte: in den Augen des Wirts scheint ein Blasebalg ein Gegenstand moderner Entartung zu sein. Nein: er hat ein mannshohes Blasrohr aus Eisen mit spitzer Düse. Ich versuche die Wirkung; das „treckt hin".

Indes Toms mit der Wirtin in den Küchenregionen über Milch verhandelt, verhandle ich mit dem Wirt über einen viel schwerwiegenderen Gegenstand. Es endet damit, daß wir Männer beide, heimlich, auf den Zehenspitzen (die Frauen dürfen's nicht merken) in die Räucherkammer schleichen. Da hängt der Himmel aber wirklich voller Geigen -: Schinken, goldbraune Prachtexemplare, wie man sie in keinem Laden findet, wahre Amatis unter den Schinken, stark duftend, um Tote zu beleben. Der Westfale schmunzelt, indes öffnet sich sein Herz, wie wir sachverständig über Schinken reden; Geheimnisse werden mir offenbart, und: eigentlich war es gar nicht seine Absicht, da hat er schon den einen abgewogen, und ich ziehe ab mit einem Achtzehnpfünder unter einem Arm, würdig eines Kaisers, und eine dicke, tönerne Steinhägerflasche unter dem andern Arm. Denn der Himmel hat den Schinken und den Steinhäger zusammengefügt, der Mensch soll sie nicht scheiden.

Breit, schmunzelnd, mit den blanken Talern klimpernd, schaut der Wirt uns nach, ein fester, sichrer Mann. Über seinem Haustor steht geschrieben:

> Die mir nichts gönnen und nichts geben, die müssen doch dulden,
> daß ich lebe.
> Und wenn sie meinen, ich bin verdorben, dann müssen sie für
> sich selber sorgen.

Es regnet in Beckum, es regnet in Wiedenbrück, in Gütersloh, in Brackwede und überall dazwischen.

Nichts Böses ahnend zieht die Arche ihres Wegs, da ertönt urplötzlich von rechts ein wilder Pfiff: Von einem Hügel herab stürzt sich der Westfalenexpreß, schnaufend wie ein angeschossenes Rhino und ebenso wild. Eben noch kann ich die Wagen zusammenreißen, da braust der Kleinbahnzug quer über die Chaussee und verschwindet in einer Bodensenke.

Natürlich glauben wir ihn los zu sein. Aber nein: wie wir gerade wieder auf Touren gekommen sind, gellt der gleiche Pfiff hinter dem nächsten Hügel hervor, diesmal links.

Achtung: jetzt will er rammen! Knapp vor ihm schlüpfen wir diesmal über die Geleise, wir spüren ordentlich noch seinen Luftzug. Er pfeift hinter uns her, zischt giftig mit seinem Abdampf nach der Arche; sehr böse, daß er uns verfehlt hat.

Jetzt versuche ich ihn im Auge zu behalten; Kleinbahnen sind doch sonst so ruhig und friedlich von Gemüt, aber bei diesem mißratenen Geschöpf kann man nicht wissen.

Und richtig: Wir sehen, wie sie über den Feldern eine große S-Kurve beschreibt, jetzt nehmen Bäume die Sicht. „Paß auf, sie legt sich in den Hinterhalt!"

Aber verräterisch steigt der Rauch des Feuerdrachens über die Bäume, ich bin gewarnt und sehe sie auch schon: sie versucht ihr Äußerstes, mit wildem Kolbengalopp nimmt sie uns an, und gespannt liegen ihre Passagiere in den Wagenfenstern: - Gefehlt!

„Lippstadt" stand auf ihren komischen Zigarrenkistenwagen.

*

Der Regen trommelt weiter, und es wird Nacht. Von Zeit zu Zeit hebe ich den Arm und drücke die große Badewanne aus, die sich im Verdeckstoff des Packard angesammelt hat; ein Wasserfall pladdert über Windschutzscheibe und Fenster, nach zehn Minuten ist die Badewanne wieder voll.

Kein auch nur halbwegs brauchbarer Ankerplatz kommt in Sicht, obwohl ich schon bereit wäre, mit einem breiten Sommerweg vorliebzunehmen.

Um acht werden die Kinder gefüttert und zu Bett gebracht an einer häßlichen Stelle mitten im Verkehr, wo die Autos im Dahinfegen mit ihren Reifen Pfützen auspumpen und den Inhalt wie aus einem Hochdruckschlauch gegen die Archenfenster schleudern. Da unsre Tür sich unglücklicherweise gegen den Fahrdamm öffnet, müssen wir manchmal lange warten, ehe man es wagen kann, die Kinder heraus- oder hereinzulassen.

Regen schlägt den Rauch unsres Schornsteins nieder, die Arche ist voll Qualm, es tränen die Augen, das Holz will nicht brennen: Toms ist sehr unglücklich.

Endlich ist die Mannschaft versorgt. Jetzt bin ich allein im Schleppwagen und fahre, fahre, fahre. Quer über meinen Kurs steht auf der Karte geschrieben „Teutoburger Wald". Das ist meine Hoffnung. Da, wo Herrmann der Cherusker den Varus schlug, müßte sich doch eine passende Schlucht für die Arche finden.

Aber wo sind die Schluchten, die Wälder? Sie stehen nur auf der Karte, nicht in der Wirklichkeit. Schnurgerade zieht sich die große Straße durch eine Kette von eng aneinander gereihten Siedlungen vorstädtischen Charakters. Dann stellt die große Stadt Bielefeld sich uns in den Weg, und alle Hoffnung auf den Teutoburger Wald entschwindet.

Halb elf ist es geworden. Aus der Arche wird am Klingeldraht gezogen, ich halte, und Toms steigt zu mir ein, ein müder, gähnender Toms, aber doch ein trostbringender Toms; er hält die Steinhägerbuddel unterm Arm. Mir werden die Hände klamm am Steuer. Toms ist in den Schlafsack gekrochen und ruht an

Oben: Ein bißchen bange vor der Brandung war sie da zuerst. – Dicht am Strand bauten wir unsere Zeltveranda auf.
Unten: Ohne Schiebe-Hilfe und ohne Flaschenzug hätten wir rettungslos festgesessen

meiner Schulter, ein unförmiges, aber zum Glück für sie, ein schlafendes Bündel.

Fort, nur fort aus dieser Gegend, wo Dorf an Dorf grenzt, Volk ohne Raum. Zwischen Herford und Minden steigen wir ins Weserbergland; es ist Wald dort oben, und wo Wald ist, ist Hoffnung für uns.

Die Straßen dampfen, die Nebel strahlen das Licht der großen Scheinwerfer zurück; abgeblendet muß ich fahren. Die metallnen Schilder der Wegweiser glitzern, sind schwer zu erkennen, die übermüdeten Augen beginnen Gespenster zu sehen: Schlangen, die sich um die Chausseebäume ringeln, einmal auch das Tor einer Unterführung: Grade wie ich dort einfahren will, sehe ich, es ist die Rückseite eines Planwagens, der natürlich ohne Licht fährt.

Keine schöne Nacht, gar keine schöne Nacht.

Mitternacht: Die Lage des Ankerplatzes ist mir mittlerweile völlig gleichgültig geworden. Wenn wir nur irgendwo einigermaßen sicher stehen können. Minden ist nach meiner Schätzung nur noch wenige Kilometer entfernt: also wieder eine Durchfahrt und völlige Unkenntnis des Geländes, das dahinter kommt. Ich will unbedingt vor Minden ankern.

Rechts von uns scheint ein Steilhang zur Weser hinabzuführen; er ist mit Wald bestanden. Zwischen dem Rand des Pflasters und den Chausseebäumen ist noch Böschung, schätzungsweise einen Meter breit. Auf diesen schmalen Streifen will ich die Arche stellen, zwischen zwei Bäume, damit sie möglichst frei von der Fahrbahn kommt.

Ich lenke nach rechts, unmittelbar hinter ein Podest, auf dem ein Haufen Kies liegt. Ganz langsam ist die Fahrt. Nur ein paar Meter noch lasse ich die Wagen rollen, dann haben wir den Nothafen.

Da: ein Krachen, ein scharfes Knacken. Toms fährt aus dem Schlaf, streift hastig den Schlafsack ab. Die Wagen stehen. Ich bin abgesprungen und leuchte mit der Taschenlampe die Arche ab. Ein starker Ast hat unsern schönen Schornstein abrasiert. Getäuscht von den abgeblendeten Scheinwerfern, die ja die Baumkronen nicht erkennen lassen, habe ich die Höhe der Äste unterschätzt.

Vorwärts kann ich nicht; die Äste würden auch noch das Dach der Arche eindrücken. Rückwärts herausdrücken kann ich die Arche auch nicht; hinter uns liegt der Steinhaufen.

Es hilft nichts: Auskuppeln, die Deichsel ganz scharf einschlagen, und dann die Arche mit dem Packard rückwärts herausziehen.

Die Taschenlampe zwischen den Zähnen löse ich die Kupplung, mache mit dem Engländer das Bremsseil los und zuletzt das Lichtkabel. Toms ist im Wagen, um die aufgeschreckten Kinder wieder einzuwiegen. Auf einmal höre ich durch das Prasseln des Regens hindurch einen seltsamen Laut, eine Art Schmatzen, ein widrig klebriges, sattes Geräusch. Ich schaue auf und leuchte mit der Lampe. Mein Gott, was ist das? –

Die Arche hat Schlagseite – viel mehr als vor zwei Minuten, sie neigt sich! Der Lichtkegel tastet am Boden entlang: Die linken Räder stehen auf der gepflasterten Straße, aber die beiden rechten Räder auf der regendurchweichten Böschung sinken ein, tiefer und tiefer. Die ganze Böschung sackt ab, reißt auf – da geht es steil zur Weser hinunter.

Ich stürze zur Archentür: „Toms, raus! Nimm die Kinder und raus! Mach schnell, ich warte!"

Toms hat im Augenblick begriffen. Die beiden Kinder fliegen mir wie Pakete in die Arme, ich presse die kleinen, warmen Körper in ihren Hemdchen an die Brust, an meinen triefnassen Schlosseranzug presse ich sie mit meinen schmutzigen, verölten Händen. Im nächsten Augenblick springt Toms heraus, Decken im Arm, die sie hastig aus den Betten gerissen hat.

Ein Glück, daß er Packard schon losgekuppelt ist und nicht mit hinunterstürzen kann. Schnell verstaue ich die drei im Führersitz, - das Baby schreit natürlich -, die Rolle zittert vor Kälte und Schreck, ist aber auffallend vernünftig. Ich muß jetzt alles Toms überlassen, es geht um die Arche.

Blitzschnell überlege ich: Bretter unterlegen, die Räder mit den Wagenhebern hochwinden, eine breite Unterlage schaffen: zu spät. Die Arche mit dem Packard rückwärtsdrücken, bis ein Baum zwischen den Wagen und dem Abgrund kommt, damit der Wagen im Sturz aufgehalten wird. Das kann gehen, grade noch: Die Schlagseite ist schon so stark geworden, daß ich ein Kippen befürchten muß.

Rein in den Schleppwagen! Ich schiebe Frau und Kinder mit einer Handbewegung zu einem Häufchen in der Ecke zusammen. Der Motor dröhnt, in rasender Hast wird der Wagen gewendet und rückwärts an die Arche rangefahren. Er steht jetzt quer über die Straße, die großen Scheinwerfer eingeschaltet, um den Verkehr zu warnen. Ich wühle im Dickysitz nach dem Schleppseil.

Da hallen Schritte durch die Regennacht, taktmäßig, fest: eine Marschkolonne. Taschenlampen blitzen auf: SA auf dem Heimmarsch von einer Nachtübung.

Ich brauche kein Wort zu sagen, die Lage spricht für sich selbst. Ohne Kommando sind die Jungens im Augenblick bei der Hand. Ich höre sie im Dunkeln, wie sie sich gegen die Arche stemmen, keuchend, stöhnend vor Anstrengung, mit schweren Stiefeln ausrutschend im Schlamm. Ich wende den Packar zum zweiten Mal, und jetzt beleuchten die Scheinwerfer die Szene. Es mögen

20, 30 Mann sein, und jetzt sehen sie doch, wo sie anpacken können und: ein Stein fällt mir vom Herzen, die Arche regt sich. Rollt rückwärts, kommt auf festen Grund und steht.

Das war wirklich Hilfe in der Not! Dank euch, Kameraden von der Mindener SA; ich hoffe, daß euch dieser Gruß erreicht.

Wie triefend naß wir alle sind, die wir da auf der Straße stehen. Wie leicht kann so was zu Erkältungen führen. Schnell geht die Steinhägerflasche noch von Mund zu Mund und fliegt dann in hohem Bogen in die Weser, die uns diesmal nicht bekommen hat.

Der Marschschritt der Kolonne entschwindet im Dunkel.

*

Weiter die Fahrt, weiter der Regen.

Minden passiert; die Uhren schlagen zwei. –

Die Weser bricht sich rauschend an den Brückenpfeilern.

Jetzt fahren wir die Uferstraße entlang in Richtung Bremen auf der rechten Flußseite. Silbrige Nebel brauen überm Strom. Der Himmel weiß, wie Toms mit sich und den Kindern jetzt dort hinten fertig wird; ich muß fahren, fahren, fahren. Wollen die Häuser denn nie ein Ende nehmen?

Drei Dörfer folgen so dicht aufeinander, daß man den Eindruck einer Stadt erhält.

Und da: führt dort nicht ein Weg weserwärts auf eine Art Plateau? Ich springe ab und laufe hastig mit der Taschenlampe: ganz gleich, wo wir jetzt sind, nur Raum zum Parken!

Da ist ein Grasplatz; rechts und links sind irgendwelche Schluchten, aber was kümmert mich das?

Schnell noch die rote Ankerlampe auf das Archendach gesetzt: Todmüde fallen wir in unsre Kojen.

Zweiundzwanzigstes Kapitel

In der Heide

Ich träume, es würfe mich einer mit Erbsen; mit kleinen, scheußlich kalten Erbsen, scharf, wie aus einer Kinderkanone geschossen. Sie prallen mir an die Backen, sie brennen, tun weh. –

Aber ich will jetzt nicht aufwachen, es ist doch noch fast dunkel, und ich bin so müde.

Wieder ein Traum: Reichswehr marschiert zur Wachtparade mit Tschingtara und Bumtara, immer näher, immer lauter das Trompetenkorps; es spielt mir grade ins Ohr hinein.

Wütend, wild entschlossen zu schlafen, will ich mir die Decke über den Kopf ziehen, da spüre ich, daß sie ganz naß ist. Es muß also doch etwas geschehen. Ich richte mich auf: wo bin ich bloß? – Aha, im Wohnwagen. Und es regnet. Und das Fenster steht auf an meiner Koje. Die Tropfen prallen aufs Fensterbrett und spritzen von da aus über Decke und Gesicht. Das sind die „kleinen Erbschen".

Das Trompeterkorps der Reichswehr ist inzwischen zu einem unablässigen Kikeriki geworden. Ich schiebe den Vorhang beiseite: Himmel, wir liegen längsseit einer Hühnerfarm! Ich greife über den schlafenden Toms hinweg nach dem Vorhang auf der Steuerbordseite: Da liegt eine städtische Müllabfuhrgrube, eine wüste Berg- und Tallandschaft voll Scherben und voll Brennnesseln.

Das hätten wir ja wieder mal sauber hingekriegt. So erstaunt mag Münchhausen gewesen sein, als er sich im Schnee schlafen legte und erwachend sein Pferd an der Kirchturmspitze angebunden fand.

Drip, drip, drip prickelt der Regen auf unser Dach. Was für ein melancholischer Morgen! – und was für ein melancholischer Anblick ist doch ein gefüllter Windeleimer, der gewaschen werden muß.

Von außen sieht die Arche wie eine Tropfsteingrotte aus. Bis zur halben Höhe ist sie mit Lehm überkrustet, der ihr in dicken Zöpfen von den Flanken hängt. Die Wasserfrage ist heute einfach zu lösen: Ich brauche bloß die Gießkanne unter unsre Dachrinne zu stellen. Ich wasche und bin froh, daß mich zu dieser frühen Stunde wenigstens keiner sieht. Die ganze Vergänglichkeit des Irdischen liegt vor meinen Augen ausgebreitet: zerfetzte Matratzen, an deren rostigen Spiralfedern sich Winden ranken, Schirmgestelle mit geknickten Armen, Kinderwagen ohne Räder, verbeultes Emaillegeschirr mit Löchern und – Windeln; Windeln, die selbst dann keine reine Freude sind, wenn die Sonne lacht. Jetzt hat mir der Regen auch noch die Pfeife ausgelöscht, die der einzige

Trost ist bei solchem Sauwetter. Da soll doch gleich ...

Ich höre ein Kichern hinter mir, ein ganz infames, schadenfrohes Kichern, und wie ich mich umwende, sehe ich Toms am Archenfenster: „Was siehst du komisch aus!"

Ich sehe gar nicht komisch aus, ich sehe zweckmäßig aus! Ölmantel und Südwester ist doch wohl der korrekte Anzug für einen besseren Herrn, der im strömenden Regen Windeln wäscht. Ich finde Toms Sinn für Komik unpassend bei der Wetterlage.

*

Nach dem Frühstück sehen die Dinge besser aus, sogar das Wetter. Auf der Hühnerfarm, wo jetzt ein paar Hundert weiße, magere Geschöpfe wie große Schneeflocken sinnlos über den verwüsteten Boden wirbeln, ist immer noch kein Mensch in Sicht. Dagegen hat sich auf der Müllgrubenseite einer angefunden, der zur Klasse der „Goldgräber" zu gehören scheint. Jedenfalls hat er einen arg eingetriebenen schwarzen Hut auf dem Kopf, einen so genannten „Judenhelm"; einen Sack hat er bei sich und eine alte Markttasche, in die er Flaschen und dergleichen Nützlichkeiten sammelt.

Nach einer Weile kommt er zögernd näher, ein Stück Blechrohr in der Hand, das gut verzinkt, noch ganz in Ordnung scheint: „Das würden wir doch wohl gebrauchen können", sagt er mit einem Blick aufs Archendach.

Uns sind auf dieser Reise viele Tippelbrüder und Kunden begegnet; der Scharfblick und die Menschenkenntnis dieser Leute hat mich dabei immer wieder erstaunt. Dieser Mann hatte also den abgerissenen Schornstein bemerkt; aus den Schrammen muß er geschlossen haben, das sei erst kürzlich geschehen, es sei da ein Geschäft für ihn zu machen, wenn er uns helfen könnte, und tatsächlich hat er ein passendes Rohr vom gleichen Durchmesser gefunden.

Beim Anbringen des neuen Schornsteins und beim Aufsetzen des alten Windfangs, den ich gerettet habe, erweist er sich wie viele seinesgleichen als ein ganz geschickter Handwerker, in allen Sätteln gerecht.

Nun, er bekommt sein Schinkenbrot und seinen heißen Kaffee, hockt dann bescheiden in der Archentür und erzählt im Kauen. Die Arche löst solchen Menschen leicht die Zunge; sie fühlen sich irgendwie zu ihr hingezogen. Obwohl sie sehr wohl spüren, daß wir nicht ihresgleichen sind, so spüren sie doch, daß sie vor uns sich ruhig aussprechen können.

„Ich komme grad von O., ich hab' da nämlich Stadtverbot."

„Soso."

„O. ist 'ne ganz gute Stadt für ‚unsereinen'. Ich hab' da ganz famos gebettelt, daß ‚der Stock geschwitzt hat': drei Mark achtundsiebzig und noch ein Paar gute Schuhe. Dann ging ich gradewegs zur Wache und bat, daß man mir verhaften sollte; das Wetter war nämlich so schlecht. „Junger Mann', frug der Wachtmeister, ‚waren Sie schon mal im Gefängnis? – Melden Sie sich lieber auf der Wohlfahrt, wir sind für Sie nicht zuständig, wir können Sie nicht verhaften.'

Ich hatte aber viel Gutes gehört vom Gefängnis in O., da hab' ich denn unter den Augen der Polizei gebettelt, bis sie mich doch mitgenommen haben. Hier bin ich wie ein rohes Ei behandelt worden. Der Beamte war sehr freundlich, wir waren zwölf Mann, bekamen auch alle Abendbrot. Am andern Morgen wurden wir bis auf einen wegen Landstreicherei verhaftet. Erst wollten sie mich laufen lassen, aber dann protokollierten sie doch. Diese Herren waren sich über meine Ergreifung nicht klar; der eine sagte: ‚Ich hab' ihn verhaftet', der andere wieder: ‚Dies ist mein Revier.' Aus Irrtum kam ich in die Zelle eines Tobsüchtigen, blieb aber nicht lange drin. Dieser Mann bekam einen Anfall, ich sah es rechtzeitig und drückte sehr stark auf den Knopf. Die Wärter sprangen herbei, es war auch höchste Zeit, denn der Mann sprang und schlug um sich, nach allen Seiten mußte ich springen, bis ich unters Bett kriechen konnte. Noch in derselben Stunde kam ich in eine andre Zelle zu den Landstreichern.

In diesem Gefängnis haben wir herzhaft gelacht. Der Tag war Sonnabend, draußen war Regenwetter, und hier war es gar nicht so übel. Es kam ein junger Mann aus der Kanzlei, der fragte: ‚Wollt ihr heute oder am Montag abgeurteilt werden?'

Lachend riefen wir alle: ‚Auf den Montag!' Dies war ein ganz fideles Gefängnis. Unsre Zelle war sehr groß, auch hatten wir Bücher zur Unterhaltung. Mit vierzehn Mann waren wir, darunter vier Fahrraddiebe und ein Arbeitsscheuer. Auch ein fünfzehnjähriger Bayer war dabei, der hieß Michael, ein Luftikus erster Güte. Am Sonntag früh um halb zehn ging's zur Hausandacht, die ein Pastor abhielt. Der Raum war gut geheizt, und die Andacht hatte keinen langweiligen Charakter an sich. Ich selbst habe mit dem Herrn Pastor gesprochen, ich fand ihn furchtbar nett.

Montag früh wurden noch Matten geflochten. Pro Matte bekamen wir zwei Pfennig. In der Freizeit haben wir Schinkenklopfen gemacht und andre Spiele.

Mir war so was ganz neu, ich machte alles mit.

Nachmittags ging's zum Urteil vor den Richter. Wir bekamen drei Tage und Anrechnung der Untersuchungshaft. So sollte ich gleich wieder in die Freiheit. Ich selbst habe beim Richter Berufung eingelegt, denn ich wollte doch gern für längere Zeit hier bleiben. Ich mußte aber raus, ich habe eben Pech."

*

Es hat aufgeklart. Nach unsern nächtlichen Abenteuern ist uns nach einem

Ruhetag zumut. Der Karte nach sind wir nur einige zwanzig Kilometer vom „Steinhuder Meer" entfernt, ein Name, der mich sehr reizt. Dort wird es schöner sein als auf der städtischen Müllgrube.

Wir nehmen Kurs auf, schwenken rechts ab von der großen Straße, über Loccum, Rehburg.

Es wird weit und hell um uns her. Sand schimmert durch das Olivgrün des Heidekrauts. Schöne Wolkenschiffe ziehen mit vollen Segeln über Kieferwäldern. Und einsam wird es um uns her.

Mit einem Gefühl von unbeschreiblicher Zufriedenheit, mit einem stillen Glück kommen wir wieder in die Landschaft, die zu uns gehört. Wie hell die Rinden der Birken schimmern, jeder Baum eine andre Zeichnung in schwarzweiß. Die Stämme und die Kronen mit ihren niederhängenden Zweigen sind allesamt vom Wind in eine Richtung gebeugt. Ölig schimmern die Torfgräben, die Wollgrasblüten tanzen wie Schneeflocken überm Moor. Die Luft ist voll vom herben, süßen Duft der Heide.

Ein Mensch, der wirklich eine Heimat hat, kann reisen so weit er will, er kann die schönsten Länder der Welt erblicken und alle ihre Wunder, er wird doch immer wieder heimkehren in das unscheinbare Stückchen Land, das zu ihm gehört, oder er nimmt die Sehnsucht danach ins Grab.

Hinter Mardorf schlägt das Steinhuder Meer sein großes, helles Auge auf. Die flachen Ufer sind für uns ein idealer Ankerplatz; wir können sogar gleich wenden, was für ein seltenes Glück! Wie ein mächtiges Schaukelpferd tobt die Arche mit Anlauf durch Torfkulen, mit weichem braunem Mulm gefüllt, und kommt zur Ruhe in einem Nest von jungen Kiefern und Birken.

Am Strand steht ein Schild: „Parken und Zelten gegen eine Gebühr von 10 Pfennig gestattet."

O Wunder: Hier stehen wir nicht nur schön, sondern auch im Rahmen des Bürgerlichen Gesetzbuchs.

*

Schöne Tage, unvergeßliche Tage am Steinhuder Meer: Die einzigen Menschen, die uns begegnen, sind Bauern, Fischer, Schafhirten und ein paar Zelt- und Faltbootleute, sich selbst genug und ohne Neugier, Menschen nach unserm Herzen.

Die Kinder haben ihr Paradies, der Pieps in seiner Torfkule mit dem roten Sonnenschirm darüber ausgespannt, wo er sich nach Belieben herumrollen und schnellen kann mit seinen kräftigen Rückenmuskeln. Die Rolle ist meist am Strand und mehr oder weniger im Wasser zu finden. Auf Hunderte von Metern ist es so flach, daß man sie ganz ohne Gefahr sich selbst überlassen kann. Schön muß das sein, von oben bis unten sich mit Schlamm bekleckern, Schlamm schöpfen im Eimerchen und damit Häuser bauen, schnaufend vor Kunstbegeisterung und Mühe. Oder wenn es gar gelungen ist, einen Frosch am Bein zu fassen und den Zappelnden mit Siegesgeschrei nach Haus zu bringen, wo er dann unbedingt in einen Pappschachtel soll oder in ein Glas, damit er dort das Wetter macht. Überall gibt es Vogelnester zu entdecken, im Schilf, im Heidekraut, im Gezweig, und kleine, warme Eier zu befühlen, gesprenkelte, gefleckte. Manchmal sind sogar schon die Jungen da, nackt und stachlig anzusehen wie winzige Igel und mit weit aufgesperrten Schnäbeln, größer als der ganze Leib. Die Dünenkarnickel und die Waldhasen verlieren bald alle Scheu und äsen abends fast vor der Archentür. Nur wenn einer von uns aufsteht, flitzen sie davon in komischen Zickzacksprüngen, aber mehr zum Spiel; sie nehmen uns sichtlich nicht ganz ernst, was man daran merkt, daß sie nur eben bis zu den Büschen oder bis zu ihren Löchern laufen und dann ihre weißen Blumen weithin sichtbar draußen lassen.

Im flachen Wasser stelzen die Fischreiher, ein halbes Dutzend oder mehr, und scheuchen die Brassen und Rotfedern vor sich her wie eine wohlgeübte Treiberschar. Ab und an zuckt blitzschnell der lange Schnabel vor: Der silbrige Bauch des Fischchens blitzt in der Luft: Schwupp, schon hat er ihn. Kiebitze taumeln in ihrem Flatterflug dicht über uns; ihre Nester liegen ringsum ganz in unserer Nähe. Das gespenstische Gemecker der Ziegenmelker erfüllt die Abenddämmerung, Mückengesumm und das zänkische Kreischen der bunten Häher.

Ja, es ist herrlich hier. Wir kochen im Freien; ich habe ein brandsicheres Feuerloch gebaut; wir beheizen es mit Torfsoden, schwarz, wurzeldurchzogen, federleicht anzufühlen. Ein mildes, dauerhaftes Feuer gibt das her, einen feinen, schwermütigen Duft und einen weißen Rauch, der die Mücken vertreibt.

Die Sonnenaufgänge und die Sonnenuntergänge der Heide, unsere nächtlichen Nebelgespenster, unser verschleierter Mond, der Wasser zieht und am Tag unsere Wolken, die wie große Fische vor der Sonne ziehen oder wie platte Riesen mit weitausgebreiteten Armen, jede anders, jede voller Gesicht und immer wechselnd im Ausdruck, - das gibt es nirgends wieder auf der ganzen Welt. Und auch nicht unsere Heidjermädchen mit den blaubeerblauen Lippen, den sonnenfarbenen Zöpfen, den Sommersprossen auf den feinen Näschen, und den zerschrammten nackten Beinen: barfüßig treiben sie ihre Kühe an uns vorbei, morgens und abends, und kauern jedes Mal lange Zeit an der Torfkuhle, wo das Baby liegt, und sind nicht wegzubringen, diese kleinen Mütter.

Wenn wir jetzt noch ein Boot hätten; das ist das einzige, was uns fehlt zu unserm Glück. Nur die Rolle hat eins: die große Waschbalje nämlich, und rudert ziemlich weit hinaus, mit beiden Händen paddelnd.

*

Eines Tages kommt eine große Schafherde von mehreren hundert Tieren zum Ufer. Die Hunde kreisen sie ein. Die Schäfer umstellen sie mit Pferchen; nur gegen den See hin lassen sie eine Tür. Nun wird Schaf auf Schaf in der Wolle gepackt, zappelnd umgedreht und in den See gezogen. Die Armen: sie meinen, daß es nun ans Ersaufen geht. Kläglich klingt ihr mäh, mäh, steif wie Stecken ragen ihre Beine aus der Flut; den Kopf mit den traurigen Augen hält der Schäfer fest im Arm. Ihre Leiber werden schwer, weil die Wolle sich voll Wasser saugt – das soll sie ja auch, denn morgen ist die Schur.

Jedes wird eine Weile geruppelt und im Wasser hin und her gedreht. Die meisten lassen sich ergeben alles gefallen, dann läßt man sie zum Ufer laufen. Sie stelzen langsam durch das flache Wasser, sehr beleidigt im Ausdruck, sehr ungemütlich in dem Prießnitzumschlag ihrer Wolle.

Eine Weile stehen sie noch schmollend und verblüfft von dem peinlichen Abenteuer im Sand in Betrachtung der Pfützen versunken, die sich unter ihnen bilden, dann beginnen sie zögernd an den jungen Trieben des Heidekrauts zu nippen: schließlich und endlich ist man ja doch mit dem Leben davongekommen und ein Bad macht hungrig.

*

Nur um den üblichen Einfall von Sonntagsausflüglern aus Hannover zu entgehen, nehmen wir am Samstag Kurs auf Worpswede über Bremen.

Blank und gewaschen ist die Arche; ein gutes Stück Westfalenland liegt jetzt am Steinhuder Meer. Die Fenster sind geputzt, das Linoleum ist poliert, alle Wäsche gewaschen, die Taschentücher sogar geplättet – Toms pflegt sie in nassem Zustand an die Fensterscheiben zu pressen. Wir sind seeklar bis auf den Proviant, der ergänzt werden muß.

Das geschieht unterwegs in Nienburg. Ich mache die technischen Einkäufe, die immer wieder nötig sind: eine Rolle Isolierband, Messingschrauben, Haken, ein halbes Pfund gemischte Nägel, einen neuen Gummistopfen für das Waschbecken. Das dauert alles seine Zeit in einer kleinen Stadt, und schließlich findet sich auch Toms wieder ein, bepackt mit Eierkorb, mit Brötchen, Obst, Butter, Fleisch und Wurst.

Die Abfahrt geschieht dann jedes Mal mit einiger Hast, um der Neugier zu entgehen, die sich unweigerlich um uns sammelt. Während Toms drinnen den Proviant verstaut, besteige ich den Führersitz, und stolz wie der Schwan aus Lohengrin rollen wir davon ...

So war die Absicht: nach wenigen Metern Fahrt aber höre ich ein Krachen und ein Bersten hinter mir: mit Donnergepolter schlägt eine schwere Masse rechts von mir aufs Pflaster.

Was ist geschehen? – Die Arche hat die große Markise eines Schuhgeschäftes zertrümmert, hat sie herausgerissen samt der Verschalung aus der Wand.

Fast unbegreiflich bei der Menschenmenge, die die Arche umstanden hat, daß niemand verletzt worden ist.

Bei aller Peinlichkeit sind solche Lagen doch ungeheuer komisch: Natürlich kommt sofort der Geschäftsführer vom Schuhhaus hervorgestürzt, entrüstet, aber doch mit der Höflichkeit des geborenen Verkäufers:

„Mein Herr, Sie verweilen sich wohl einen Augenblick."

Und ebenso natürlich kommt der behäbige Schutzmann von der nächsten Straßenecke, gutmütig, verträglich, nicht im Geringsten aufgeregt, aber immerhin mit gezücktem Notizbuch. Während nun mit deutscher Gründlichkeit aus Paß und Autopapieren die Personalien aufgenommen werden, habe ich Zeit, den Schaden anzusehen. Von der Preßholzwand der Arche sind beide Schichten an der Stirnwand durchbrochen; ein mächtiges Loch. Zum Glück ist das Gerippe unbeschädigt. Daß die Markise bei diesem Turnier als zweiter Sieger arg zerfetzt hervorgegangen ist, kann mir kaum Trost sein.

Interessant aber ist mir, wie die Sache eigentlich zustande kam: Vorschriftsmäßig habe ich beim Parken scharf rechts gehalten. Nun ist das Nienburger Pflaster stark gewölbt und die Arche recht hoch. Dank der gewölbten Straße hat der Wagen rechts Schlagseite gehabt und beim Anfahren die Markise gerammt, die, ebenfalls vorschriftsmäßig, mit dem Bürgersteig abschloß. Es hat also weder die Arche noch die Markise schuld, sondern höchstens das Pflaster und damit die Stadtverwaltung.

Dieser Ansicht ist auch ein völlig unbeteiligter, aber umso aufgeregterer Herr: Auf keinen Fall sollte ich zahlen, einen Prozeß sollte ich machen, es ihr ordentlich geben, der Stadtverwaltung nämlich. Vermutlich ist der aufgeregte Herr von Beruf Rechtsanwalt.

„Na, wollen die Herren sich nicht in Güte einigen?" fragt der gemütliche Wachtmeister.

Ja, das wollen wir natürlich. Handwerker kommen und schätzen den Schaden ab: dreißig Mark. Das ist bitter.

*

Gar nicht mehr stolz, sondern in einiger Betrübnis ziehen wir von dannen.

Das Loch ist draußen vor der Stadt mit ein paar Lappen Segeltuch und einem ausgezeichneten Kitt, den wir an Bord haben, bald geflickt. Schade, daß das Loch in unserer Kasse nicht auch damit zu dichten geht.

Wir fahren dem Meer entgegen.

Dreiundzwanzigstes Kapitel

Im Moor

Wenn man nach Norden fahrend sich der Küste nähert, so ist es, als änderten alle Dinge ihr spezifisches Gewicht. Die Menschen, die Städte, die Erde und alles, was aus ihr wächst, sie werden schwerer. Sie beginnen im Rhythmus des Meers zu atmen, ja bei den Strömen wird der Vorgang sichtbar.

Am Nachmittag fahren wir durch Bremen, die Stadt mit der seltsamsten Mischung von Weltenweite und Kleinstadtenge, die ich kenne. Wie groß ragt hier die Hansezeit, wie stark hat ihre Überlieferung sich fortgesetzt in unsere Zeit. Die Erdkugel mit dem vielen Blau der Ozeane ist das Symbol der stillen Kontore, und ein Haus, wie das des Norddeutschen Lloyd, gleicht einem riesigen Hirn, gepackt voll mit den Problemen des Welthandels. Und dann der Gegensatz: die komisch kleinen Teakholzkästchen langsam fahrender Trams, der einsame, verkehrsregelnde Polizist mit grüner Uniform und blanker Helmspitze vor dem Hauptbahnhof, die provinziellen Ladenstraßen, die Grünanlagen kleinbürgerlichen Geschmacks.

Es tut wohl, von der Weserbrücke aus wieder mal Schiffsmasten zu sehen und seegehende Dampfer mit salzverkrusteten Planken. Es tut wohl, den feinen Kaffeeduft zu spüren, der ganz Bremen durchzieht, den unbeschreiblichen Hauch von Übersee.

Die Stadt spannt sich viel weiter über die wassergeäderte Ebene, als der Fremde glaubt. Es sind die vielen tausend blitzsauberen Klinkerhäuschen mit den grünen Fensterrahmen und Läden, die ihr die gewaltige Ausdehnung geben. Bremen hat die geringste Wohndichte und die verhältnismäßig größte Zahl an Einfamilienhäusern; vorbildlich für ganz Deutschland.

Eine Stunde später rollt die Arche schon über Klinkerstraßen; gern spüre ich sie unter den Rädern, wenn sie auch stuckern. Die Birkenalleen reißen nicht mehr ab. Kanäle queren die Landstraße, immer wieder macht die Arche eine Art von Hürdensprung über hochgewölbte, kleine Holzbrücken mit hübsch weißgemalten Geländern. Alles Menschenwerk ist hier von unerhörter Sauberkeit, die Gartenhecken wie mit der Wasserwaage glattgeschnitten, die Spaliere wie mit dem Lineal gezogen, die messingnen Türklinken blitzen blankpoliert, und sogar die Mörtelfugen zwischen den Klinkersteinen sind sorgfältig mit weißer Farbe nachgezogen. Auch die schmalen Beete der Felder zwischen den Wassergräben, die Pferde, blank im Fell, die Wagen, von denen der Bauer hier gern zwei hintereinander spannt, alles zeugt von liebevoller Pflege, von Schönheits- und Ordnungssinn. Die Höfe halten weiten Abstand von der Straße; ein jeder mit seiner Brücke über den unvermeidlichen Torfgraben, ein jeder mit seinem Wäldchen auf der Windseite, seinen durch Generationen spalierig gezogenen Lindenbäumen vor dem Haus. Ein jeder mit seiner Bank vor der mit Ochsenblut noch röter gemalten Ziegelmauer, wo des Abends die Alten sitzen, und mit der zweiten Bank am Straßenrand, wo morgens die gefüllten Milchkannen stehen.

Wir erreichen Worpswede ziemlich spät am Abend. Aber ich kenne da Weg und Steg; so ist es uns nicht schwer, den richtigen Platz zu finden in einem lichten Kiefernwäldchen am Fuß des Weyerbergs.

Ich stehe nicht an, Worpswede für einen der merkwürdigsten Orte der Welt zu erklären. Es gibt Küsten, die in bestimmtem Winkel zu Wind und Seegang liegen, an deren Strand sich ganz bestimmte Dinge sammeln, die es sonst nirgends gibt, Bernstein etwa oder tote Walfische oder Wracks. Solch eine auffangende Küste ist auch Worpswede, nur daß sich hier Menschen fangen von irgendeiner sonderlichen Art. Durchaus nicht nur die Maler, obwohl sie mit ihrem auffallenden Handwerkszeug und mit den hohen Nordfenstern ihrer Ateliers das Bild ziemlich stark beherrschen, sondern auch andere Krustentiere unter den Menschen, die sich gern in ihren Höhlen abseits halten, wie Dichter, öffentliche und geheime, Töpfer, Weber, Bildhauer und sogar Tänzerinnen. Worpswede, seltsames Gefäß, wo Bauerntum und Kunstgewerbe, Handwerk und Phantastentum in unsichtbarer Brandung sich mischt, sich trennt, sich liebt, sich haßt und wirbelt.

Um nur ein Beispiel zu geben von dem, was hier so antreibt und Wurzeln schlägt: Die Arche steht im Schutz eines Hauses, dessen Grundriß die Gestalt eines bestimmten Sternbilds hat. Es ist kaum mehr als ein ungeheures Dach, mit vielfältigen Giebeln und verborgenen Fensteraugen auf die Erde gesetzt. Es geht so vollständig in die Landschaft über, wie ich das nie zuvor gesehen habe. Sandsteinplatten führen aus den Räumen terrassenförmig abwärts in Heide und Moor. Aus großen Tongefäßen blühen riesige Kakteen. Torsos von Bildwerken versinken in Heidekraut, und die Pyramiden der Torfsoden sind ihr Hintergrund.

Und im Innern? – Tausendjähriges Wikingertum, seltsam durchsetzt mit Badewanne und WC. Und was tun die Menschen darin? – Sie kultivieren das Moor mit modernsten Maschinen, Bodenfräsen, die Pflügen, Eggen, Walzen in einem Arbeitsgang verrichten. Tolle Maschinen mit Rädern, breit wie Raddampfer, mit turmhohem Führersitz und einem stuckernden, puffenden Motor davor. Schaukelnd ziehen sie über das schwankende Moor. – Ganz Worpswede liegt in diesem Haus und seinen Menschen.

*

Allein und beinahe heimlich bin ich mit dem Packard einen ganzen Tag umhergefahren, um einen Platz zu finden, der ein Standlager für die Arche werden soll. Allmählich lerne ich die richtige Wohnwagen-Reisetechnik. Es lohnt sich sehr, den Ankerplatz sorgfältig zu erkunden, denn selten liegen die guten Plätze an der Straße. Man setzt auch die Arche keinen Gefahren aus, wenn man mit dem Schleppwagen – der überall durchkommt – das Gelände erkundet. Es gibt so viel Sicherheit, zu wissen, wie Einfahrt und Ausfahrt sind, wie die Arche zu stehen kommt, wo Milch und Brot zu haben sind und vor allem: daß der Grundbesitzer einverstanden ist. Wir haben in letzter Zeit recht kriegsmäßig gelebt, jetzt wollen wir den Frieden.

So mag dem Squatter zumut gewesen sein, wenn er auf neuem Land im Westen der Karawane vorausritt, ausspähend nach gutem Boden, nach fischreichen Flüssen, nach Wäldern voller Wild und nach einem sicheren Platz für sein Blockhaus.

Ich habe diesen Platz gefunden. Es fließt ein kleiner Fluß aus dem großen, unheimlichen Teufelsmoor, die Wümme. Er vereinigt sich mit einem etwas größeren Fluß, der Hamme, die an Worpswede vorbei zur Weser fließt.

Nahe der Wümmemündung liegt eine seeartige Verbreiterung des Flüßchens; viele Wasserarme ziehen sich ringsum durch Wiesen, und Weidenbäume säumen die Ufer. Es scheint ein fast unnahbarer Ort, aber wir können es schaffen, wenn wir quer über die Wiesen fahren; sie sind frisch gemäht, sie sind entwässert, der Grund ist fest.

Als ich heimkam zur Arche, war ich so vergnügt, daß ich die ganze Mannschaft zum Jahrmarkt nach Worpswede verfrachtete.

Die Rolle durfte auf allen Karussellpferden reiten, bis sie schwindlig wurde, wieder und wieder schoß ihr stolzes, strahlendes Gesicht an uns vorbei. Der Lärm, die vielen Menschen, die Musik betäubten uns nach unserer langen, stillen Einsamkeit; es ging uns wohl nicht anders als den Moorbauern ringsum. Ich kaufte dem Pieps ein Babyfläschchen mit Zuckerkügelchen gefüllt, obwohl ich das nicht durfte, dem Toms ein rotes Pfefferkuchenherz, der Rolle eine silbrige Trompete; dann mischte ich mich unter das Knallen der Schießbuden und schoß mir ein Bündel Aale, zum ersten Mal seit langer Zeit.

*

Die Weidenbüsche haben sich hinter uns geschlossen. Das Gras, das unsere Reifen niederdrückten, hat sich aufgerichtet. Wir sind wie auf einer Insel im Moor. Der dünne Rauch unseres Torffeuers ist das einzige Zeichen, das den Menschen die Lage der Arche verraten kann.

Wir richten uns ein: Ich ziehe die Plattform unserer Veranda unter der Arche hervor; natürlich hat sie sich verzogen von der vielen Nässe und weicht nur kräftigen Stößen mit dem Kuhfuß. Sie wird auf Holzklötze gelegt; ihre eisernen Füße geben keinen festen Stützpunkt ab. Unser Zelt wird aufgebaut. Es besteht aus zwei aneinander genähten Bahnen von Segeltuch mit einem Querstab an jedem Ende. Der eine Stab wird über der Archentür in Halter gelegt, den zweiten stützen zwei lange Stangen, schräg in den Grund gebohrt, so daß das Leinwanddach genügend Schräge erhält. Diese Veranda mit dem Zelt darüber ist fast eine Verdopplung des überdachten Raums der Arche, eine große Annehmlichkeit bei schlechtem Wetter.

Toms und Rolle stauen die Proviantkörbe unter den Bauch der Arche und säubern den ganzen Platz ringsum, was wichtig ist, damit man nicht zuviel Schmutz in den Wagen trägt. Ich ziehe einen kleinen Abzugsgraben vom Ausgußrohr zum Fluß, damit der Untergrund sich nicht allmählich in Schlamm verwandelt. Dann grabe ich das Kochloch nahe am Ufer und binde darüber eine Schlinge an einen Weidenast, mit einem Haken, an den man Kochtöpfe hängen kann. Wir schwitzen vor Eifer, wir glühen vor Erfinder- und Entdeckerglück. Von Stunde zu Stunde wird es schöner und wohnlicher um uns, und wie wir abends um das Feuer sitzen, wie der Rauch den Topf schwärzt und der Haferbrei drinnen blubbert und der Flammenschein über die Gesichter huscht, da habe ich ein ganz heißes, glückliches Gefühl von Dankbarkeit und Rührung, so als seien wir wirklich aus einem Schiffbruch auf eine Insel gerettet. – Hinterher schämt man sich natürlich, der Verstand findet das dumm und womöglich unmännlich, aber es ist doch so.

*

Ich wandere durchs Moor; durchaus nicht ziellos, sondern mit der Absicht, Regenwürmer zu finden, denn ich will angeln. Regenwürmer lieben aber Moore nicht, es ist ihnen dort zu sauer. Darum ist es schon das Beste, wenn man auf dem nächsten Bauernhof um die Erlaubnis fragt, am Misthaufen, noch besser am Komposthaufen, nachzugraben. Die blecherne Tabaksschachtel ist dann bald gefüllt; man muß nur aufpassen, daß sie nicht aufgeht in der Hosentasche.

Bei solchen Besuchen auf Bauernhöfen nehme ich immer die Leica mit. Sie ist ein gutes Mittel zum Anknüpfen von menschlichen Beziehungen; die Frau hat gern ein Bild von ihren Kindern, und der Knecht will gerne eins für seine Braut; möglichst stattlich muß er sich dabei ausnehmen, am besten, wenn er die Pferde in die Schwemme reitet oder wenn er hoch oben auf dem Heuwagen

Oben: Auf Meilen gehörte der Strand uns ganz allein.
Unten: Wir hätten ihn gern mitgenommen, den besten Freund der Rolle. – Das war die Moorfrau vor ihrer Hütte.

sitzt, die Peitsche in der Hand. Man muß nur unter allen Umständen das Bild auch schicken. Ich traf einmal eine Dame, die Bauernkinder aufnahm und ihnen dann die abgerissenen Schutzstreifen der Filme gab: „Das seien die Bilder, die sollten sie nur gut aufbewahren unterm Kopfkissen, morgen früh sei das Bild dann da." Das war eine richtige Gemeinheit, sie kommt viel häufiger vor, als man denkt.

Heiß flimmert die Luft überm Moor; die Torfhügel, die den ganzen Horizont durchpunkten, erscheinen wie eine Fata Morgana von Pyramiden. In großer Ferne steigt ein Schlot über die weite Ebene, er raucht, ein Wellblechdach darunter blitzt wie ein großer Glasscherben, und seltsames Brausen und Klappern dringt zu mir herüber. Was mag da sein?

Nirgends geht es sich schöner als über Moorboden; der Grund federt, das Heidekraut bürstet die nackten Knöchel. Man springt über Gräben, klettert über abgetorften Grund, watet durch weichen Mulm. Das wäre ein Revier für Reiter!

Da drüben wird gearbeitet; Felder von Torfsoden breiten sich vor mir aus, noch glänzend von Nässe. Frauen mit hellen Kopftüchern arbeiten gebückt, sie stapeln die Ziegel zu lockeren Wällen, damit die Luft sie von allen Seiten durchstreichen und trocknen kann. Die Männer sieht man erst, wenn man ganz nahe ist; sie stehen in Gruben, zwei, bis drei Meter tief, terrassenförmig angelegt. Sie stehen seitlich in die Torfmauer, von der Schulter aus, mit breiten, dreikantigen, kurzen Spaten; bei jedem Stich blitzt der Stahl hell auf, und ein wohlgeformter schwarzer Ziegel fliegt abgehoben den Frauen in die Hände, die ihn weiterwerfen, eine lange Kette von Händen entlang.

Das ist die Art der Torfgewinnung, wie der Bauer sie betreibt. Die andere Art geschieht mit Hilfe jener Dampfmaschine, deren Schlot ich vorhin rauchen sah. Unter dem Wellblechdach ist auf Holzschwellen eine Lokomobile aufgebockt. Sie treibt ein Transportband, Torfstecher füllen es mit Torf. Das Transportband läuft zu einem Mischer, der die Torfstücke verschlingt und sie zu einem zähen Brei zermalmt. Der Brei tritt unten aus dem Mischer aus, wie eine endlose schwarze Wurst. Eine Frau mit einem großen Hackmesser zerschlägt die Wurst in metergroße Stücke. Das Messer sieht fast wie ein Schwert aus, und die Frau scheint in einem wilden Kampf mit Feinden verwickelt, die sie allesamt köpfen muß. Eine kleine Drahtseilbahn, auch von der Lokomobile angetrieben, trägt die Wurstenden über Rollen in ein schon abgetorftes Feld. Junge Arbeiter mit nackten Oberkörpern, dunkelbraun gebrannt, reißen mit Schwung die dicken Würste von den Seilen, betten sie auf den Grund.

Das Ganze ist eine sehr einfache, aber vollständige Torffabrik. Trockner Torf steht in gewaltigen Mauern aufgeschichtet und mit Brettern gedeckt, damit er trocken bleibt. Feldbahnen fahren von diesen Mauern zu den Kanälen hin, wo schon die Kähne der Torfschiffer warten. Ach diese Feldbahnen! Ihre Schienen ziehen sich in Schlangenlinien über den Grund; die winzigen Lokomotivchen, uralt und asthmatisch, scheinen einer Spielzeugeisenbahn entnommen. In jeder Kurve schaut es aus, als müßten sie entgleisen, aber das tun sie nicht oder wenigstens nur selten. Das bleiche Holz der Wurzelstöcke längst versunkener Bäume ist ihr Futter.

Die Kähne sind lang, schmal und gehen ziemlich flach. Sie haben ein Seitenschwert wie holländische Kuffs, das der Schiffer je nach der Windrichtung bald an Backbord, bald an Steuerbord aushängt. Ein verhältnismäßig sehr hoher Mast steht mittschiffs mit einem braunen Luggersegel. Im Vorschiff liegt die winzige Kajüte, so niedrig, daß man höchstens darin knien kann; dort wohnt und kocht der Schiffer. Fast unheimlich sieht es aus, wie diese teerschwarzen Kähne mit ihren hohen, braunen Segeln durch die Kanäle ziehen wie stille, große Vögel.

Ihre Segeleigenschaften sind außerordentlich; ich habe niemals Schiffe gesehen, die so hoch am Wind anliegen können. Fast scheint es, als könnten sie gegen den Wind ansegeln.

Die Menschen im Moor sind von einem ganz bestimmten Schlag, hohlwangig, gewissermaßen ausgedörrt und vertrocknet, frühzeitig gefurcht und alt. Man sieht viele, denen Rheumatismus – die Krankheit des Moors – die Glieder krumm gezogen hat, man sieht in viele Augen, die Moorfieber bleichte.

Und trotzdem: wie schön ist es im Moor, wie gern würde ich mit diesen Schiffern segeln und staken bis Bremen hin oder bis Hamburg.

Obwohl das Land völlig eben ist, der höchste „Berg" zwischen Hamburg und Bremen ist, glaube ich, 15 m hoch – so gibt es doch zahlreiche Schleusen in den Flüssen und Kanälen, und eine Abart davon ist so seltsam, daß ich sie beschreiben muß.

Diese Schleusen für ganz geringe Staustufen bestehen aus Lattengestellen, bei denen die Latten durch Leder untereinander verbunden sind. Sie stehen aufrecht im Kanal, etwas geneigt in Richtung der Strömung und neigbar, wenn man kräftig auf sie drückt. Wenn ein Schiff solch eine Schleuse passiert, so gleitet es stromab einfach über sie hinweg, indem es die Latten herunterdrückt. Stromauf muß der Schiffer das Niederpressen erst besorgen und dann den Kahn hinüberziehen.

*

Heute abend wird zum ersten Mal geangelt; das Gerät habe ich mir in Worpswede besorgt. Die Rolle darf zuschauen, wie der Wurm über den Haken gezogen wird, wie die Leine ausschwingt, wie die Bleiklümpchen sinken, wie dann der Schwimmer, wie ein dicker Herr mit roter Badehose auf den Wellen tanzt. Welche Spannung, wie er langsam, von wechselnder Strömung getrieben, zum Schilf hinzieht. Ein paar Minuten steht er ganz still, als müßte er angestrengt nachdenken, was er nun eigentlich beginnen solle: aber da fängt er auch schon an, geheimnisvoll zu kreisen und zu dümpeln, als hätte der dicke Herr einen kleinen Schwips: Der Fisch knabbert am Wurm. Jetzt nimmt er Kurs auf und wandert zielbewußt tiefer ins Schilf, ein winziges Kielwasser hinter der Federspule. „Paß auf, Rolle!"

Ich haue ein, und im nächsten Augenblick zappelt er schon in der Luft: ein hübscher kleiner Aal. Jetzt rasch das Taschenmesser her! Wie er sich windet, welche Kraft sitzt in dem dünnen Leib! Endlich ist der Haken losgeschnitten, der Aal im Beutel, und Toms muß kommen und bewundern. Sonderbar, Rolle und ich haben keine Scheu vor Regenwürmern und vor dem Schleim der Fischhaut, aber Toms um so mehr.

Der Jägerinstinkt erwacht jetzt in dem kleinen Mädchen. Vergessen sind die blauen und die grünen Wasserjungfern mit ihren schillernden Leibern, vergessen der Eisvogel mit seinem blitzenden Gefieder und seinem blitzschnellen Flug, vergessen die Wasserspinnen, der Zaunkönig, das ganze interessante Getier. Sie will auch eine Angel haben und bekommt auch eine mit richtigem Haken, an dem man sich die kleinen Hände aufreißt und doch nicht weint; ein richtiger Wurm ist auch daran.

Nun fischen wir Seite an Seite. Immer muß ich nach dem Schwimmer der Rolle sehen, denn jeden Augenblick meint sie, es hinge mindestens ein großer Hecht daran. Der Abend sinkt, die Fische springen, der Fluß murmelt lauter als am Tag. Die Mücken singen; man muß immerfort rauchen und trotzdem wild sich auf die Backen schlagen oder an den Beinen kratzen. Die Hände decken sich mit Schuppen, und es riecht nach Fisch.

Fünf Köderfischchen haben wir gefangen; die Rolle baut ihnen einen kleinen Teich und dämmt ihn ab mit Stöckchen. Da schwimmen sie nun und sind ihre Fische. Wir brauchen sie noch, wenn wir die Hechtangeln setzen.

Drei Aale sind noch herausgekommen und vier Brassen; das langt für's Abendbrot. „Toms, heute Abend koche ich."

*

Ich hole mir ein Brett und schuppe ab und nehme aus. Heute will ich mal ein Essen machen, wie ich es Fischer an der Chileküste habe zubereiten sehen: das beste Essen von der Welt – wenn es gelingt.

„Toms, haben wir noch eine Flasche roten Chilewein im Keller?"

Der rote Wein, das ist das wichtigste bei meinem Essen, aber in Chile tranken wir ihn schon bei der Zubereitung und dann tanzten wir. Das war an der Felsenküste von Valdivia, ich werde es nie vergessen.

Rolle holt Holz, und ich grabe mein Kochloch tiefer. Wir bauen unsern Holzstoß über dem Loch, legen flache Steine darauf und zünden an. Mächtig brennt es und frißt knatternd, daß Toms fast Angst bekommt, und wir beide, Rolle und ich, laufen bis zu den entfernten Weidebüschen, um ihm neues Futter ranzuholen. Es wird dunkel; die Flammen fangen an zu leuchten, dann sinken sie zusammen. Die Scheite brennen durch, sie fallen in das Erdloch, das dunkel glüht und raucht mit einem Kranz von heißer Asche ringsherum. Jetzt legen wir auf die glühendheißen Steine Weidenzweige und auf die Blätter unsere Fische, gut bestreut mit Salz und Pfeffer. Ringsherum und obenauf kommen Kartoffeln, dann wieder Weidenzweige. Schließlich wird die glühende Asche in das Erdloch geschoben und Grassoden werden draufgedeckt. Rauch steigt aus der Erde.

Wir sitzen vor der Arche und trinken den roten, herben Wein, und unser Grammophon spielt „La Paloma" und „Chiquita". Es ist das erste Mal, daß wir das Grammophon hervorgeholt haben, seit wir in der Arche sind.

Der rote Mond steigt übers Moor, und Nebel ziehen: was für ein Abend!

Ich liege auf dem Rücken im Gras und träume. Das Grammophon spielt spanische Tänze mit Mandolinen und Kastagnettengeklapper: was für ein Abend!

Der Rauch aus dem Erdloch beginnt zu duften. Toms holt die Teller, und ich breche die Schatzkammer auf. Stärker der Rauch, stärker der Duft; es leuchtet das weiße Fleisch der Fische, und die geschwärzten Schalen der Kartoffeln brechen rauchend auf.

Himmel, was für ein Mahl!

„Toms, glaubst du, daß es irgendjemanden gibt, der es so gut hat wie wir in diesem Augenblick?"

Nein, dies ist eine Stunde vollkommener Glückseligkeit.

Wir schlafen diese Nacht im Freien, Toms und ich.

Vierundzwanzigstes Kapitel
Der Waldbrand

So versteckt die Arche liegt, das Gerücht von ihrem Dasein spricht sich in der Gegend herum. Aber die wenigen Menschen, die uns hier besuchen, sind willkommen, sie fragen wenig, sie stören nie, sie sind einsam, vieles hat sich in ihnen aufgespeichert. Das Wesen des Moors erschließt sich uns durch sie.

Eines Abends, es ist schon dunkel und die Nebel ziehen, nähert sich uns ein Schatten, Schritt um Schritt, gewissermaßen Ruck um Ruck; ein Flintenlauf zeichnet sich scharf gegen den Himmel ab – der Jagdpächter.

Ein langer, hagerer Mann mit tiefliegenden, blitzenden Augen, mit strähnig gefurchten Wangen, mit hängendem Schnurrbart. Eine Begegnung, wie aus dem „Lederstrumpf": man steht sich gegenüber, sehr auf der Hut, man mustert sich, ob Freund oder Feind. Minutenlange Spannung – dann hat man sich das Maß genommen, und auf eine einladende Handbewegung nimmt er auf unsrer Veranda Platz. Mit schlaffen Hälsen fallen die geschossenen Wildenten zu Boden, die er in Schlingen am Gürtel trug. Zu seinen Füßen kauert sich still der zottige Wasserhund, seine Augen leuchten grün im Schein des verglimmenden Feuers.

Bald stehen die kleinen, dickbauchigen Gläser zwischen uns mit klarem Schnaps, und der Jäger erzählt: „Ein feines, feines zartes Singen habe er in der Dämmerung gehört auf seinem Pürschgang bei den Uferweiden. Da sei er nähergeschlichen, und was habe er da wohl gesehen? – Einen jungen Otter, im Fluß auf einem Baumstamm sitzend. Der sei es gewesen, der gesungen habe, fein und zart wie ein junges Mädchen."

Er spricht wie ein Dichter von seinem Erlebnis, er ist ganz erfüllt davon, er schildert das Fell und die zierliche Haltung des Otters, und unwillkürlich denke ich an Hermann Löns. Die Heide und das Moor machen Dichter; hier begreift man, wie Märchen entstehen und daß sie wirklich sind, weil wirklich erlebt.

Und Toms hat als Dank des Jägers eine Wildente geerntet.

*

Einmal kommt um die Mittagszeit ein kleiner Mann, gebeugt, verschrumpelt, Hände und Gesicht geschwärzt. In achtungsvoller Entfernung von der Arche nimmt er Platz.

„Warum er denn nicht näher käme?"

„Ach nein, das ginge wohl nicht, er röche so stark nach Masut, nach Erdpech."

„Wie denn das käme?"

„Er sei ein Ölräuber – solche Menschen kennten wir wohl nicht."

„Nein, solche Menschen kannten wir nicht."

„Ob wir mal vom Petroleumkönig Sinclair gehört hätten? Der habe einstmals prophezeit, die ganze Heide sei voll Öl. Und das sei wahr. Wir hätten doch wohl die Bohrtürme gesehen, die schössen ja wie Pilze aus der Erde jetzt. Das ginge so – er ahmt mit den Händen die langsame Bewegung des Bohrgestänges nach und mit dem Mund das seltsam unterirdische Geräusch der Pumpen -: „Tuck-tock-tuck-tock."

So pumpten sie jetzt das Erdpech aus der Erde, es quölle und tropfte und sickerte schwer, es sei dick wie Sirup und grünlich-schwarz.

Aber schon lange vor den Bohrtürmen habe es die Ölräuber gegeben, und er sei einer von den letzten. Ölsäcke säßen wie Blasen in den oberen Schichten. Man könnte es dem Boden ansehen, verstünde man sich darauf. Dann gräbt der Ölräuber seinen schmalen Schacht und steht in triefenden, stinkenden Löchern und schöpft sie aus. Er kriecht in engen Stollen, ölgetränkt die Kleidung, ölgetränkt die Haut; Krätze zerfrißt sie, und nie weicht der widrige Geruch aus seinem armseligen Heim. Elf Kinder habe er zu Haus, sieben von der ersten, vier von der zweiten Frau. Die erste sei gestorben, als er im Feld stand. Da sei er denn auf Urlaub gekommen zum Begräbnis und habe dagestanden mit den sieben Kindern, und keine Frau im Haus und nur acht Tage Urlaub.

*

Nach Sonnenuntergang schlendert der Maschinist der großen Bodenfräse heran, die in der Nähe arbeitet: ein junger, aufgeschlossener Mann, gebräunter als sein verwaschenes SA-Hemd; ein Flaum von beinahe weißen Härchen umschimmert sein Jungensgesicht. So wie der Ölräuber die Vergangenheit, verkörpert er die Zukunft des Moors.

Er kultiviert hier zweihundert Morgen Moor, Gemeinschaftsbesitz eines Dorfes, das schon sechshundert Morgen Hochmoor kultiviert hat. Auch die Maschine gehört dem Dorf.

Vor ein paar Jahren sei das ein trübes, totes Dorf gewesen, die Menschen stumpf und niedergedrückt. Keine Entwicklung, seit der alte Fritz zum ersten Mal mit der Moorkultur begann; abgeschnitten von der Außenwelt waren die Menschen, ablehnend allem Neuen gegenüber.

Da habe er im Jahre 1929 zum ersten Mal die neue Kulturmethode mit der Fräse vorgeführt. Aber die Bauern hätten einmütig den Kopf geschüttelt. Ein einziger, der tüchtigste Landwirt von allen, der hätte die Sache richtig erkannt. Er ließ seinen Mooranteil im Lohn kultivieren und bekam gutes Weideland. Nach einem Jahr war es so weit, daß die sechs größten Bauern sich zusammenschlossen. Sie bestellten eine Maschine in der Fabrik. Die Fabrik hielt aber den Liefertermin nicht ein: die ganze Kulturarbeit für das Jahr kam in Gefahr. Da fuhren die sechs Bauern in die große Stadt und gingen zu dem Fabrikdirektor. Sie kümmerten sich nicht um Vorzimmer, nicht um uniformierte Pförtner und nicht um händeringende Sekretärinnen. Geradewegs marschierten sie auf die Tür, wo „Eintritt verboten" stand. „Der Kerl hat wohl gewußt, daß wir kommen."

Der Wortführer schlug mit der Faust auf den Tisch, die fünf andern standen stumm wie Berge. Acht Tage später hatten sie ihre Maschine.

Seither sind sechshundert Morgen Hochmoor kultiviert. Die Bauern haben Hochleistungsvieh beschafft. Jetzt holen sie Vorzugsmilch herunter von den erstklassigen Weiden; zu 32 Pfennigen der Liter! Und nun will keiner mehr zurückbleiben: das Dorf ist aufgewacht.

*

Wir haben die Moorfrau besucht. Sie wohnt am Rand zwischen Moor und Heide; so wie bei ihr, war es vor tausend Jahren.

Das Haus der Moorfrau hat keine Mauern, sondern Wälle, meterdicke Wälle aus Torfsoden, dicht verfilzt und kaum kniehoch. Auf diesen Wällen sitzt das Dach auf, das eigentlich das ganze Haus ausmacht. Es ist mit Heidekraut gedeckt, mit Moos in runden Hügeln überwachsen; die ganze Hütte sieht wie ein Hügel aus. Ginster reckt mit gelben Blüten seine Hexenbesen vom First.

Der Hüttenboden aus gestampftem Lehm liegt etwa einen halben Meter tiefer als die Erdoberfläche. Mensch und Vieh leben in dem einen Raum beisammen, der einer Höhle gleicht. Es gibt keine Fenster, nur zwei Löcher an den Giebeln, durch die auch der Rauch abzieht; da sind weder Schornstein noch Herd. Tief eingebogen sind die verwitterten Balken des Firsts; die Erde wächst, die auf ihnen lastet. Scharfer Geruch nach Ziegen, nach Katzen, nach schwelendem Feuer aus feuchtem Torf erfüllt den Raum. Auf einem zerfetzten Wachstuchsofa liegt ein Mann, das Gesicht in den Armen vergraben, er stöhnt im trunknen Schlaf. Er soll ein verkommener Priester sein, der Mann der Moorfrau, sagen die Leute.

Jetzt nimmt sie die blanke Mark, die ich ihr reiche. Sie dankt mit meckernder Stimme, schlurft davon, gebückt überm Boden, ein wandelnder Torfhaufen, den Steinkrug an der Hand.

Schnapskaufen geht sie für den Mann. Wilde Verkommenheit, aber auch der schwache Abglanz wilder, sündiger Liebe liegt über dieser Hütte.

*

Einsam wandernd halte ich am Mittag Rast am Rand von Moor und Heide. Hohe Wacholderbüsche schließen um mich einen Ring, wie ernsthafte Schildwachen. In größerer Ferne hinter mir liegt Hochwald, vor mir, unterhalb des Dünenhangs, an dem ich raste, sind ein paar stille Heidjer beim Kartoffelhakken.

Es ist sehr heiß, die Sandwege werden weich und zähe wie Öl, ein gelblicher Schimmer von Notreife liegt über dem jungen Korn; es wogt im Wind mit tiefem Neigen, als wollte es um Regen flehen.

Seit Wochen dürstet die Heide.

Es ist nach Mittag. Ich liege im Schatten, betrachte die Landschaft nur mit halbem Blick, geblendet von unerbittlichen Strahlen. Da fällt mir eine Unruhe unter den Menschen auf, die in der Ferne arbeiten. Ein Bauer mit einem Holzfuhrwerk macht „Brrr" und schaut in die Richtung, wohin die andern mit den Armen weisen. Ich kann nichts sehen, weil hinter mir Wacholder steht. Was mag da sein?

Da rüsten sie, packen ihre Hacken auf die Schultern, der Bauer schirrt ab. Seltsam: das ist wie bei einem Alarm. Im Einschritt ziehen sie in Richtung des Waldes.

Jetzt höre ich ein fernes Tuten. Signalhörner?

Ein Gefühl von etwas Drohendem, Unheimlichem befällt mich: ich renne am Dünensaum entlang.

Da quillt und wogt es hinter dem Hügel hervor: eine ungeheure Wolke, geformt wie ein Pilz, ganz ähnlich wie man sie auf Bildern vom Vesuv sieht.

Das kann kein Hof sein, der da brennt: die Grundfläche der Qualsäule ist zu groß dazu. Das ist ein anderer, größerer Brand.

„Waldbrand!"

Im Trab, wie bei der alten Kompanie, haste ich dem Gefahrenpunkt entgegen.

Heidjer radeln eilig durch Heide und Schonung, alle in der gleichen Richtung. Sehr komisch sieht das aus: die pumpenden, strampelnden Gestalten, wie schwebend, weil man die Räder in dem hohen Kraut nicht sieht.

Leiterwagen rattern im Galopp vorbei, beladen mit Wasserzubern, Spaten, Schaufeln.

Eine Spritze holt mich ein; die Helme der freiwilligen Feuerwehr schunkeln, die Glocke bimmelt, den Ackergäulen weht der Schaum in Flocken vom Maul. Die glatten Hinterteile glänzen schweißnaß.

Galopp: Bruch saust die Spritze in den Heidweg hinein und kippt um. Alle Mann sind abgesprungen; jetzt packen wir an, richten sie auf: „Gottesverdorp, Jochen, di nehmt wi noch dat Stüermannspatent wech."

Weiter die Jagd, ich fahre mit. Brave Kerls, die von der freiwilligen Feuerwehr; aber was macht man mit einer Spritze beim Waldbrand? Tatsächlich kommen viele Spritzen, sind aber unbrauchbar aus Wassermangel; sie stehen nachher verlassen an den Schneisen.

In den Dörfern dröhnen die Hörner.

Der Brand rückt näher. Wir wittern ihn, Qualm treibt in Schwaden den Himmel verfinsternd über uns. Knistern, Prasseln, Brausen der Flammen. Schon wellt die Hitze heran, schon dringen Schwaden von Harzgeruch durch die Schneisen. Die Augen tränen von beizendem Rauch.

Rrums! Die Spritze hat sich festgefahren. Der Kutscher spannt aus, die Feuerwehrleute laufen weiter mit schweren, holpernden Schritten tiefer in den Wald.

Erstaunlich, wie schnell die Abwehr sich organisiert: Da steht mitten auf der Schneise der Landrat, typischer Offizier a.D. Neben ihm der Gemeindevorsteher und der Gendarm. Die drei sind die Offiziere des kleinen Bauern- und Arbeiterheeres.

Ich bekomme eine Schaufel in die Hand gedrückt. Keiner fragt: Wer bist du? Hier braucht man kein Ich, sondern den Einsatz des Mannes.

Wir rücken ab. Ganze Gruppen verschwinden im Qualm. „Gräben ziehen!" hießt der Befehl; es ist wie in einer laufenden Schlacht, man gräbt sich im Feuer ein.

Heulend, prasselnd fegen die Flammen durch den Wald. Die Glutwelle umhüllt uns dörrend. Schweiß bricht aus allen Poren.

Ich sehe eine glutrote Wand, die zischend, brausend, in dumpfen Explosionen dröhnend näher rückt. Wie groß die Brandfläche ist, kann man nur ahnen.

Das Feuer schickt seine Pioniere im Funkenflug voraus. In der Heide, zwischen Flechten, Moos und gelbem Gras, wachsen jählings kleine Rauchwirbel. Flämmchen züngeln, gefährliche Glühwürmchen kriechen. Heiße Luftstöße benehmen den Atem. Niemand kann vor der Front stehen, die Glutnester auszuschlagen.

Sie flackern auf. Sie fassen einzelne Fichten und Kiefern. Das Laub der Eschen dörrt, flirrt auf wie Feuerwerk. Seufzend biegen sich die jungen Stämme. Ihre Rinde platzt mit Knallen, als feuerte der Wald tausend Pistolenschüsse ab.

Jetzt tobt die Feuerwalze heran. Was kümmert sie die Schneise? Was der Brandwall, den wir aufgeworfen haben? Was die zarten Birken, die ein Flammengitter bilden sollen?

Sie wehrten sich tapfer, hemmen für Augenblicke Qualm und Funkenflug mit ihren hängenden Zweigen. Dann überströmen die Flammen den Birkensaum, die Verteidigungslinie bricht zusammen.

Im Laufschritt, keuchend weichen wir zur Seite. Aufatmend stehen wir einen Augenblick am Rand der Vernichtung: „Gräben ziehen!" hallt der Befehl, damit der Brand wenigstens nicht seitlich ausbrechen kann.

Wir schuften, schlucken Qualm, kochen vor Hitze. Hasen fegen hakenschlagend auf der Flucht vorbei. Ein erschöpftes Reh taumelt heran und läßt sich von den Menschen forttragen. Seine Haltung ist rührend wie die einer schwachen Frau.

„Voß! Voß!" ruft es die Kolonne entlang. Er stiebt vorbei. Ein paar Jungens schmeißen ihm ihre Holzpantoffeln hinterher.

Mit Spaten und Schaufeln stoßen wir Heideplacken um, die auf den Holzwegen stehen als gefährliche Brandbrücken. Der schon erfaßte Wald ist verloren. Das rasende Feuer entflammt grünes wie dürres Holz. Man sieht keinen Unterschied. Es überspringt breite Wege und Wälle. Es kümmert sich um den tiefsten Graben nicht. Weiter frißt es in die offne Heide hinein.

Die Mannschaft von einem Dutzend Dörfern, dazu eine Kolonne Arbeitsdienst, verriegeln in verzweifelter Arbeit dem Brand den Weg. Unser Schuhwerk wird knochentrocken und verdächtig heiß. Hier schlägt man mit einem Wacholderbusch ein Glutnest aus: schon hat sich tiefer in der Heide ein neuer Flammenkreis um einen Kiefernbusch gebildet. Wir schlagen die Flammen mit Spaten nieder, dämmen sie mit Erdbrocken. Tatsächlich kämpft man um das eigne Leben; wenn das Feuer uns einkreist, sind wir verloren. Verloren wie die Vögel, die taumelnd und piepsend mit verbrannten Schwingen in den Qualm sinken.

Jetzt werden Äxte und Sägen verteilt. Wir schlagen Bäume um, zerren sie aus dem Feuerbereich. Die Heide wird aufgehackt und mit Sand bedeckt. Ein breiter Graben wird gezogen. Mit aller Gewalt will man den Flammen ihre Grenzen setzen.

Auf Kilometerlänge sehe ich die Kameraden schuften. Wasserzuber werden angefahren und abgestellt. Wir tränken an ihnen die Wacholderbüschel zum Abtöten der Flammen. Unsre Gesichter sind schwarz, der Schweiß zieht Rinnen durch den Sott. Wir trinken Wasser in langen, durstigen Zügen. Ein Knecht wird blaß und erbricht. Erstaunt und verstört blickt er mich an: „Mensch, du bist rauchvergiftet, du mußt weg!"

Er taumelt ein wenig und lächelt verlegen. Ein Förster packt ihn am Arm, führt ihn zu den Wagen.

Wird unser Schutzwall halten? Sausend, singend, brausend nähert sich die Glutwand, himmelhoch verfinstert Rauch die Sonne.

Mit gesenkten Köpfen stehen die Pferde, sie schnobern an den Wasserbottichen, auf denen Holzstücke, Kiefernzweige und Nadeln schwimmen.

Das Feuer steht! –

„Junge, doar hebbt wi mehr Swien hat as Verstand!"

Es steht! Es kann nicht über den Zauberstrich hinweg, den wir gezogen haben.

Der Wald brennt aus. Krachend stürzen die Riesenfackeln der hohen Föhren zusammen. Nun raucht es heller, milchiger. Die Flammen knistern nur noch um das Kernholz der Stämme. Wir schauen uns an und lachen siegessicher.

Wie schön ist das Gefühl: gesiegt zu haben.

Weißer und grauer Schwaden verweht. Die Flammen finden keine neue Nahrung. Schon kann man die trostlos schwarze Brandfläche übersehen. Gut zwanzig Morgen mögen die geschwärzten Baumstümpfe bedecken. Wie viel Tiere mögen den Tod zwischen ihnen gefunden haben.

Wir stehen um den ausgeglühten Krater, fühlen Durst und Müdigkeit. Wir sind schlaff wie nach einem Kampftag.

Die Hörner blasen zum Sammeln. Man hat Milch und kalten Tee herangefahren.

Fünfundzwanzigstes Kapitel
Zwischen Deich und See

Manchmal in stillen Nächten durchzittert ein tiefes, sattes Brummen die Luft, wie aus einer gewaltigen Brust. Der Ton kommt schwach aus weiter, weiter Ferne; Toms hört ihn nicht, es würde kaum jemand davon erwachen, der diesen Ton nicht kennt.

Aber ich kenne ihn und fahre aus dem Schlaf. Laut klopft das Herz; mir ist, als könnte ich ihn sehen:

Den Kai von Bogenlampen erhellt. Den Riesendampfer, die ungeheure schwarze Flanke durchpunktet mit den tausend Lichtern seiner Bullaugen. Die geisterhaft weißen Aufbauten, die Schattenrisse seiner Masten mit ihren Lichtern, die massigen, geneigten Schlote mit den dicken, wirbelnden Rauchsäulen. Ich höre den Nachtwind singen im Takelwerk, das Anklatschen der Wellen am Kai. Ich sehe das Gewimmel der Menschen auf den Laufbrücken; in Ketten stehen sie am Kai und an der Reling, die Krane schlürfen die großen Netze voll Koffer.

Jetzt ertönt die Dampfpfeife zum dritten Mal, der Ton ringt sich los nach gewaltigem Beben und Flattern der metallnen Pfeifenzungen. Die Laufbrücken rollen zurück, die Trossen klatschen zu Wasser, die Musik setzt ein mit „muß in denn". Die Menschenmassen winken mit wehenden Tüchern. Nun ziehen die Schlepper an, die Maschinentelegraphen klingeln: langsam, unendlich langsam schwenken die Lichterketten vom Kai. Man hört den hohlen Donner der Schrauben, man sieht das Kielwasser brausen und weiß schäumen – da zieht er davon auf die „große Chaussee".

Ja, das war es wohl, das Tuten der großen Dampfer von Bremerhaven her, was mich unruhig machte, die Wanderlust weckte; so brachen wir denn eines Tages das Lager ab, traurig im Grunde, als plünderten wir einen Weihnachtsbaum. Es war so schön.

*

Unser Ziel ist die Ostsee, wir fahren aber nicht auf dem kürzesten Weg, sondern folgen möglichst dicht der Nordseeküstenlinie über Wesermünde und Cuxhaven. Wir wollen auch die endlose und schwierige Durchfahrt durch Hamburg vermeiden: Bei Glückstadt soll es eine Fähre über die Elbe geben, dann fahren wir quer durch Schleswig-Holstein nach Lübeck.

Wesermünde erreichen wir schon früh am Vormittag. Hoch über das Dach des Lloydbahnhofs ragt ein riesengroßes, weißes Haus, es glänzt und flimmert in der Sonne wie ein Schneegebirge.

Da kann ich nicht widerstehen; ich lenke die Arche am Bahnhof vorbei auf das weite Feld der Kolumbuskaje. Da stehen wir mit unsrer Arche, so winzig, wie wir noch nie gewesen sind, und atemlos blicken Toms und Rolle auf zur „Bremen". Nie zuvor haben sie ein solches Schiff gesehen.

Wir steigen aus und wandern am Kai entlang. Es ist ein weiter Weg vom Bug zum Heck unter der erdrückenden Masse dieses Rumpfes; unendlich viel gibt es dabei zu sehen. Da malen Matrosen einen Schlot – winzig anzusehen aus unsrer Tiefe –, sie sitzen und stehen auf Stellingen, die frische gelbe Farbe blinkt. Da eilen Stewards mit frischen weißen Jacken im Laufschritt die Gangways hinauf und hinab. Ein großes Tor steht offen in der Schiffswand; ein Dutzend Köche mit hohen weißen Mützen zeigt sich in der Öffnung, und ein Kran zieht Dutzende von Schweinen zu ihnen hinauf, in Hälften zerschnitten, rosig die Haut. Aus Güterwagen schweben große Lasten wie schwerelos zu den Luken. Werftarbeiter in gestreiften Hemden malen vom Kai aus die Bordwand mit Pinseln, die an klafterlangen Tonkingrohren stecken. Handwerker erklimmen die Laufstege mit umgehängten Werkzeugkisten. In den Bullaugen zeigen sich Köpfe und Hände, die die blanken Messingfassungen polieren. Heizöl wird ins Schiff gepumpt durch riesige Rohrleitungen, die unter dem Druck der Pumpen rhythmisch zittern. Unter dem ungeheuren Anker sieht man die breiten Schlickstreifen, die beim Hieven aus dem Grund von ihm abgeflossen sind. Flaggen wehen knatternd von den Toppen. Drohend hängen die gewölbten Bäuche der Rettungsboote über uns, viele Stockwerk hoch. Armdicke Stahltrossen, jede einzelne scheinbar genügend, um eine Welt an ihr aufzuhängen, sind zu Dutzenden um die mächtigen Poller gelegt. Die Enden der Schraubenflügel ragen aus der grauen aufgeregten Flut wie Walfischschwänze.

Es ist unmöglich zu schildern, mit welcher atemlosen Spannung meine kleine Mannschaft an Bord geht. Wie Toms schon in den Räumen der dritten Klasse meint, in der ersten Klasse zu sein. Nie hat die Rolle so herrliches Spielzeug gesehen wie im Kinderspielsaal der Bremen. Dann stehen sie vor einer Kammer der ersten Klasse, die keine Kammer ist, sondern ein großes Zimmer, eingerichtet wie das herrlichste Hotel. Wie in einem Bergwerk, so durchwandern sie die endlosen unterirdischen Gänge. An Küchen kommen sie vorbei, deren elektrische Herde groß wie Äcker sind, vorbei an Paraden von herrlich blankem Kupfergeschirr, vorbei an dem Gewimmel der jungen, schneeweiß gekleideten Köche. Durch eine unterirdische Ladenstraße gehen wir, fahren aufwärts in Fahrstühlen, geraten in die Empfangshalle eines großen Hotels, blicken in riesenhafte Säle, strahlend von Pracht. Wir gehen auf Promenadendecks unter den Rettungsbooten, von denen jedes doppelt so groß wie unsre Arche ist. Ja, wir könnten mit unsern beiden Wagen rund um diese Decks fahren ohne anzustoßen. Wir schauen in die hellen Abgründe eines Maschinenraums und aufwärts zum Gitterwerk der mächtigen Flugzeugschleuder. Terrasse über Terrasse senken sich von der Brücke aus die Decks.

Benommen von Schauen, benommen von Schiffsgeräusch und Schiffsgeruch, die Füße verwöhnt von den elastischen Gummibelägen der Gänge, gehen wir von Bord.

Da steht die Arche, wir schauen ihr aufs Dach. Wie winzig, wie unscheinbar; eine Kammer dritter Klasse der „Bremen" hat mehr Raum. Aber sie ist unser Schiff.

*

Jetzt fahren wir, immer an den Deichen entlang, nach Cuxhaven. Toms und die Rolle, beide noch bis an den Rand gefüllt mit Eindrücken, bestürmen mich mit Fragen, daß es wirklich schwer hält, beim Fahren richtig aufzupassen. Ich liebe die Deiche, obwohl die meisten Autofahrer es langweilig finden werden, an ihrem Fuß entlangzufahren, denn sie versperren den Blick nach der See. Sie wirken bescheiden und anspruchslos, diese grünen Dämme, alten Festungswällen ähnlich, mit den hohen Nußbäumen auf ihren Kronen und mit den Schafen, die an ihren Hängen weiden. Die wenigsten Menschen ahnen, daß unsre Deiche das gewaltigste Bauwerk sind, das wir in Deutschland haben. Tatsächlich kommen sie der chinesischen Mauer als Arbeitsleistung gleich. Aber größer noch als ihre landschützende, das Leben erhaltende Bedeutung ist ihre Wirkung auf den Menschen. Der Deich ist Schicksal; in vielen Generationen haben Deich und Mensch einander geformt, und so wie die Deiche eine festgeschmiedete Kette sind von Borkum und Emden bis zu den Halligen Nordfrieslands, so sind auch ihre Menschen eine eigene Rasse geworden. Man sagt, daß starke Festungsmauern die Besatzung feige machen. Bei der Deichbesatzung stimmt das nicht, denn der Deich ist immer im Kampf, bald im Angriff, bald in der Verteidigung. Sein Menschengeschlecht ist größer an Körper, stolzer, härter, ausgeprägter an Persönlichkeit als andere Stämme.

Von Zeit zu Zeit fahren wir über gewölbte Brücken, sie überspannen kleine Flüsse oder die Hafenbecken der Dörfer. Von ihrer Höhe blicken wir hinab auf die Flotten der Fischerboote, auf prachtvolle Höfe, deren Fassaden sich überbieten in Ornamenten der Klinkersteine, aus denen sie gemauert sind.

Zuweilen fahren wir auf Wegen, die schräg den Deich überschneiden, in „Köge" – das sind eingedeichte, dem Meer abgerungene Landstriche -, dunkelgrün von der Fruchtbarkeit des reichen Marschbodens, gefüllt mit Obstbäumen, so reich tragend, daß man überall die Äste stützt. Selbst die Kanäle, die allenthalben die schmalen Beete durchziehen, sehen genau wie Wiesen aus, so dicht sind sie mit Entengrütze überzogen. Man erkennt sie erst, wenn ein Apfel, von übervollen Zweigen fallend, die Oberfläche durchbricht. Dies dem Meer abgerungene Land ist zu kostbar für Getreide; dieser Streifen an der Unterelbe versorgt ganz Hamburg, ja bis nach Berlin hin Norddeutschland, mit Obst und prachtvollem Gemüse. Nur etwas bedrückt an dieser dunkelgrünen Üppigkeit: die Stille. Man sieht kaum Vögel, man hört nicht ihren Sang; der Mensch duldet sie nicht, die kleinen Teilhaber an seiner Ernte.

Bei Cuxhaven überfällt uns Nebel, außergewöhnlich um diese Jahreszeit; er begleitet uns fast bis nach Harburg hin, den ganzen Weg an der Elbe entlang. Denn die Elbfähre, die wir benutzen wollten, fährt nur einmal am Tag, und für heute ist sie schon fort; das bedeutet einen großen Umweg.

Mit zehn, zwölf Kilometern in der Stunde, mit eingeschalteten Scheinwerfern tasten wir uns voran. Die Sicht ist so schlecht, daß wir selbst bei dieser geringen Geschwindigkeit ständig Gefahr laufen, irgendwo anzurennen. Ich habe die Scheinwerfer mit nassem Zeitungspapier beklebt, ein gutes Hilfsmittel, wenn man keine Nebellampen hat. Wir fahren im zweiten Gang, ermüdend singt der Motor, und nichts strengt die Augen stärker an, als stundenlange Nebelfahrt. Dabei fühlen wir, daß über uns die Sonne scheint; vielleicht ist wenige Meter über uns schon klare Sicht. Der Nebel ist rosig durchstrahlt und wie ein laues Dampfbad; Schweiß bricht aus allen Poren. Wie Stiere brüllen zur Linken die Nebelhörner der Schiffe.

Da sehe ich in einer Kurve eine dunkle Masse – ein Glück, daß wir mit so kleiner Fahrt gelaufen sind: quer über den Weg liegt ein mächtiger Lastwagenanhänger, die Räder nach oben. Sein Schleppwagen ist an einen Brückenpfeiler angerannt. Ein gelber Strom fließt dickflüssig vom Wagenkasten über die Straße. Ich fühle die Räder rutschen, wie wir in langsamster Fahrt uns vorbeidrücken: er hatte Eier geladen; das ist ja nun Pech.

Buxtehude passiert: wahrscheinlich des Nebels willen hat die Rolle keinen von den berüchtigten Buxtehuder Hunden gesehen, die mit dem Schwanz bellen.

Bei Harburg klart es auf; das und die wundervoll angelegte große Ausfallstraße versöhnt mit der Durchfahrt und mit dem immer stärker werdenden Verkehr.

Die Ebene zwischen Harburg und Hamburg ist ein weitläufig bebautes Industriegebiet, die Siedlungen reißen nicht mehr ab, die Städte wachsen zusammen. Wir fahren in eine Kolonne von Lastautos eingepreßt; ungeduldige

Personenwagen hupen und nutzen jede Gelegenheit, um in kurzen Bögen einen Lastwagen zu überholen, denn in der Gegenrichtung fahren ebenfalls in ununterbrochenen Kolonnen die Autos vorbei. Die schwarzen Auspuffgase des Vordermanns in der Nase, sein Rattern und Dröhnen im Ohr, muß ich scharf aufpassen.

Im Allgemeinen zeigen große Seestädte dem Auge nur von der Wasserseite her ihr wahres Gesicht, aber diese Einfahrt nach Hamburg ist herrlich durch die großen Brücken, die Elbarme und Hafenbecken überspannen. Die sinkende Sonne vergoldet das ölige Wasser, die gewaltigen Gitterbögen der Brücken sind wie Schleier vor ihrem Gesicht. Weit geht der Blick über Badestrände, über Meere von Schrebergärten, über Stromarme, auf denen weiße Segel kreuzen, über Abwrackwerften, vor denen alte Schiffe modern im Schlick, bis zu Mastenwäldern in großer Ferne und bis zu den nadelspitzen grünen Kupfertürmen über der großen Stadt. Ich kenne keine schönere Einfahrt in irgendeine deutsche Stadt.

Eingeschlossen in den Strom der Fahrzeuge sind wir völlig willenlos. Es gilt, so schnell wie möglich durch die Stadt zu kommen; ein Glück, daß ich die Straßen kenne. Wie gebannt starre ich voraus, den Fuß auf der Bremse, die Rechte am Bremshebel der Arche. Wir tauchen durch Tunnels, über denen Eisenbahnzüge rollen und grollen, wir stoppen vor Ampeln, die jählings ihre Farben wechseln, wir lassen uns vorbeiwinken an Verkehrsschutzleuten. Schneidige Radfahrer schneiden scharf vorm Kühler unsern Weg, unaufhörlich bimmeln ihre kleinen Glocken, überfüllte Straßenbahnen speien müde Büromenschen aus, Verkehrsinseln leiten uns in ganz unerwartete Kreise – eine Hamburger Spezialität. Und so sehe ich eigentlich nichts von der Stadt, die meine zweite Heimat ist, bis wir aufatmend, jenseits der endlosen Schluchten nagelneuer Klinkerwohnhausblöcke, auf der Lübecker Chaussee stehen.

Nur einen Halt haben wir gemacht; das war, als Toms heftig an der Klingelschnur zog und ich schon irgendein Unheil erwartete. Aber da verschwand sie nur mit einem wahren Hechtsprung über den Bürgersteig im nächsten Fischgeschäft und kehrte wieder mit geräucherten Makrelen, noch warm und fetttriefend, und mit einer riesigen Tüte frischer Krabben. Denn Sünde und Schande wäre es, ohne diese an Hamburg vorbeizufahren.

Das und dazu frisches Schwarzbrot mit viel Butter und schwarzer ostfriesischer Tee: ein schöneres Abendbrot gibt es nicht in dieser Welt.

*

Am Rand der Vorstädte, fast noch im Bereich der Autofriedhöfe und der Werkstätten für „moderne Friedhofstechnik", haben wir mit geringer Begabung einen Nothafen gefunden. Fette kleine Steinputten, Mädchenköpfe in Gipskränzen und Alabasterengel, auf einem Bein stehend mit viel zu kleinen Flügeln gen Himmel flatternd, beschützten uns in dieser Nacht. Wir sind ganz froh, sie los zu sein mit Kurs auf Lübeck.

Ich liebe die Landschaft Schleswig-Holsteins mit ihren Hecken und Knicks. Umwallt sind die Felder; Krüppeleichen wachsen aus den Dämmen, dicht verfilzt, eine Zuflucht für allerhand kleines Getier. Sieht man dies Land aus der Vogelschau, so gleicht es einer Waffel, ein unendliches Waffelmuster von Wällen, Dämmen, Hecken, Gattern. Herrliche Buchenwälder hat es, viel Auf und Ab über Dünenrücken, Seenketten mit großen Fischzüchtereien, aus denen die Weihnachtskarpfen von halb Norddeutschland kommen, prachtvolle Weiden, vom feuchten Seewind üppig, schwarz-weiß betupft von dem herrlichsten Vieh.

Die Menschen sind wie das Land: zart, feinsinnig von Gemüt, obwohl groß und stark an Körper. Das Feinsinnige offenbart sich dem fremden Gast schon gleich beim ersten Grog in der ersten Wirtschaft, die ihre überdachte Einfahrt einladend über die Landstraße spreizt: Da wird ihm nämlich die Rumbuddel auf den Tisch gestellt, die Buddel wohlgemerkt, nicht das fertigangemachte Glas.

Hier spazieren die Möwen auf den Äckern wie anderswo die Tauben. Junge Korbweiden schwanken auf den Feldern im Wind, daß ihre Blätter silbern blitzen, wie anderswo das Korn. In den Dörfern, in den kleinen verwunschenen Städtchen, wenn es dunkelt, wenn die Käuzchen schreien, wenn die Fledermäuse flattern und das Kopfsteinpflaster feucht sich deckt, ziehen die Kinder durch die Gassen. Es ist ihnen ein ganz klein bißchen unheimlich zumut, darum bleiben sie zusammen, und ein jedes trägt vorsichtig ein kleines Papierlaternchen an einem Stäbchen vor sich her.

Die weißblonden Schöpfe schimmern auf in dem roten, gelben, grünen, blauen Licht. Sehr ernsthaft hüten sie ihre kleinen Flammen und singen im Chor mit hellen Stimmen das uralte Laternenlied:

Laterne, Laterne,
Sonne, Mond und Sterne –
Lösche aus dein Licht, lösche aus dein Licht!
Nur meine liebe Laterne nicht.
Von Hamburg bis nach Bremen
Wir brauchen uns nicht zu schämen,
unsre Laternen die sind wunderschön,
da kann man mit spazieren gehen.

Schön ist es und unheimlich, so durch die kühle, feuchte Nacht zu gehen, oben auf den Deichen, wo man das Meer hören kann, oder am Hafen entlang, wo schwarz das Wasser schimmert und die Masten dümpeln. Aber man fühlt sich bald ganz sicher, weil man doch eine ganze Schar von Kindern ist, und jedes hat ein Licht als Wehr gegen die Nacht: da wird man denn auch bald ganz keck und singt den Refrain:

Olsch mit de Lücht,
die de Lüd bedrücht,
die de Eier holt –
und se nich betohlt -.
Olsch mit de Lücht
Kann de Dör nich finn',
fallt in't Kellerloch rin.

Lübeck passiert um die Mittagszeit, durchs Holstentor, vorbei an den unheimlichen Gesichtern der alten Salzspeicher. Sie träumt die alte Stadt von der Ostseeherrschaft, von Flotten großer Koggen mit Kastellen vorn und achtern, mit riesigen Wimpeln an den enggestellten Masten, von Reichtum und von Ehre, vom Duft der Ferne in ihren Speichern.

Aber die große Vergangenheit ist tot, und darum hält etwas Starres, Abgelebtes die Stadt in Bann; sie gleicht ein wenig den Alten vom Heiligen-Geist-Hospital, wie sie reglos auf Bänken vor der Mauer sitzen, aufgeplustert wie Hühner und ein bißchen frierend in den alten Knochen trotz der warmen Sonne.

Langsam fahren wir über den Geibelplatz: da wäre ja nun ein Parkplatz, falls man ihn etwa brauchte. Da ist ja auch die Schifferbörse! Es packt mich ein unbezähmbares Verlangen nach echtem Labskaus mit saurer Gurke und nach der echten Kieler „roten Grütze". Da machen wir denn halt und sitzen in den uralten Gestühl; Schiffsmodelle hängen über uns, Waffen, Seeungeheuer und große schmiedeiserne Lampen wie über den „Ehrenwerten", den festen Männern von einst.

*

Über Wismar, wo es den besten Bordeaux in Deutschland gibt, wenn man ihn zu finden weiß, über Arendsee und Heiligendamm, wo zum ersten Mal die Ostsee hellblau und weißschäumend durch die Buchenwälder schimmert, fahren wir mit Kurs auf Warnemünde. Schön ist es, das Brausen der Brandung an der Flanke zu hören.

Warnemünde, das wir gegen Abend erreichen, kenne ich und die ganze Gegend ringsherum wie meine Tasche; heute brauchen wir uns nicht zu sorgen um den rechten Ankerplatz. Da steigt schon der Leuchtturm, rote und weiße Ringe um den runden Bauch, über den Wald und die Schlote der Dänemarkfähre, die zu den Wahrzeichen von Warnemünde gehört. Es tuckern auf dem Strom die Schwerölmotoren der Fischerboote; schreiende Möwenscharen flattern über ihnen.

Wir fahren unter dem Schienenfeld der Bahn hindurch an der Warnow entlang, wo stromauf am Kai die schwarzen Rümpfe der Torpedoboote liegen, und halten bei der Fähre.

Es ist das erste Mal, daß die Arche mit einer Fähre übersetzt; ein sonderbares Gefühl, wie die Planken unter ihr bullern. Aber es ist eine kräftige Fähre, sie macht sich nichts daraus.

Voraus, hoch über dem Uferwald aus Sanddorn und aus Kiefern, ragt die riesige schwarze Masse der alten Zeppelinhalle; rechterhand lagern die niedrigen Hallen des Flughafens und der Flugzeugfabriken. Dort, ganz in der Nähe ist unser Ankerplatz.

Es ist ein mächtiges Rollfeld aus Zement, das über die Düne ins Meer hinunterführt. Der Strandwald säumt es auf zwei Seiten. Hier kann die Arche mühelos wenden, einfahren, ausfahren mit Hunderten von Metern glatter Fahrbahn ringsum. Nahe an den Waldrand gedrückt, lasse ich sie stehen.

Wir laufen zum Strand. Schon funkelt der Leuchtturm, und aus dem Abendrot herab senken sich in Kreisen und Spiralen die letzten Schulflugzeuge. Ihre Flächen schimmern. Sausend gleiten sie über uns hinweg und setzen zur Landung an.

Sechsundzwanzigstes Kapitel

Von Fliegerkindern, vom Darß, von Geländefahrt und Seeräubern

Am Morgen weckt uns der starke frische Klang der Flugmotoren; er paßt so gut hierher, er wirkt wie eine Steigerung von Wind und Brandung. Da stehen sie, blitzend in der Morgensonne, die kleinen Doppeldecker und wärmen ihre Maschinen an, genau wie Libellen sich erst in der Sonne wärmen, ehe sie ihren Flug beginnen. Bevor ich auch nur den Rasierspiegel wieder an die Wand gehängt habe, kreisen sie auch schon hoch über uns und drehen ihre Turns und Rollen wie aus purer Freude an dem schönen Morgen.

Inzwischen ist auch Warnemünde aufgewacht. Es blinkern die gewölbten Fensterscheiben der langen weißen Häuserzeile am Hafen, dann kommt der Leuchtturm wie ein großes Ausrufezeichen, dann noch die Mole wie ein langer Gedankenstrich: „Hier ist Deutschland zu Ende, da drüben liegt nun Dänemark, Tschawoll!" – So scheint es da geschrieben. Allmählich kommen mit der Fähre die ersten Badegäste herüber, denen es drüben am eigentlichen Badestrand zu voll ist; meist Familien mit vielen Kindern. Da bringe ich es nicht übers Herz, gleich abzufahren, die Rolle hat schon so lange nicht mehr mit Kindern spielen können, sie soll ihre Stunde haben.

Mit Abschmieren beschäftigt, sehe ich nur mit halbem Auge und höre nur mit halbem Ohr, was die Kinder treiben. Auf einmal lasse ich die Fettpresse sinken: „Donnerwetter, das ist ja interessant!" –

Da spielen sie nämlich „Plätten"; drei, vier kleine Mädchen bügeln naßgespritzten Sand mit einem kleinen Kinderbügeleisen, und mittendrin ist auch die Rolle. Sagt ein winziges Stimmchen: „So können wir doch nicht plätten, das Eisen hat ja keinen Strom!" Sagt ein andres: „Da müssen wir eben 'ne Leitung machen und einen Steckkontakt." – Wahrhaftig: sie knoten einen Bindfaden an das Eisen und legen das Ende unter einen Stein: das ist die Leitung, das ist der Steckkontakt, jetzt können sie bügeln.

Unsre Kinder; sie kennen es gar nicht mehr anders, ein Bügeleisen muß eine Zuleitung haben, sonst geht es nicht, so meinen sie.

Heiß flimmert die Luft überm Dünensand. Steht da ein kleines Mädchen, schaut nachdenklich drein und hält die ausgespreizte Hand tastend in die aufsteigende, heiße Luft. Plötzlich sagt sie: „Kolossale Thermik."

Kolossale Thermik! – Hat man so was je gehört!

Ich knie nieder bei dem kleinen Menschenkind: „Sag mal, wie alt bist du denn eigentlich?"

„Sechs."

„Wer hat dir denn was von ‚Thermik' erzählt?"

„Der Vater. Er hat mir alles von der Thermik erzählt. Der Vater ist doch Fluglehrer da drüben."

In solchen Augenblicken ist man alt. Man weiß plötzlich, wie völlig anders unsre Kinder sich entwickeln. Es ist ein Gesetz. Für sie ist es selbstverständlich, was wir uns mühsam und, wie es scheint, erst gestern errungen haben.

Noch nie hat es solche Wandlungen der Menschen unsres Volkes gegeben, wie sie sich jetzt vorbereiten und schon geschehen. Tausend Zeichen, große und kleine, sprechen deutlich für den, der zu sehen versteht. Vorhin besuchten uns ein paar Monteure vom Flughafen: Sie sprachen ausnahmslos süddeutschen Dialekt; das Schwabenland ist nun einmal das Mutterland unsres Maschinenbaus. Wir finden die gleiche Erscheinung in allen unsern Flughäfen, vielfach auch in den Autoreparaturwerkstätten: Die hochqualifizierten Facharbeiter sind überwiegend Süddeutsche.

Da leben sie nun im Norden und Osten Deutschlands, haben ihre Mädchen, wie sich das gehört; viele heiraten und zeugen Kinder. – Ja, so ein Flughafen bewirkt gewaltige Veränderungen in der ganzen Gegend, nicht zuletzt auf menschlichem Gebiet.

*

Gegen Mittag starten wir auf der schmalen Landzunge zwischen Bodden und See; Wehen von Dünensand knirschen unter den Reifen bis der Hochwald uns in seinen Schatten aufnimmt, der mächtige Forst der „Rostocker Heide".

Die Rostocker Heide und der Darß, unser nächstes Ziel, haben schon in alten Zeiten zusammengehangen, bis das Meer zwischen sie hereinbrach und den „Ribnitzer Bodden" bildete. Der Darß ist heute beinahe eine Insel; sie hat die Gestalt eines Tintenfisches. Nur mit zwei dünnen Armen klammert sie sich an das Festland an. Aber das Wild der beiden großen Wälder hat die alte Gemeinschaft nicht vergessen: Heute noch schwimmen die Hirsche vom Darß zur Brunftzeit über den Bodden und umgekehrt.

Die Rostocker Heide, dem Festland zugehörig, ist ein Forst geworden; der Darß aber, ganz dem Meer vermählt, ist in weiten Teilen noch ein Urwald, wie es kaum einen zweiten in Deutschland gibt. Sein riesiger Leib, an der Küste von Dünenzungen gewellt, ist ohne menschliche Siedlungen, ein Forsthaus oder zwei ausgenommen. Nur auf der dem Bodden zugekehrten Seite liegen zwei kleine Fischerdörfer, und auf den Dünenzungen, die ihn ans Festland binden, ein paar Badeorte. Eine Fläche von etwa 60 qkm aber ist uriger Wald, Düne, Sumpfsee, Heide, Gestrüpp und Wald und wieder Wald. Noch heute gibt es keine feste Straße, die den Darß durchquert. Vor ein paar Jahren hat man von Prerow aus eine Autostraße vorgetrieben, aber sie ist noch nicht durchgestoßen.

Wir nähern uns dem Darß von Westen. Von Ribnitz aus, einer echt mekklenburgischen Kleinstadt mit einer riesengroßen Kirche und winzigkleinen Häuschen, fahren wir am Bodden entlang. Der Bodden ist ein großes und geheimnisvolles Wasser, nicht Meer, nicht Binnensee. Er ist flach und hat nur wenige Fahrrinnen für kleine Dampfer nach Wustrow und nach Arenshoop. Er ist immer Hochsommer oft so glatt wie ein Spiegel und hat einen Glanz wie flüssiges Blei. Er erzeugt Luftspiegelungen. Man sieht dann nicht das Land, sondern nur die Bäume, nicht die Schiffe, sondern nur ihre Masten und Segel. Das alles scheint dann zu schweben, etwa zehn Meter über der Wasserfläche, schätzt man. Manchmal schweben die Dinge aufrecht, manchmal stehen sie auch auf dem Kopf.

„Schau, da fährt sie ja noch immer die gute alte ‚Großherzogin Alexandra', oder sollte es die ‚Gudrun' sein? – Toms, glaub mir, ich kenne noch jedes Fahrzeug auf dem Bodden, und diese ganze Gegend ist mir so bekannt, wie kaum eine. Vor zehn Jahren habe ich ein Jahr lang hier gelebt, das ist doch gar nicht solange her; Paß auf, was ich dir alles zeigen werde."

Aber dann werde ich ganz still: Wie hat sich doch alles gewandelt in diesen zehn Jahren! Damals führte der Weg am Bodden entlang durch sumpfige Wiesen, zehn, ja zwanzig Wagenspuren liefen nebeneinander. Im Frühjahr und im Herbst sank man bis zu den Achsen ein, und im Winter, wenn „Gudrun" und „Großherzogin Alexandra" eingefroren waren, fuhr zweimal in der Woche der Kremserwagen. Das war die einzige Verbindung, die wir in Wustrow hatten mit der Außenwelt.

Jetzt fahren wir über eine tadellose Autostraße, und mir ist fast unheimlich zumut: Da ist die Stelle, wo man Schuhe und Strümpfe auszog und sein Fahrrad durch den Sumpf trug. Da ist die Stelle, wo der Kremser stecken blieb in meterhohem Schnee und wir hinter den Ledervorhängen hockten, schlotternd in eisigem Wind, bis nach vier Stunden Vorspann kam. Und hier, zwischen Bodden und See war nichts als Weideland und Deich und Schilf; es war nur ein Haus da, die Nebel-Signalstation.

Jetzt fahren wir vorbei an Hunderten von kleinen Wochenendhäuschen, schreiend bunt, in Dutzenden von Stilarten, von der Almhütte bis zum Chinesenpavillon und bis zum imitierten Leuchtturm, hocken sie dicht aufeinander wie Schrebergärten. Fremd sind sie, von großstädtischen Architekten für Großstädter erbaut. Sie verderben den großen, ernsten Charakter dieser Natur, sie wirken wie eine Ausstellung von Badeartikeln im Schaufenster eines Warenhauses.

Wenn das hier so ausschaut, werde ich dann den Darß noch wieder finden? Es hat etwas Erschütterndes, wenn man etwas, wovon man im Geist ein Bild in sich trägt, so völlig verändert wieder sieht. Man fragt sich: Bist du denn auch so sehr verändert? Was ist aus dir geworden? Hast du auch eine neue Chaussee bekommen und viele neue Häuser und eine Autobuslinie? – Oder bist du stehen geblieben oder gar zurückgegangen, im Verfall? Ja, sie rechnen mit uns ab die Dinge, die wir nach zehn Jahren wieder sehen.

Gott sei Dank: in Wustrow endet die Chaussee. Die Arche schaukelt auf Landwegen über Dünen zwischen See und Bodden, das bedeutet Hoffnung! Da ragt schon hinter Arenshoop am Horizont der Darß, steigt über die Dünen wie gewaltiger, zerraufter Schopf. War ich verwirrt und unruhig, weil das Bild der Gegend, das ich in mir trug, nicht übereinstimmen wollte mit der Wirklichkeit, so atme ich jetzt auf.

Am Waldrand halten wir, ich stelle den Motor ab. Lauter tönt jetzt die Brandung, in langen Atemzügen, ein eigentümliches Singen ist in der Luft: Das ist der Sand, den der starke Wind in Schleiern über die Düne treibt, seine Körner reiben aneinander, werden elektrisch. Und horch: Wie es rhythmisch knattert und prasselt; das sind die Kiesel, vom Wellenschlag den Strand hinaufgerollt.

Wir drei, Rolle, Toms und ich, erklettern den Dünenhang; wie gern fühlen wir den warmen Sand in unsre Schuhe rieseln. Dann fassen wir uns an den Händen, unsre Kleider flattern, der Wind singt in der Mundhöhle; wir wollen alle etwas sagen und können es nicht. Es ist ein großer, feierlicher Augenblick, wo wir zum ersten Mal an einem Strand stehen, der uns gehört.

Da ist kein Strandkorb, keine Burg, kein Butterbrotpapier und keine Fußspur meilenweit. Zur Linken versinkt das kleine Arenshoop am Horizont, zur Rechten schwingt sich die hohe Düne in die Unendlichkeit. Breit ist der Strand, Tangwälle zeichnen die Hochwasserlinien. Und über die Düne hebt der Wald seine buschigen Augenbrauen. Vortrupps uralter Eichen und Buchen halten die Kaps der Küstenlinie besetzt. Landeingeneigt sind ihre Stämme, viele sind gestürzt, und nur die zackigen Stümpfe ragen noch. Ihre Kronen sind wie flache Mützen ganz nach der Landseite hin aufgesetzt, sie bieten dem Seewind nur mit schmalen Schirmen die Stirn.

Baumstümpfe, mit mächtigem Wurzelnetz nach allen Seiten verankert, stehen am Strand und draußen im Meer. Vom Meer besiegt, halten sie noch im Tod den Boden fest, den sie sich einst eroberten.

Der eigentliche Hochwald beginnt erst jenseits der Dünen. Hier auf unsrer Seite zeigt er lockere Bestände von sehr alten und hohen Birken, von Buchen und mächtigen Schirmkiefern. Der Untergrund ist hohes, gelbes Gras, das gefallene Äste und Stämme umwuchert. Farnkraut überzieht in dichten Wäldern Bodensenken. Der helle Dünensand, das fahle Gelb der Grasdickichte, die hellen Birkenrinden, die Schirmform der Eichenkronen, das alles gibt der Landschaft den Charakter der afrikanischen Wildsteppe; man wäre kaum erstaunt, Zebras äsen zu sehen oder den mächtigen Kopf eines Löwen, auftauchend aus dem Graswald.

Ganz allmählich baut der Wald sich auf, gewissermaßen in mehreren Verteidigungslinien gegen Wind und See. Die vorderste Linie bilden Krüppelbuchen. Ihre Stämme, ihr Astwerk sind so dicht verfilzt, daß sie ein undurchdringliches Dickicht bilden. Das Laub kann im Herbst nicht zu Boden fallen, es bildet dicke Wälle und Nester im Gezweig. Dies Buschwerk sieht aus, als sei es mit der größten Sorgfalt beschnitten und genau der Dünenwölbung angepaßt, so daß es den Sandhügeln aufsitzt wie eine enge Kappe.

Diese Panzerturmform hat der Wind geschaffen, der ewige, harte Seewind, der die Dinge formt nach seinem Willen. Was sich ihm entgegenstemmt, fällt, oder es paßt sich an, wird windschnittig. Nach der See zu wölbt sich der Wald abwärts, eine dicke, elastische Matte, völlig regendicht.

Die Rückseite dieser ersten Linie ist offen; ein Schützengraben, in den man hineingehen kann. Hier, abgewandt vom Wind, sind die Stämme kahl; jedes Buchengestrüpp ist ein gutes, wasserdichtes Zelt. Dahinter bilden Wacholderbüsche, Heckenrosen und einzelnstehende Krüppelkiefern die zweite Verteidigungslinie, etwa doppelt so breit wie die erste. Erst dann beginnt der Hochwald, stufenförmig sich aufbauend auch er, so daß von den Kronen der höchsten Bäume bis zum Dünenrücken die Laubdecke eine ungebrochene sanfte Wölbung bildet. So sieht man bis zum Horizont den Waldrand als eine dunkle Welle oder eine wohlgeformte Hügelkette.

Drei Möglichkeiten gibt es in den Darß hineinzufahren – und hineinfahren wollen wir. Zuerst die wenigen Holzabfuhrwege. Die führen alle in Richtung der Dörfer auf der Boddenseite und fallen darum für uns aus. Die zweite Möglichkeit bedeutet ein großes Wagnis: Nach einem Sturm ist der Strand vom Seegang hartgeschlagen wie eine Tenne. Selbst ein schwerer Wagen wie die Arche könnte ohne weiteres über den Strand fahren, möglichst nahe am Meer, vielleicht sogar durchs Wasser mit dem einen Räderpaar. Es gibt aber Priele und Triebsände, die bei keinem Sturm hart werden. Mit viel Schwung käme man vielleicht hindurch.

Toms und ich schreiten das Ufer ab: Nein, das ist doch zu gewagt!

Die dritte Möglichkeit ist unmittelbar hinter der Düne auf der zweiten Verteidigungslinie des Waldes. Man könnte sich schon hindurchschlängeln zwischen den Kuhlen, den Kiefern und Wacholderbüschen, wenn auch nur bei guter Kenntnis des Geländes und mit viel Übung im Fahren durch Sand.

Bis zu den ersten Baumgruppen wollen wir vorstoßen, nur zwei, nur einen Kilometer weit. Wir wollen es wenigstens versuchen: „Toms, nimm deinen Pieps aus der Arche und lege ihn in die nächste Sandkuhle. Ich habe keine Lust, ihn nachher aus umgekippten Marmeladentöpfen und zerbrochnen Fensterscheiben rauszufischen."

Los: - Das stampft und schlingert, als ginge ein Boot durch Brandung. Das galoppiert durch Bodenwellen, braust mit Anlauf im 50-km-Tempo in Dünensand und kriecht schnaufend, mit letzter Kraft wieder auf festen Grund. Dann kann der Motor Atem holen, während Toms und ich wie die Berserker voraustoben, große Arme voll Farnkraut raffend und mächtige Kiefernäste in die Fahrbahn schleifend. Weiter! In Schlangenlinien zwischen Bäumen, über dicke Wurzeln springend: das tobt, spritzt Sand und Kienäpfel hoch, stellt die Vorderräder quer, schlägt mir das Steuer aus der Hand, rutscht mit den Hinterrädern ab, bricht durch Buschwerk wie ein Elefant.

Und steht: Unter den breiten Schirmen riesiger Buchen, in einer Bodenwelle am Rand der hohen Düne, hundert Meter vom Meer!

Ich wische mir den Schweiß von der Stirn. Hätte ich das vorher gewußt, nie hätte ich den Wagen dies Gelände zugemutet. Mit bangem Herzen krieche ich unter die Wagen und untersuche zuerst die Federn: Heil! – Spurstange und Lenkung? – Heil!

Ich glaube nicht, daß irgendein Automobil auf diesem Boden schon gestanden hat. Dabei ist es nicht schwer, einen gewöhnlichen Personenwagen von 1000 kg Gewicht hierher zu bringen, wir haben aber 4000 kg zu schleppen und mehr dabei zu verlieren als die meisten. Wenn es auch vielleicht nur Dusel ist, stolz sind wir doch.

*

Eine Stunde später laufen wir in Bademänteln an den Strand. Es ist ein großer Augenblick, wenn man zum ersten Mal wieder den Anprall der Salzflut spürt, die starken rhythmischen Schläge der Brandung, die unsere Kraft herausfordern, die unsere Haut erhitzen und durchbluten, die uns ganz durchbeben mit Glücksgefühl. Mit wie viel stärkeren Armen umfängt und trägt uns das Meer als all die Flüsse, Bäche und Seen, in die wir getaucht sind auf unserer langen Fahrt.

Auf festem Strand, der elastisch ist wie eine Gummiplatte, laufen wir, wie von Federbrettern abgeschnellt. Wie ein kleiner Bär sieht die Rolle aus: naß hat sie sich im Sand gerollt.

Unsichtbar ziehen Dampfer fern am Horizont. Dahinter sinkt die Sonne. Wolkenbänke steigen auf, senken tief ihre gerippten Leiber über die See; sie glühen wie verlöschende Holzscheite im Kamin, vom Blasebalg angeweht. Tiefrot färben sich die Wellentäler. Die großen nassen Zungen, die über den Strand lecken, schimmern wie Fischschuppen und erlöschen langsam. Dicht überm Horizont erscheint minutenlang ein schmales Band von intensivem Grün, verschwimmt; nun ist es Nacht.

Heute nacht breiten wir die Decken in den Sand, der noch durchglüht ist von der Sonne. Wir schlafen im Freien, Toms und ich, im Rauschen der See, im Rauschen der Baumkronen. Durch schwankende Zweige schimmern Sterne. Die letzte Zigarette glimmt, wir sprechen im Flüsterton; so klein sind wir und so gewaltig sind Meer und Nacht und Wald. Ich erzähle Toms vom Darß:

„Störtebecker hat einst hier gehaust, der große Seeräuber. Man sagt, er habe hier im Darß seinen Schatz vergraben. Vielleicht hier, gerade unter uns. Die schwarze Königin Christine schickte tausend Holzfäller um Störtebeckers Schlupfwinkel auszuroden, aber sie kehrten heim, oder sie wurden erschlagen: der Darß blieb stehen. Sie waren hier wohl alle Seeräuber und Strandräuber in den alten Zeiten. Es heißt, sie hätten eine List gebraucht, um Schiffe scheitern zu lassen, damals als es noch keine Leuchtfeuer hier gab. In Sturmnächten banden sie einem Pferd eine Laterne auf den Rücken und schickten es im Galopp am Strand entlang. Dann glaubten die Schiffer, es segelte dort ein Schiff, hielten den Kurs auf Land und scheiterten. – Hast du gesehen, daß viele von den Baumgruppen in den Dünen den Grundriß von Schiffen haben? – Ich weiß nicht, ob es wahr ist, aber die Fischer erzählen, es sei so manches Wrack vergraben hier im Dünensand, von Sturmflut hoch auf den Strand geworfen. Der Schiffsrumpf befestigt die Düne an der Stelle, wo er liegt, darum wachsen dort am ehesten die großen Bäume. Vielleicht liegen auch wir über einem solchen Schiff. In Prerow soll es Fischerhäuser geben, die auf Wrackfundamenten stehen; die alten Eichenrippen des Rumpfes bilden den Kellerraum."

Die letzte Zigarette wird im Sand gelöscht. Ich wickle Toms zu einem runden Bündel in die Decken ein, wühle aus Sand ein Kopfkissen zurecht, strecke mich – und bin schon eingeschlafen.

Siebenundzwanzigstes Kapitel

Von Wildschweinen und Kranichen, von der Insel der Berliner und vom alten Tierarzt

Es liegt ein Zauber über der ersten Sommernacht, die man im Freien schläft. Der Körper ruht, und doch geht etwas mit ihm vor: Hautnerven werden lebendig, sie tragen den kühlen Luftzug, der über uns streicht, in unsere Träume. Die Strahlung der Gestirne legt sich mit seltsamer Schwere auf unsere Augenlider. Krampfhaft reißen wir die Augen auf, sehen ein paar Augenblicke die Sterne durch die Wolken taumeln und schlafen wieder, instinktmäßig die Decken dichter um den Körper ziehend. Dann singt eine Mücke dicht am Gesicht; mal am Ohr, drohend wie ein Kampfflugzeug, mal über der Nase. Man vernimmt das durch die Hülle des Schlafs hindurch und spürt die winzige Berührung ihrer Beine auf der Stirn. Und ehe man den Arm aus der Decke loswickeln kann, hat sie natürlich schon gestochen. Man klatscht, und es gibt einen nassen Fleck, so hatte sie sich voll gesogen.

Es mag zwei Uhr sein oder halb drei, da stehe ich auf mit tauerstarrten Gliedern. Ich lege meine Decken über den schlafenden Toms, lausche unterm offenen Archenfenster auf die ruhigen Atemzüge der Kinder, taste in den Taschen nach Pfeife und Tabak: Alles klar; ich kann gehen.

Es treibt mich, eine lange, einsame Wanderung zu machen, am Strand, im Darß. Der Mond steht noch ziemlich hoch am Himmel, er hat das seltsam wolkige Aussehen, das dem Erblassen vorangeht. Im Zenit ist der Himmel blaß und hell. Nur für ein, zwei Stunden wird es Nacht hier im Norden um diese Jahreszeit. Aber die Erde ist noch dunkel; weißgrau vom Tau bepelzt schimmern schwach die Gräser und die Blüten. Die See rauscht schläfrig in langsamen Atemzügen; sie ist grau wie Blei und hebt und senkt sich auch so schwer, als sei sie flüssiges Blei.

Ich wandere am Strand entlang nach Osten. In großer Ferne fegen die bleichen Lichtbündel vom Leuchtturm Darßerort über den Wald wie Geisterbesen. Wie unkörperlich sind die Dinge in der Stunde der Vordämmerung: Das helle Band des Strandes wie eine Milchstraße in die Unendlichkeit.

Ich bin in den Rhythmus des Marsches gekommen, ich gehe nicht mehr, „es geht mich"; die weißen Gerippe der Fische, von Krähen und von Möwen leergefressen, sind meine Meilensteine und Wrackhölzer, die wie Hände Ertrinkender aus dem Sand ragen. Da laufen Fährten quer über den Strand: Rotwild – ein ganzes Rudel. Warum kamen sie heute Nacht zum Strand? Sind sie ins Meer gegangen? Haben sie an den salzigen Kieseln geleckt? Mir ist, als sähe ich ihre grauen Gestalten langsam in den Wald ziehen. Ich folge der Spur.

Es wird heller; die Gipfel werden plastischer und kräftiger an Farbe. Der Wildwechsel zieht sich durchs Dünengras und jenseits durch den Schilfwald eines Sumpfes. Vorsichtig folge ich dem schmalen Pfad, mit den Händen die Halme seitwärts biegend. Schwarzer Modder tritt aus der Fußspur, Erlenbüsche nehmen die Sicht. Mir ist, als sei ich auf der Jagd.

Der Schilfwald lichtet sich, fester wird der Grund und da: ich zucke zusammen und stehe starr, atemlos.

Durch Espenlaub, das leise zittert, sehe ich eine Blöße taufunkelnd mit einem Hintergrund von dunklen Tannen, und da: große, silbergraue Vögel stolzieren auf dünnen Beinen, die langen Hälse und die langen Stecher zucken bei jedem Schritt: Kraniche, wahrhaftig! – Ich erkenne sie an den kleinen Federkronen ihrer Köpfe. Einer läßt ein mißtöniges Krächzen hören, macht ein paar groteske Tanzsprünge, und jetzt kommt Erregung in die Schar: sie äugen nach den Tannen, ziehen sich zögernd und wie erbost zurück. Ein Brechen wird laut im Wald. Fast überläuft es mich kalt – ein Laut ertönt, ein ganz unglaublich wildes Schrecken, tief, drohend, jäh, und nun ein schrilles Quieken. Immer lauter wird's im Wald, große, schwere Tiere nahen.

Da löst es sich schwarz und massig aus dem Unterholz: Wildschweine, ein mächtiger Keiler voran. Ich stehe wie versteinert und höre mein Herz laut schlagen. Welch ein Anblick! Selten ist er dem Jäger vergönnt. Schnaubend und schnarchend beginnen die Tiere den sumpfigen Boden mit ihren Gewehren umzubrechen. Alle ihre Bewegungen sind jäh und von unbeschreiblicher Wucht. Und jetzt: einer der Kraniche tut ein paar Stelzschritte auf die Schweine zu, den Stecher vorgereckt. Der große Keiler wirft auf, weiß blitzen die Hauer, oh, und er klappert damit, der bösartigste Ton, den man denken kann. In großen Sprüngen flieht der Kranich, er spreizt die Schwingen und streicht ab. Die andern nach, niedrig flatternd, seewärts.

Eine Bache, von gestreiften Frischlingen im Kranz umringt, so dicht, als seinen sie ein Tier, hat sich seitlich dicht an mich herangeäst. Ich höre ihr Schnaufen und das Quieken der Frischlinge auf zehn Schritt durch die Espenbüsche. Da kommt der erste Hauch der Morgenbrise über den Sumpf, stärker beben die Blätter, und im gleichen Augenblick: schrilles, entsetztes Quieken, als sei ein Dolchstich in das Tier gefahren. Sie haben meine Witterung!

Sie strecken die massigen Leiber und fegen über die Lichtung in unglaublich schnellem, förderndem Galopp. Ein Knacken, ein Brechen im Wald, ein letztes zornig-wildes Schrecken, verschwunden ist der Spuk.

Ich laufe zur Arche zurück, als hätte ich Flügel. Es läßt mir keine Ruhe, bis ich Toms und Rolle alles erzählen kann, wie herrlich es war und, ach, wie unvollkommen sind die Worte der Schilderung. So habe ich doch wieder den Darß erlebt und etwas von ihm mitbekommen, wovon man lange, lange zehren kann in den Steinsteppen der Städte.

*

Vier Tage sind wir im Darß geblieben. Zwei Tage lang hatten wir Sturm; ein großer Ast fiel nachts aufs Archendach. Aber darum wären wir noch lange nicht fortgefahren, wenn der Pieps nicht gewesen wäre und sein Milchbedarf. Der Weg zum nächsten Dorf war viel zu weit und zu schwierig; da haben wir den Pieps mit Büchsenmilch gefüttert. Das geht ganz gut für kurze Zeit, aber auf die Dauer mögen es die Mütter nicht und die Babys auch nicht.

So nehmen wir die Landstraße wieder zwischen die Räder mit Osten-Kurs. Nach Hinterpommern wollen wir und dann, wenn möglich, immer an der deutschen Ostgrenze entlang nach Schlesien.

Auf der Strecke nach Wolgast müssen wir lange vor einer geschlossenen Schranke stehen, neben einem kleinen Bahnhof, wo, mit allen Zeichen der Erschöpfung, ein Zügle steht. Wir hätten schon zwanzigmal vor ihm passieren können, aber die Schranke bleibt zu, die Lokomotive keucht und fährt nicht ab.

Schließlich wird mir die Sache zu dumm, und ich rufe in die Stille der Station hinein „Abfahren".

Atemloses Schweigen: Alles scheint den Atem anzuhalten, sogar die Lokomotive verschluckt ihren Rauch, nachdem sie ein Wölkchen wie ein Ausrufezeichen geblasen hat.

Da erscheint, würdevoll, am Ende des Bahnsteigs der Herr Stationsvorsteher, sein Gesicht ist noch röter als seine Mütze. Strafend und belehrend klingt es zu uns herüber: „Hier hett keen een ‚Abfoahrn' tau seggen! Hier hevv blot ick alleen ‚Abfoahrn' tau seggen! – Abfoahrn!"

Ab fährt der Zug und auf die Schranke und wir davon.

*

Wir kommen zu spät, um die Insel Usedom noch als Insel zu erleben. Vor ein paar Tagen ist die große Brücke bei Wolgast eröffnet worden, die Usedom einschaltet in die große Auto-Küstenstraße von Hamburg nach Ostpreußen. Schon aus großer Ferne leuchtet sie im Glanz der roten Mennigfarbe.

Ich möchte Usedom „die Insel der Berliner" nennen. Die Kette der bunten Wochenendhäuschen, die Hotels, die Pensionsvillen, die Familienbäder auf ihren hohen Stelzbeinen reißen an der ganzen Küste nirgends ab. Überall flattert farbenfrohe Badewäsche an den Wäscheleinen; die See, wo man sie sieht, ist mit den Köpfen der Badenden gepunktet, und überall, hinter Busch und Düne hervor klingt der – ach so bekannte – Dialekt: zu Hause übertönt er Straßenlärm und hier das Meer.

In der Mittagspause, nahe einer Kolonie von Miniaturvillen, lernen wir eine wunderliche Schicht von pflastermüden Großstädtern kennen. Kleine Leute, die meist in den Jahren der großen Arbeitslosigkeit sich hier Parzellen kauften, um zurückzukehren zur Natur.

Nicht ohne Teilnahme kann man ihren Unternehmungen zusehen. Die Häuschen, meist aus Holz, sind größtenteils mit eigner Hand erbaut, die kleinen Gärten auf dem undankbaren Dünenboden mit rührender Sorgfalt bestellt.

Die meisten Kolonisten verleben den größeren Teil des Jahres hier, und mit viel Idealismus lebt man „auf dem Land".

Aber wie städtisch ist das Ganze doch! Mit Abbruchmaterial der Großstadt, auf Lastautos herangefahren, sind diese Häuschen aufgerichtet. Ihr größter Stolz ist die elektrische Leitung mit dem Radio und ihre Schmach die altmodische „Pumpe" im Garten. Sie stellen ihre Uhren haargenau nach Radiozeit, obwohl sie nichts zu versäumen haben, sind immer und mit allem „auf dem Laufenden", was „zu Haus" geschieht. Die großen Warenhäuser schicken ihnen die Lebensmittel, die der Garten nicht erzeugt.

Es fehlt ihnen ganz das Mitschwingen mit Pflanze und Baum, das Zwiegespräch mit Wellen und mit Wolken. Darum sind sie auch immer laut und geschäftig, weil sie soviel Leere im Innern zu übertönen haben. – Der freundliche Mann in Filzpantoffeln, von dessen Pumpe wir uns Wasser holen, hat Sorgen mit seiner elektrischen Uhr. Immer in Berlin ist sie genau gegangen, hier aber weht der Seewind Kiefernäste gegen die elektrische Leitung, dann setzt sekundenlang der Strom aus, und die Uhr geht falsch.

„Was er denn dabei machen wollte?"

„Die Kiefern abhauen. – Selbstverständlich, fort mit dem Zeug."

Wahrscheinlich meint er es gar nicht so und tut nur barsch, weil er sich schämt, daß er die spärlichen Kiefern in sein Herz geschlossen hat: eine Großstadtseele im Übergang.

*

Im Hafen von Swinemünde liegen die schönen, weißen Motorschiffe vom Ostpreußendienst und eine Torpedobootsflotille. Die blauen Uniformen, die flatternden Mützenbänder bringen viel Frische in die Straßen hinein. Man kann

Freude haben an den Jungens; an ihrer breiten, braunen Brust, an ihrem schwingenden Gang, an ihrer echt seemännischen, flink zupackenden Haltung: es wird wieder zur See gefahren bei der Reichsmarine.

Wieder fahren wir mit einer Fähre über den Strom, und weiter folgen wir der Küstenlinie, immer nach Osten, durch weite Wälder.

Man beginnt den Raum zu spüren, die Weite des Landes, die Dünne seiner Besiedlung. Die Dörfer liegen doppelt so weit auseinander, als wir es sonst gewöhnt sind. Die Feldwege werden breit, mit drei, vier Radspuren nebeneinander; wir könnten darauf sogar wenden. Das ist ein ideales Land für Archen; es riecht nicht nach Verbotsschildern, es hat Wald und Wasser im Überfluß und Raum, viel Raum.

Auf einmal sehe ich am Rand der Birkenallee, die wir durchfahren, einen prachtvollen Birkenpilz. „Halt, der muß mit"; Toms springt ab und holt ihn.

Kaum dreißig Meter weiter steht der zweite und im Straßengraben eine ganze Kolonie.

Wir fahren weiter, aber die Pilze begleiten unsern Weg, herrliche Pilze, und wie es scheint, bückt sich kein Mensch nach ihnen. Uns packt die Sammelwut. Schließlich bin ich es müde, immer wieder anzuhalten, nun sammeln wir die Pilze im Fahren ein! Toms und Rolle stehen rechts und links auf dem Trittbrett mit Körben in den Händen, während ich den Packard im Schritt rollen lasse. Jedes Mal wenn ein neuer Pilz in Sicht kommt, schwingt sich, bald der eine, bald der andere, mit einem Freudenschrei vom Wagen, sammelt, rennt nach, springt auf: ein lustiges Bild.

Frühzeitig steuere ich ein kleines Wacholderwäldchen an, und nun wird geschabt, geschnitten und in Butter geschmort: ein herrliches Mahl. „Ich glaube, Vater, hier ist das Schlaraffenland", meint die Rolle, und ich glaube das auch.

*

Wer weiß, ob wir nicht im Wacholderwäldchen über Nacht geblieben wären ohne den alten Tierarzt, der des Wegs daherkam, mit einem langen Bart und einem kurzen, hochbeinigen Vorkriegsauto: „Hier im Wäldchen liegen ja immer die Zigeuner, das sei er gewohnt, aber solche wie wir, das sei er nicht gewohnt."

Es ist nicht das erste Mal, daß wir auf den gleichen Plätzen lagern wie die Zigeuner. Es ist ein Lob für uns, denn im Wanderleben sind sie unsere Meister, es bezeugt, daß wir jetzt instinktiv die richtigen Lagerplätze finden.

„Wo wir denn hinwollten mit unserer rollenden Puppenstube?"

„Ans Meer und in die Einsamkeit."

„Ob fünf Kilometer bis zum nächsten Dorf und zwanzig bis zur nächsten Kleinstadt uns als Einsamkeit genügten?"

„Vollkommen, aber wie stünde es denn mit Trinkwasser?"

„Oh, Trinkwasser sei da, es habe mal einer ein Haus dort bauen wollen, sei aber über die Kalkgrube und die Pumpe nicht hinausgekommen."

Es gibt kaum einen besseren Ratgeber, wenn man eine Gegend erkunden will als solchen alten Landarzt.

Der Platz liegt zwischen der alten Bischofsstadt Cammin und Kolberg. Aber ich will die Lage nicht beschreiben; diese eine Stelle soll und darf unser Geheimnis bleiben.

Zuerst kommt das Dorf. Ich habe die Arche im Wald stehen lassen und bin als Kundschafter allein vorausgefahren. Jedes Dorf hat seinen Charakter, so wie jeder Mensch. Diesen Charakter muß man erkunden, wenn man das Dorf zum Stützpunkt haben will, wie wir. Ein älterer Mann auf einem Fahrrad, die Hosen sorgfältig seitwärts weggeklammert, müht sich vor mir durch den Sand. Ich rufe ihn an: er steigt ein und hält das Rad auf dem Trittbrett draußen fest; er ist der Amtsvorsteher. – Besser hätte ich es ja nicht treffen können.

Mit wenigen Menschen habe ich mich so gut unterhalten wie mit diesem Mann. Unter geschorenem Haar, das aussieht wie Silberdisteln, ein sorgengefurchtes, aber unbeugsam festes Gesicht und Augen wie Eis, die weit in die Ferne blicken. Er hält sich sehr zurück, überlegt, ehe er spricht, wägt jedes Wort, auch im Tonfall, und prüft den Gegenklang der Antwort. – Mit einem Mann von solcher Feinfühligkeit zu sprechen ist von hohem Reiz, und: wie sonderbar ist doch die Vorstellung, die sich ein Fremder von Hinterpommern macht. – Glauben nicht die meisten, hier sei das Ende der Kultur, die Menschen ungehobelt, hart und grob, die Waschschüsseln klein, die Schnapsgläser groß?

Aber in diesem Dorf von zweihundert Seelen, zwanzig Kilometer von der nächsten Kleinstadt, sitzt keine Bauernfamilie weniger als zweihundert Jahre auf ihrem Hof, und alle können ihren Stammbaum bis zum Dreißigjährigen Krieg zurückverfolgen. In diesem vergessenen Dorf, weit, weit dahinten an der Küste, haben die Bauern mehr an sicherem Instinkt und an gesundem Verstand bewiesen als die meisten Städter und die meisten ihresgleichen. Sie haben einen großen Gemeindewald und einen weiten Strand. Oft genug haben Spekulanten ihnen in den Ohren gelegen: Warum sie denn nicht verkauften, das gäbe doch einen prachtvollen Badeort. Hotels sollten errichtet werden, Sanatorien, ein Kurhaus, eine Promenade ... „Denkt doch an all das Geld, Leute!"

Aber die Bauern dachten nicht an „all das Geld", sondern an ihren schönen Wald, an ihren Strand, an ihre Kinder, an ihre Unabhängigkeit.

In diesem vergessenen Dorf haben die Bauern eine Lesestunde. Zweimal in der Woche wird sie im Winter abgehalten, reihum auf den einzelnen Höfen, jeder zahlt im Monat 50 Pfennig in die Kasse. Ich habe mir die Bibliothek angesehen: es waren gute Bücher. – „Warum sie denn nicht aus der Leihbücherei bezögen?"

„Leihbücher? – Nein, leihen mochten sie nicht."

In diesem vergessenen Dorf lebt ein Weber, der die schönsten Teppiche webt, die ich je weben sah in unserer Zeit. Die selbstgedrehten Wollgarne haben zarte, pastellige Farben. Die Muster, phantastische Tiere, Jagden, Schiffe, sind uralt, aber der Weber arbeitet ohne Zeichnung, ohne Vorlage, aus dem Gedächtnis und aus der Phantasie wie sein Vater und sein Ahn vor ihm. Viele tausend Knoten knüpft er in jedes Stück.

Im Wald dieses vergessenen Dorfes stehen keine Verbotstafeln; nur ein Schild am Eingang: „Ein guter Mensch beschädigt keine Bäume." – Und es werden keine Bäume beschädigt.

Vorsichtig taste ich mich zum Kernpunkt der Unterredung vor: „Ob ich wohl ein paar Wochen bleiben könnte mit meiner Arche auf dem Gemeindeland?" Da lächelt der Amtsvorsteher leise: „Die Frage hätte er vorausgesehen, von Anfang an. Darum hätte er sich ja mit mir unterhalten, um zu wissen, wes Geistes Kind wir seien; und ja, wir könnten gerne bleiben."

Achtundzwanzigstes Kapitel
Die Arche will Wurzeln schlagen

Wir haben den Platz erreicht, aber Schweiß und Mühe hat das gekostet. Die Baustelle, seit vier Jahren verlassen, ist völlig mit Ginster überwuchert. Mehr als mannshoch ist das Gestrüpp; mit dem Beil muß es gekappt werden, um der Arche Platz zu machen. Aus den abgehauenen Büschen haben wir rings um die Arche in einigem Abstand einen dichten Wall gebaut. Niemand kann uns sehen.

Erntezeit: Der Wald ernährt uns und das Meer. Wie reich, wie gütig ist jetzt die Natur. Sonne, Erde und der Mensch verströmen ihre beste Kraft: Erntezeit.

Das kleine Mädchen kommt von seinen Ausflügen zurück mit dicken Sträußen Blaubeerkraut, so voller Beeren, daß man noch eine Stunde davon essen kann; sie ist nie mehr ohne diesen Proviant zu sehen. Hat sie mal rote Lippen gehabt? – Ich weiß es gar nicht mehr; jetzt jedenfalls sind sie blau, und das dauerhaft.

Der Pieps in seiner Sandburg schnellt sich wie ein Fisch mit seinen kräftigen Rückenmuskeln. Wie ein Ameisenlöwe liegt er in seinem Loch, wirft Hände voll Sand um sich und sieht lachend die glitzernden Körnchen von den Händen herunterrollen.

Eine Unersättlichkeit des Pilzesuchens hat mich gepackt. Meist komme ich ohne Hemd von meinen Ausflügen zurück; ich brauche das Hemd, um es mit verknoteten Ärmeln zu einem Sack für Pfifferlinge zu machen. Wie winzige Babyhände lugen sie allenthalben aus dem Waldboden, lüften die dicken Nadelkissen an, ganz energisch, so wie ein Küken seine Schale durchbricht. An Steinpilzen haben wir so viel, daß wir sie, in Stücke geschnitten, auf Bindfaden gezogen trocknen: Vorrat für den Winter.

Ein Fischerboot, das neulich landete und dem ich aushalf mit ein paar Litern Benzin, versorgt uns mit Flundern und mit Aalen. Toms braucht nie weit zu laufen, um einen großen Korb voll Kienäpfel und Tannenzapfen zu finden, das beste Feuerholz der Welt. Die Heide ringsum glüht rot von Heidelbeeren, die stark und bitter schmecken, und von Walderdbeeren, die süßer sind als alles auf der Welt.

Letzte Nacht fing ich einen Igel, der einen Mordskrach vollführte vor der Arche, daß Toms schon an Räuber glauben wollte. Aber lieber hätte ich den Fuchs gefangen, der in der Nacht vorher die Leberwurst aus unserm „Kühlraum" räuberte.

„Toms, wir wollen nie wieder von hier fort."

Jeder Morgen patrouilliert ein Wasserflugzeug die Küste ab: sein Pilot ist der einzige Mensch, der unser Lager sieht.

Neunundzwanzigstes Kapitel

Der Rückzug

Eines Tages kommt ein Mann durch den Wald marschiert. Ein Mann mit blauer Uniform, mit schwingendem Schritt, mit schwingendem Knotenstock, eine Ledertasche am Riemen über die Schulter geworfen. Unverkennbar: der Landbriefträger.

Er nimmt geraden Kurs auf die Arche. Mit vorwurfsvollem Blick entledigt er sich eines mächtigen Bündels von Briefen. „Wie können nur die Leute so nachlässig mit ihrer Post umgehen", denkt er. Kopfschüttelnd betrachtet er die vielfach durchgestrichenen und erneuerten Adressen, die zahlreichen Poststempel, die armen, schon nahezu vergilbten Telegramme.

Das alles hat er nun sechs Kilometer treu durch die Sandwege geschleppt – ein Wunder, daß er uns überhaupt gefunden hat, und nun ist der Empfänger nicht mal neugierig!

Nein, er ist nicht neugierig, denn er weiß schon Bescheid: Die Briefe blasen zum Rückzug!

Die meiste Post erledigt sich von selbst, wenn man sie lange genug liegen läßt, aber es bleibt noch genug übrig: „Seit einem Vierteljahr sind Sie wie von der Erde verschluckt. Sind Sie tot oder haben Sie sich sonst etwas zuschulden kommen lassen? Sind Sie in politische Konspirationen verwickelt oder von einem wilden Tiger angefallen worden? Und was zum Teufel macht das Buch, das Sie unserem Verlag versprochen haben?"

„Ich bin aufs höchste beunruhigt. Sicher sind Sie bereits todkrank, meine armen Enkelkinder, die du auf deinen wahnwitzigen Reisen um die halbe Erde schleppst."

„Seit mehr als drei Monaten haben Sie sich jeder Teilnahme an den Veranstaltungen des Vereins enthalten. Wir entziehen Ihnen hiermit den Gebrauch der Vereinsnadel und werden im Übertretungsfalle gerichtlich gegen Sie vorgehen."

„Mein Lieber, Dein Gerichtsvollzieher war jetzt schon zum dritten Mal bei mir. Das geht zu weit, ich habe schon genug zu tun mit meinem eigenen. Mit der angegebenen Adresse: Siebter Kirschbaum rechts an der Chaussee nach Dingskirchen hat der Mann sich nicht begnügen wollen."

Ja, die Welt geriet sichtlich in Unordnung durch unsere Abwesenheit. Es war Zeit, sie mit einigen kräftigen Donnerwettern wieder zurechtzurücken.

Wir brechen das Lager ab. Dieser Aufbruch ist der schmerzlichste von allen. Wir brauchen einen ganzen Tag, um unseren Burgwall zu zerstören, um den Wald wieder in den Zustand von Ursprünglichkeit zu setzen. Denn das ist unser Ehrgeiz und sollte der Stolz jedes Wanderers sein: keine Spuren am Lagerplatz zurückzulassen.

Dann ziehen wir die Arche aus dem Sand, in den sie, die Moosschicht durchbrechend, tief eingesunken ist. Bald vorn, bald hinten eingehakt, zerrt der Flaschenzug sie vorwärts und rückwärts, manövriert sie aus den engstehenden Bäumen heraus auf den Weg. Tagelang haben wir all unser Waschwasser auf diesen Weg gegossen, um den Sand etwas zu befestigen.

Die Rolle läuft mit verstörtem Gesichtchen umher: eine Welt ist für sie untergegangen, die sie für fest gehalten hat. Der Pieps findet seine gewohnte Kuhle mit dem Schatten der Arche darüber nicht mehr und ist sichtlich beleidigt.

Zum letzten Mal gehen wir ins Meer, Hand in Hand die Brandung durchschreitend.

Zum letzten Mal lassen wir uns, auf dem Rücken liegend, auf den Wellen treiben, gewiegt, getragen, schwindlig vor Glück, durch nasse Wimpern in die Sonne blinzelnd. Dann fühlen wir Grund: Die Brandung hat uns an den Strand geworfen. Aus ist der Traum.

Die Archentür schlägt zu. Noch durchtränkt vor der Frische der See, mit einem Salzhauch auf der Haut klettern wir in den Schleppwagen. Die Rolle hält ein Schächtelchen mit bunten Muscheln krampfhaft umklammert in der Hand. Das Rauschen hinter uns verklingt. Der Sandweg will uns wie mit Gummistrikken fesseln, aber der starke Motor frißt sich durch. Eine Stunde später stehen wir auf fester Chaussee, die Nase der Riesenstadt entgegengekehrt: Kurs auf Berlin über Gollnow – Stettin – Angermünde – Schwedt und Eberswalde.

*

Drei Wochen lang hat die Wand des Waldes uns das Geschehen auf den Feldern verborgen. Auf hohen, schnurgeraden Straßendämmen fahren wir durch ein verwandeltes Land. Gelb sind die Felder, reif ist das Korn. Rauschend sinken die Halme vor schwingenden Sensenklingen. Stahl blinkt in der Sonne, das Schleifen des Wetzsteins klingt über die Ebene. Ratternd und prasselnd umfahren die Mähmaschinen die Ränder der Felder. Auf den Armen der Schnitter springen die Adern und Sehnen hervor. Die Rücken der Garbenbinderinnen tauchen auf und nieder. Dort, wo die Garben schon in Hocken stehen, geht der Schälpflug über den Acker. Schweißnaß glänzen die Pferderücken. Wie Bälle fliegen die Garben, höher und höher zu den Erntewagen auf. Alle paar Kilometer begegnet uns ein rotes Ungeheuer, besteckt mit Räderwerk auf allen Seiten, als könnte es auch auf dem Rücken laufen, gezogen von einem schnaubenden Motorpferd: wandernde Dreschmaschinen.

Der Himmel gebe, daß diese Ernte unser Volk ernährt.

Die jungen Störche in den Nestern sind groß geworden; schon versuchen sie ihre Schwingen zum ersten Flug. Die Stoppelfelder sind weißbetupft mit Gänsen, die Nachlese halten, mit viel Geschnatter und großem Flügelschlagen. Wie ein Mädchenpensionat in einer Konditorei, und das Wonneempfinden ist wohl auch das gleiche dabei.

Rot glühen die Äpfel durchs Laub; die zu Fuß und zu Rad wandernde Jugend hält gern bei ihnen Rast, und das nicht nur des Schattens wegen.

An dem weit gefächerten Adernetz der Oder fahren wir entlang.

In den Wäldern um das schöne Kloster Chorin verbringen wir die letzte Nacht. Wie sonderbar, daß nun mit einem Male die täglichen Sorgen von uns abfallen: Wasser – wozu noch sich um Wasser kümmern; morgen sind wir in Berlin.

Wäsche? Wozu noch waschen, morgen sind wir in Berlin.

Brot, Butter, Milch? Laßt uns doch alles aufessen: morgen sind wir in Berlin.

Sollten wir uns nicht freuen, diese Sorgen los zu sein?

Wir freuen uns nicht. Es macht uns traurig. Es ist die Wehmut des Abschieds, die uns überkommt.

*

Berlin in Sicht! Schon bei Eberswalde scheint es zu beginnen. Die Wald- und Heidestrecken zwischen hier und Bernau erscheinen wie abgenutzt von vielem Ausflüglergebrauch. Wir sind verwöhnt geworden, was Natur betrifft. Wir merken das, wie wir durch die Rieselfelder fahren.

Da ist schon der erste, zweistöckige Berliner Autobus, und ehe wir uns recht besinnen, sind wir gefangen in den Mauern der Riesenstadt.

*

Zum Glück ist es ein stiller Platz, unweit von Pichelsdorf, ganz am anderen Stadtende, wo das Ausladen erfolgt. Zum Glück sind es nur ein paar Autobuschauffeure an der Endstation, die uns dabei zuschauen. Denn Toms laufen die hellen Tränen über die Backen, die Rolle drückt schluchzend einen Kuß auf die verstaubte grüne Archenwand. Der Kapitän natürlich muß mit eiserner Stirn mit seinem Schiff untergehen, aber es fällt ihm schwer.

Wir haben ein Heim verloren, ein richtiges, schönes Heim. Es ist uns gut darin gegangen. Jetzt müssen wir es selbst zerstören.

Jeder Gegenstand, den wir heraustragen, ist wie ein Raub an ihm. Leb wohl, liebe, treue Arche. In einen öden Schuppen aus Zement wirst du geführt. Auf hölzerne Böcke wird man dich stellen. Deine Räder werden den Boden nicht mehr erreichen können, und langsam wird die Luft aus ihnen weichen. In häßliche Leinwand wird man dich hüllen, wie in ein Totenhemd. Aber wir werden dich nicht sterben lassen. Nur schlafen wirst du und von neuen Fahrten träumen, einen Herbst und einen Winter lang.

Aber es wird wieder Frühling werden! Dann ziehen wir dich heraus, und du entführst uns weit über die lockenden Landstraßen und die verborgenen Seitenpfade der Heimat. Denn wir sind Wanderer und werden es bleiben.

*

Ein Logbuch ist kein lyrisches Gedicht. Es schließt mit den Worten „Ende der Reise"; fügt höchstens noch einige sachliche Bemerkungen über den Zustand von Schiff und Mannschaft hinzu.

Meine Mannschaft hat die Quarantäne durch den Kinderarzt glänzend passiert: Rolle und Pieps befinden sich in bestem Zustand. Gewichtszunahme und allgemeine Entwicklung sind übernormal gut. Nicht eine Erkrankung ist während der ganzen Reise vorgekommen. Nur an zwei von insgesamt 143 Tagen haben die Kinder ihr warmes Bad entbehrt. Aber Toms, der kleine, tapfere, unermüdlich sorgende Toms wiegt nur noch ein ganz klein wenig über einen Zentner; wir werden ihn jetzt sehr herausfüttern müssen.

„Ende der Reise"

Nachwort des Herausgebers

Der am 28. August 1901 in Berlin geborene Heinrich Hauser war Filmemacher, Reporter und Romanautor – vor allem aber gehörte er zu den wichtigsten Fotografen der zwanziger und dreißiger Jahre. Sein Stellenwert als Fotograf wurde erheblich erweitert, als der Hamburger Werbefotograf Wolfgang-Peter Geller zufällig auf einem Flohmarkt das nahezu komplette Archiv des Folkwang Auriga Verlages aus den Jahren 1919 bis 1935 fand, darunter auch ein Konvolut fotografischer Arbeiten Heinrich Hausers[1].

Hausers Biografie ist geprägt von Neugier und Wanderschaft – beste Voraussetzungen für eine Karriere als Fotograf. Unter der Ebert-Regierung heuerte Hauser 17jährig als Seekadett an und trat nach der Novemberrevolution in ein Freikorps ein. Seine Ausbildung zum Ingenieur bei den Krupp-Werken musste er im Sommer 1919 nach einem Arbeitsunfall abbrechen. In Kiel erlebte Hauser als Offiziersanwärter den Kapp-Putsch und den sich anschließenden Generalstreik. 1922 heuerte er nach dem in Jena abgebrochenem Medizinstudium in Rostock auf einem Dampfer nach Australien an, wo das Buch „Der menschenscheue Kontinent" entstand. Nach seiner Rückkehr arbeitete er kurze Zeit als Regieassistent, bevor ihn 1923 seine Odyssee nach Indien führte; etwa 1924 begann seine schriftstellerischen Arbeit und 1929 erhielt er für seinen Roman „Brackwasser" den Gerhart-Hauptmann-Preis. In den dreißiger Jahren entstanden Reiseberichte über den amerikanischen Mittelwesten, Australien, Ostpreußen und den Balkan. 1939 emigriert, kehrte Hauser zehn Jahre später auf Initiative des Stern-Herausgebers Henri Nannen nach Deutschland zurück, um für kurze Zeit Chefredakteur des Stern zu werden. Am 25. März 1955 starb Heinrich Hauser in Dießen am Ammersee.

Der Schwerpunkt der Arbeit Hausers ist – neben den von Siegfried Kracauer und Rudolf Arnheim hochgelobten Filmen „Die letzten Segelschiffe" (1930) und „Chicago – Weltstadt in Flegeljahren" (1931) – vor allem das fotografische Werk; die Ruhrgebietsreportage „Schwarzes Revier" gilt heute als fotografischer Meilenstein der späten zwanziger Jahre.

Hauser interessierte in nahezu all seinem fotografischen wie literarischen Schaffen stets das Mit- und Gegeneinander von Technik und Umwelt, die Stahlskelette der Brücken, die Schleppzüge auf stillen Kanälen, die Zechen und Hütten, die Pferdekarren und Eisenbahnen, die Zersiedelung des Landes. Auch

---

[1] Mehr über den Fotografen Heinrich Hauser erfährt man im Internet unter www.hauser-heinrich.de.

Menschen zeigt und beschreibt Hauser, etwa die Schmelzer am Hochofen, die ihre Beine mit Lederstücken und Leinwand vor Verbrennungen schützen, oder die Industriearbeiter auf dem Weg zum Werk. Fotohistorisch wird sein Buch „Schwarzes Revier" gern mit Albert Renger-Patzschs gleichzeitig entstandenen, eher romantisierend wirkenden Aufnahmen von „Ruhrgebiets-Landschaften" verglichen. 1928 eine unternahm er dazu eine 6000 km lange Reise durch das Ruhrgebiet. Aus seinen Eindrücken entstand das 1929 mit 127 Fotografien und Texten erschienene Buch.

Auch in seinen „Fahrten und Abenteuern mit dem Wohnwagen" finden sich diese hervorragenden, lebensnahen und eindrücklichen Fotografien. Seine Erzählung von seiner Fahrt durch Deutschland mit Frau und Kindern ist ein wunderschöner, gefühlvoller Text, der an manchen Stellen auch den Geist der Zeit des aufkommenden Nationalsozialismus atmet.

Irgendwann ist Hauser der Gedanke gekommen, einen Wohnwagen zu bauen. Vielleicht hing das wirklich mit der Wiege seines Sohnes zusammen, doch, wie Dante so schön sagt, se non è vero è ben trovato – wenn es nicht wahr ist, so ist es doch hübsch ausgedacht. In „Die Woche" teilt er uns für den späteren Verlauf der Ereignisse Genaueres mit: Am 29. Januar 1934 erwarb er um 130 Mark bei einem Hamburger Schrotthändler das Chassis. Danach wird monatelang gewerkelt, gedacht, umgebaut und verbessert. Und schließlich geht's nach dem nassen und nebligen Winter Hamburgs in der Wärme und Sonne des Südens. Über den unvermeidlichen Besuch der Hauptstadt Berlin ging es weiter durch Sachsen und Bayern dem Bodensee entgegen, wo die Hausers bis Anfang Mai Standquartier bezogen. Die Reise wurde dann den Oberrhein abwärts fortgesetzt, mit Vorstößen in den Schwarzwald, ins Moseltal und in die Eifel. Ende Mai waren sie im Saarland. Im Juni ging es dann durch Oberbayern und den Bayerischen Wald, im Juli führte der Weg an die deutsche Ostgrenze, insbesondere zu den Masurischen Seen. Im August wurde dann das Tempo verlangsamt: man wollte die Ostseeküste entlang Richtung Schleswig-Holstein fahren und den September in der Lüneburger Heide verbringen, bevor Hauser sich dann in wirklich wärmeren Länder Spanien, Italien und Jugoslawien wagen wollte – doch dazu kam es nicht.

Hauser schildert nicht nur die Fahrt, er schildert auch die Mühen, die jemand hat, sich mit einem Wohnwagen zu bewegen, den Alltag zu meistern. Und vielen, die einen alten Wohnwagen restaurieren und ihr eigen nennen, spricht er aus der Seele. Er vermittelt Begeisterung für die Technik, für die kleinen Dinge des Lebens, lenkt den Blick auf amüsante, lehrreiche und unerwartete Details und lässt uns eintauchen in eine Welt, die, trotz der aufkommenden historischen Ereignisse, uns lebhaft und schön anmutet, die uns Gelegenheit gibt, uns zu versenken und uns daran zu freuen, dass wir als Caravanfahrer Anteil haben daran.

Ähnlich wie Geller mit dem fotografischen Werk erging es mir mit diesem Buch. Ein Flohmarktfund. Damals noch als es noch hinter dem Münchner Hauptbahnhof am Wochenende an der Arnulfstraße nur so vor Schnäppchenjägern wimmelte. Auf der nächsten Wochenendreise mit dem Wohnwagen war das Buch an Bord. Und kaum waren die ersten Seiten gelesen, fiel es schwer, den Band aus der Hand zu legen. Vieles erkannte ich aus meinen Wohnwagenanfängen wieder, vieles sprach einem aus dem Herzen, vieles war so vertraut und doch so wunderbar in Worte gefasst. Wieder zurückgekehrt begann die Spurensuche: Wer war dieser Heinrich Hauser? Gibt es die „Arche" noch? Hat er noch mehr zum Thema Reisen mit dem Wohnwagen geschrieben? Es begann der Wissenschaftler in einem seine Neugierde in Produktivität umzusetzen, es entstand der Gedanke, dieses Buch auch anderen zugänglich zu machen, es begann die eigentliche Arbeit.

So hatte Heinrich Hauser noch während der Fahrt einen Vorabdruck seines Buches in der Wochenzeitschrift „Die Woche" drucken lassen. Dieser Vorabdruck weicht zum Teil erheblich vom späteren Buch ab – doch ist hier nicht der Ort, textkritische Ausgaben aufzubereiten. So sei nur gesagt, dass Hauser in der Wochenzeitschrift viel genauere Datumsangaben macht, er einige Orte und Szenen erwähnt, die im Buch nicht vorkommen, sich auch andere Fotos als im Buch finden und vom Zeichner der Zeitschrift Zeichnungen hinzugefügt wurden. Als Titelbild dieses Reprints wurde dann auch der Umschlag des Heftes der Woche gewählt, in welcher der erste Teil von Hausers Bericht erschien[2].

Das in Fraktur gedruckte Buch musste abgeschrieben und digitalisiert werden, um in modernem Satz, mit (leicht) modifizierter Rechtschreibung und Zeichensetzung erscheinen zu können, wobei stillschweigend Fehler korrigiert und doch der Flair der zeittypischen Diktion und Orthographie beibehalten wurden. Ich nahm Kontakt mit Herrn Dr. Geller auf, dem ich für seine Unterstützung und seine Informationen zu Dank verpflichtet bin; ebenso und noch viel mehr zu danken aber habe ich Frau Dr. Grith Graebner, ohne deren hervorragende Dissertation über Heinrich Hauser und ohne deren tatkräftige Unterstützung das Werk wohl noch schlummern würde. Selbstverständlich danke ich auch dem Sohn Heinrich Hausers, Huc Hauser, für die Überlassung der Reprintrechte sowie der Bayerischen Staatsbibliothek München für die

---

[2]Hausers Bericht erschien unter dem Titel „Ein Dichter reist im Wohnauto" in: Die Woche 23 (1934, 9.6.) 623-28; 24 (1934, 16.6.) 647-651; 26 (1934, 30.6.) 716, 726 II-IV; 27 (1934, 7.7.) 744, 27 IV; 28 (1934, 14.7.) 772, 28 II-IV; 31 (1934, 4.8.) 861-862, 31 II; offenbar waren weitere Fortsetzungen geplant, sind aber nicht erschienen.

Bereitstellung der Vorlage des Titelbildes. Des weiteren danke ich dem Vorsitzenden des Camping-Oldie Clubs Deutschland e.V., Herrn Reinhard Falk, für die herzlichen Worte auf der Umschlagrückseite und hoffe, dass das Buch dazu beitragen möge, die von ihm geführte Gemeinde der Wohnwagen Oldtimerfans zu erweitern. Und ganz besonders danke ich Herrn Gerhard Dolde, durch dessen Engagement und dessen fähige Mitarbeiter von DoldeMedien eine so gute, rasche und perfekte Realisierung des Projektes erst ermöglicht wurde.

Dr. Robert Hilgers, München

bereits erschienen:

Im Buchhandel:
144 Seiten, 88 Abbildungen sw,
ISBN 3-928803-25-5, 11,90 €

Fritz B. Busch ist schon zu Lebzeiten Legende. Der Grandseigneur unter den Motorjournalisten verzaubert seit fast 50 Jahren die Leser großer Zeitschriften mit seinem unverwechselbaren Stil. Dieses Buch schrieb er im Jahr 1961 für Einsteiger ins Hobby Caravaning. Jetzt ist die „Kleine Wohnwagenfibel" wieder da – mit den historischen Anzeigen und mit verschmitztem Humor.

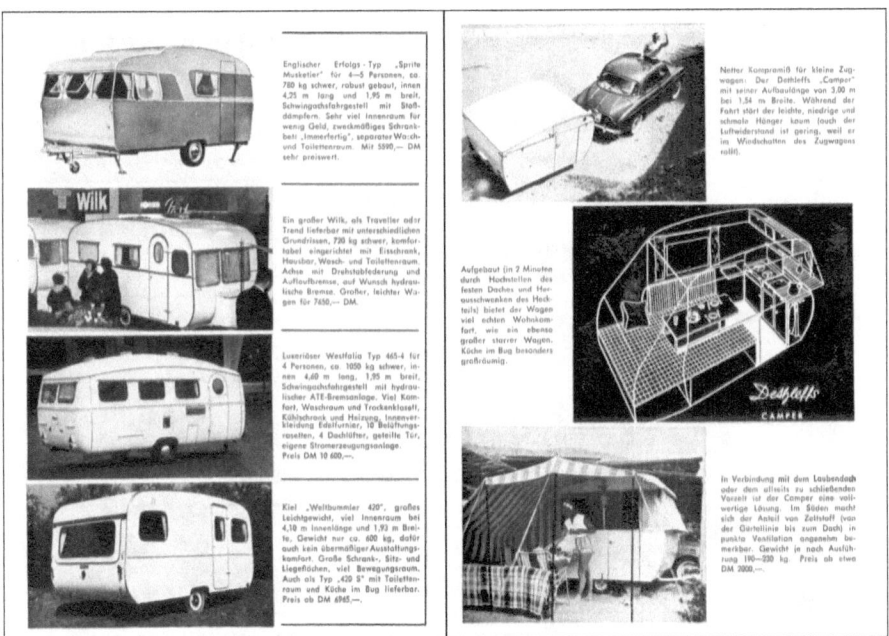

Genießen Sie einen Blick zurück in die Zeiten, als Familienautos wie der DKW nur 350 Kilogramm leichte Wohnwagen ziehen durften. Und als der große Schreibersmann die Freiheit im Caravan brillant und stets mit fröhlicher Ironie schilderte – schon damals also mit dem Busch-Touch, der heute ein Markenzeichen ist.

Sammlerherzen schlagen höher im web-shop
www.campers-collection.de

Edsel Citation mit **Airstream Wanderer** M 1:43, Zinkdruckguss
€ 152,90
Best.-No.: BRK 22A/54

Mercury Sportsman mit Wesley **Slumbercoach** M 1:43, Zinkdruckguss
€ 152,90
Best.-No.: BRK 69/65

Streamlined American Caravan M 1:87, Zinkschleuderguss, Handarbeit.,
€ 61,00
Best.-No.: HT 01

Pierce-Arrow I 60 mit Pierce-Arrow Travel M 1:43, Zinkdruckguss
€ 152,90
Best.-No.: BRK 81/80

Volvo PV 444 mit **Eriba Puck** M 1:43, Zinkdruckguss
€ 152,90
Best.-No.: RE19/FM1

Streamlined American Caravan (2 Achsen) M 1:87, Zinkschleuderguss, Handarbeit.,
€ 69,00
Best.-No.: HT 02

Austin Somerset mit Willerby „Vogue" Caravan M 1:43, Zdg.
€ 152,90
Best.-No.: LDM 9/17

BMW Isetta 250 mit Piccolo-Caravan Camping, Cars & Caravans- Edition M 1:18, Zdg.
vergriffen!
€ 39,90
Best.-No.: REV 01

MB 350 SL 1971 Cabrio mit Caravan M 1:40, Blech
€ 17,90
Best.-No.: KOV 01

Volvo Amazon 120 mit SMV 12 M 1:43, Zinkdruckguss
€ 152,90
Best.-No.: RE 9/27

BMW Isetta 250 mit Piccolo-Caravan M 1:18, Zdg.
vergriffen!
€ 39,90
Best.-No.: REV 02

MB 350 SL 1971 Coupé mit Caravan M 1:40, Blech
€ 17,90
Best.-No.: KOV 02

Ford Fairlane mit Shasta Airflyte M 1:43, Zinkdruckguss
€ 152,90
Best.-No.: BRK 35A/72

Lloyd Alexander TS mit **Eriba-Touring Puck** M 1:18, Zdg. mit Kunstst.b.
vergriffen!
€ 45,90
Best.-No.: REV 03

MZZ 1929 Mercedes Benz Typ Stuttgart mit 1939 Sportberger Caravan M 1:160, Zinkdg.
€ 30,90
Best.-No.: F 146/F 153

VW New Beetle mit T@b
M 1:55,

€ 5,-
Best.-No.: SIKU 01

VW Käfer Cabrio mit SMV M 1:72,
Zdg. mit Kunststoffboden

€ 7,90
Best.-No.: SJL 16

Porsche Cabrio mit Piccolo M 1:43,
Zdg. mit Kunststoffboden

€ 9,70
Best.-No.: SJL 03

VW Käfer Cabrio mit Dethleffs
Tourist M 1:90,
Zdg. mit Kunstst. boden

€ 15,90
Best.-No.: SP 01

VW Bus T1 Samba mit Eriba Puck
M 1:87, Zdg. mit Kunststoffboden

€ 5,90
Best.-No.: SE 01

Porsche 356B Softtop mit Woody
M 1:43, Zdg. mit Kunststoffboden

€ 11,90
Best.-No.: SJL 11

VW Käfer mit Piccolo M 1:43,
Zdg. mit Kunststoffboden

€ 8,90
Best.-No.: SJL 01

VW Bus T1 Samba mit SMV M 1:43,
Zdg. mit Kunststoffboden

€ 11,90
Best.-No.: SJL 13

Porsche 356 Coupé mit SMV M 1:72,
Zdg. mit Kunststoffboden

€ 7,90
Best.-No.: SJL 20

VW Käfer mit Piccolo Camping, Cars
& Caravans-Edition M 1:43,
Zdg. m. Ksth

€ 9,90
Best.-No.: SJL 02

VW Bus T1 Samba mit Piccolo M
1:43, Zdg. mit Kunststoffboden

€ 9,90
Best.-No.: SJL 07

Mercedes 190 SL Cabrio mit SMV
M 1:43, Zdg. mit Kunststoffboden

€ 11,90
Best.-No.: SJL 12

VW Käfer mit Piccolo M 1:43,
Zdg. mit Kunststoffboden

€ 9,90
Best.-No.: SJL 06

VW Bus T1 Samba mit Piccolo M
1:43, Zdg. mit Kunststoffboden

€ 9,90
Best.-No.: SJL 08

BMW Isetta Piccolo M 1:43,
Zdg. mit Kunststoffboden

€ 34,50
Best.-No.: SJL 14

VW Käfer Cabrio mit Piccolo M
1:43, Zdg. mit Kunststoffboden

€ 9,90
Best.-No.: SJL 05

VW Bus T1 Samba mit SMV M 1:72,
Zdg. mit Kunststoffboden

€ 7,90
Best.-No.: SJL 18

MG Softtop mit Woody M 1:72,
Zdg. mit Kunststoffboden

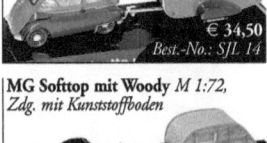

€ 7,90
Best.-No.: SJL 19

VW Käfer mit Eriba Puck M 1:87,
Zdg. mit Kunststoffboden

€ 5,90
Best.-No.: SE 02

VW Bus T1 Transporter mit Woody
M 1:72, Zdg. mit Kunststoffboden

€ 7,90
Best.-No.: SJL 17

MG Softtop mit Piccolo M 1:43,
Zdg. mit Kunststoffboden

€ 9,90
Best.-No.: SJL 09

VW Käfer mit Woody M 1:72,
Zdg. mit Kunststoffboden

€ 7,90
Best.-No.: SJL 15

Porsche 356 Coupé mit Piccolo
M 1:43, Zdg. mit Kunststoffboden

€ 9,90
Best.-No.: SJL 04

MG Cabrio mit Piccolo M 1:43,
Zdg. mit Kunststoffboden

€ 9,70
Best.-No.: SJL 10

Hier ist die Freiheit unterwegs:
www.reisemobil-international.de

Soviel Spaß macht Camping:
www.camping-cars-caravans.de

Über 3000 Stellplätze auf rund 500 Seiten
www.bordatlas.de

Alles über die Lese®buch-Reihe:
www.reisemobil-international.de/leserbuch
oder
www.camping-cars-caravans.de/leserbuch

Spur der Freiheit
336 Seiten mit 60 Abbildungen, € 19,90
ISBN 3-928803-20-4
www.reisemobil-international.de/spur-der-freiheit.html

Cartoonbuch „Der ganz normale Carawahn"
100 Seiten mit 50 farbigen Cartoons, € 14,90
ISBN 3-928 803-12-3
www.reisemobil-international.de/buecher

www.ingramcontent.com/pod-product-compliance
Lightning Source LLC
Chambersburg PA
CBHW022006160426
43197CB00007B/302